智慧健康养老系列教材

老年社会工作

主　编　张　玲　章小槟
副主编　陶　娟　李梓伊　潘效淑
　　　　郭海燕　白晴晴

南京大学出版社

图书在版编目(CIP)数据

老年社会工作 / 张玲，章小槟主编. —— 南京：南京大学出版社，2023.8
ISBN 978-7-305-24081-2

Ⅰ.①老… Ⅱ.①张…②章… Ⅲ.①老年人—社会工作 Ⅳ.①C913.6

中国版本图书馆 CIP 数据核字(2020)第 257574 号

出版发行	南京大学出版社
社　　址	南京市汉口路 22 号　邮　编　210093
出 版 人	王文军

书　　名　老　年　社　会　工　作
　　　　　　Laonian Shehui Gongzuo
主　编　张　玲　章小槟
责任编辑　尤　佳　　　　　　　编辑热线　025-83592315
照　　排　南京南琳图文制作有限公司
印　　刷　南京鸿图印务有限公司
开　　本　787×1092　1/16　印张 14.75　字数 332 千
版　　次　2023 年 8 月第 1 版　2023 年 8 月第 1 次印刷
ISBN 978-7-305-24081-2
定　　价　45.00 元

网址：http://www.njupco.com
官方微博：http://weibo.com/njupco
官方微信号：njupress
销售咨询热线：(025) 83594756

* 版权所有，侵权必究
* 凡购买南大版图书，如有印装质量问题，请与所购
　图书销售部门联系调换

前 言

根据我国国家统计局公布的第七次全国人口普查结果显示,60岁及以上人口占18.7%,其中,65岁及以上人口占13.5%。人口老龄化程度进一步加深,未来一段时期内我国将持续面临养老压力。当前,社会各界围绕医、养、康、护、社等领域探索和践行养老服务,并积累了一定的理论和实践经验。社会工作作为一个不可缺少的部分,在养老领域发挥了令人瞩目的作用,得到了越来越多人的关注和认可。社会工作也首次被写入国民经济和社会发展第十四个五年规划中。

本教材贯彻落实党的二十大会议精神,围绕从业人员在开展老年社会工作实务中应掌握的知识素养和技能素养设置内容,既有围绕老年人和老年社会工作的基础理论知识介绍(项目一至项目三),也有老年社会工作常用的三种工作方法介绍(项目四至项目六),还有老年社会工作实务应用案例分析(项目七和项目八),让读者由理论到实操,由抽象到具体,全面掌握老年社会工作方法及应用技巧。为了巩固和提升各个项目学习的效果,在每个项目后面都设置了相关实训练习思考题,题目类型包含填空题、选择题、判断题、案例分析题等,全面激发学生自主学习的兴趣和积极性。

本教材主编为安徽城市管理职业学院张玲、章小槟,张玲负责全书的目录架构及人员分工,章小槟负责全书的理论指导和终审定稿。具体的编写分工如下:项目一由陶娟(安徽城市管理职业学院)编写,项目二、项目七由李梓伊(江苏经贸职业技术学院)编写,项目三由潘效淑(安徽卫生健康职业学院)编写,项目四、项目六由郭海燕(安徽城市管理职业学院)编写,项目五由白晴晴(安徽卫生健康职业学院)编写,项目八由张玲(安徽城市管理职业学院)编写。

在教材编写中,编写人员参考了相关教材、文献内容,借鉴了很多研究成果及相关实务案例,非常感谢他们在老年社会工作理论和实务领域中做出的贡献。由于编者水平有限,书中若有错误和疏漏之处,还请各位读者批评指正。

编 者

2023年5月

目 录

项目一　认识老年人 1
　　任务一　老年人的界定 2
　　任务二　老年人的特征 5
　　任务三　老年人的问题与需求 15

项目二　老年社会工作理论 25
　　任务一　老年社会工作 26
　　任务二　老年社会工作者的素养要求 35
　　任务三　老年社会工作的主要理论 38

项目三　老年社会工作的价值与伦理 49
　　任务一　老年社会工作的价值观 50
　　任务二　老年社会工作的专业伦理 54
　　任务三　老年社会工作伦理困境及其解决 59

项目四　老年个案社会工作 72
　　任务一　老年个案社会工作 73
　　任务二　老年个案社会工作的模式 77
　　任务三　老年个案社会工作的基本程序和技巧 88

项目五　老年小组社会工作 108
　　任务一　老年小组社会工作 109
　　任务二　老年小组社会工作的模式 116
　　任务三　老年小组社会工作的基本程序和技巧 121

项目六 老年社区社会工作 ················· 141
任务一 老年社区社会工作 ················· 142
任务二 老年社区社会工作的模式 ················· 148
任务三 老年社区社会工作的基本程序和技巧 ················· 157

项目七 养老机构中的老年社会工作 ················· 169
任务一 养老机构开展老年社会工作的意义 ················· 172
任务二 养老机构中的社会工作介入工作 ················· 178

项目八 特殊群体的老年社会工作 ················· 195
任务一 为受虐待老年人提供社会工作 ················· 196
任务二 为临终老年人及其家庭提供社会工作 ················· 205
任务三 为空巢老年人提供社会工作 ················· 212

附 录 ················· 222

参考文献 ················· 230

项目一
认识老年人

 **项目导学**

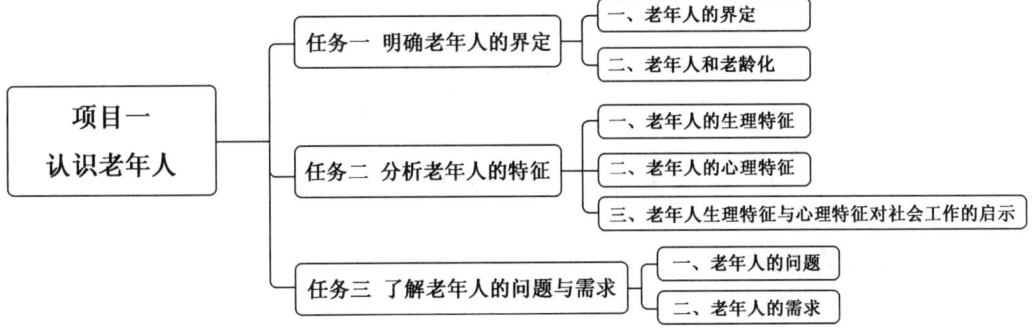

 **知识目标**

1. 能够科学合理地界定老年人;
2. 了解老年群体的心理和生理特征;
3. 掌握老年人的问题和需求;
4. 树立从事老年社会工作的责任感和使命感。

 **学习重难点**

重点:老年人的特征、问题和需求。
难点:从不同角度把握老年人的界定。

 **情景导入**

一、案例描述

社会工作专业毕业生小王到某社区开展老年社会工作的第一天就出了状况,小王牢记

教材上的定义"60岁以上的人群为老年人",在看到第一位咨询的老年人个人信息表上的年龄为61周岁时,甜甜地喊了一声"奶奶",可是老年人却非常不开心,反问"我有这么老吗?"

一周后,小王信心满满地组织了一个老年小组活动,原以为现场会爆满,可最终只有5个老年人前来,活动效果也差强人意。小王对此很郁闷,不知道哪里出了问题。

问题:在从事具体的老年小组工作之前,小王应该要做些什么?

二、案例分析

我们从事任何工作之前,首先要做的是分析服务对象。我们的服务对象是谁?他有什么特征?他面临什么样的问题?又有什么需求?明确了这些问题,我们才能有针对性地提供服务。

作为一个老年社会工作者,应对我们的服务对象——老年人有明确的认识。老年人这个群体如何界定,有什么样的生理和心理特征,有什么问题和特殊需求,是我们从事老年社会工作前首先需要了解的,这样我们才不至于像案例中的小王一样,信心满满而来,垂头丧气而归。

任务一 老年人的界定

一、老年人的界定

老年人的界定可以从年代年龄、生理年龄、心理年龄和社会年龄四个方面来看。

(一)从年代年龄看老年人的界定

1. 年代年龄的概念

根据吴忠观《人口科学辞典》,年代年龄亦称"日历年龄""时序年龄""自然年龄"。按照人的出生年月计算的年龄,是纯粹从时间的推移来计算的年龄。这种年龄是通常所说的人口的年龄和个人的年龄,它是指一个人的生命里程、生命延续的年代。如一个孩童降生后成长了一年,他的年代年龄就是一岁,活了80年,他的年代年龄就是80岁。目前我们使用的都是年代年龄。

一般而言,老年人口学和人口学一样,研究人口年龄结构和人口年龄变化都是指的年代年龄。年代年龄不受人的生活经历、生活条件等的制约和影响,它是随时间的推移而增加的。

2. 年代年龄对老年人的界定标准

根据年代年龄,世界卫生组织将44岁以下的人群称为青年人,45到59岁的人群称为中年人,60到74岁的人群称为年轻老年人,75以上的才称为老年人。把90岁以上的人群称为长寿老年人。

这一标准在发达和发展中国家又略有区别。发达国家通用65岁作为进入老年的标准;发展中国家(包括我国)通用60岁作为进入老年的标准。

(二) 从生理年龄看老年人的界定

1. 生理年龄的概念

根据吴忠观《人口科学辞典》,生理年龄亦称"生物年龄",泛指人达到某一时序年龄时生理和其功能所反映出来的水平,即与一定时序年龄相对应的生理及其功能的表现程度,是从医学、生物学的角度来衡量的年龄。它表示人的成长、成熟或衰老的程度,是一个人身体状况的年龄表现。影响生理年龄的主要因素是遗传因子、遗传因子的性质和发挥作用的结果。一般说来,生理年龄随时序年龄的增长而增长。

2. 生理年龄对老年人的界定标准

根据生理年龄理论,个体的一生可分为四个时期:出生至19岁为生长发育期,20岁~39岁为成熟期,40~59岁为衰老前期,60岁以上为衰老后期(即老年人)。人生阶段可细分为:0~1岁为婴儿,2~5岁为幼年,6~9岁为童年,10~13岁为少年,14~17岁为青少年,18~24岁为青年,25~39为成年,40~50岁为中年,50~60岁为中老年,60~79岁为老年,80~90岁为高龄,90以上为长寿年龄。

(三) 从心理年龄看老年人的界定

1. 心理年龄的概念

所谓心理年龄是根据个体心理学活动的程度来确定的个体年龄。心理年龄是以意识和个性为其主要测量内容,反映一个人在人生中主观感受方面的老化程度。

2. 心理年龄对老年人的界定标准

根据心理年龄将人分为3个时期:出生至19岁为未成熟期,20~59岁为成熟期,60岁以上为衰老期。心理年龄60岁以上的人被认为是老年人。心理年龄和年代年龄的含义是不一样的,也可能不同步。如年代年龄60岁的人,他的心理年龄可能只有四五十岁。

(四) 从社会年龄看老年人的界定

1. 社会年龄的概念

社会年龄是指一个作为社会化的人为社会发展而做贡献的期限,是社会规定的规范年龄。它是一个人在社会习惯方面表示的年龄。它表明一个人在社会上从事某一职业、某一部门工作或从事社会事业等的长度。个人的社会年龄因个人所从事的工作或在社会上的时间长短和经历不同,又有不同的名称,如工龄、教龄、军龄、学龄或选举年龄、结婚年龄、退休年龄等。

对待社会年龄,学术界当前存在着两种不同的看法。一种观点认为,一个人工作到退休,它的社会年龄即告结束;另一种观点认为,老年人即使在退休后,仍然可以为社会继续做出贡献、因而他的社会年龄不能算结束。

2. 社会年龄对老年人的界定标准

社会年龄根据一个人在与他人交往中的角色作用来确定年龄。也就是说,一个人在社会上所起的作用越大,社会年龄就越成熟。根据社会年龄,人的一生一般也可以分为三

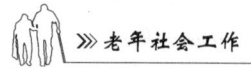

个阶段:0~17岁为未成熟期,18~59岁为成熟期,60岁以上为衰老期。

二、老年人和老龄化

1. 本教材对老年人的界定

综合上述年代年龄、生理年龄、心理年龄以及社会年龄对老年人的界定,以及世界卫生组织的一般规定,本教材将一般意义上的老年期概括为年龄在60岁以上的人所处的生命周期,称60岁以上的人为老年人。

国家统计局2023年2月28日发布《中华人民共和国2022年国民经济和社会发展统计公报》显示,截至2022年底,60岁及以上人口已达28 004万人,占总人口的19.8%。其中,65岁及以上人口达29 978万,占总人口的14.9%。①

2. 老龄化和老龄化社会

人口老龄化是指人口生育率降低和人均寿命延长导致的总人口中因年轻人口数量减少、年长人口数量增加而导致的老年人口比例相应增长的动态,包括了两个含义:一是指老年人口相对增多,在总人口中所占比例不断上升的过程;二是指社会人口结构呈现老年状态,进入老龄化社会。国际上通常看法是,当一个国家或地区60岁以上老年人口占人口总数的10%,或65岁以上老年人口占人口总数的7%,即意味着这个国家或地区的人口处于老龄化社会。

据联合国预测,1990—2020年世界老龄人口平均年增速度为2.5%,同期我国老龄人口的递增速度为3.3%,世界老龄人口占总人口的比重从1995年的6.6%上升至2020年9.3%,同期我国由6.1%上升至11.5%,无论从增长速度和比重都超过了世界老龄化的速度和比重,到2020年我国65岁以上老龄人口将达1.67亿人,约占全世界老龄人口6.98亿人的24%,全世界四个老年人中就有一个是中国老年人。

发达国家老龄化进程长达几十年至100多年,如法国用了115年,瑞士用了85年,英国用了80年,美国用了60年,而我国只用了18年(1981—1999年)就进入了老龄化社会,而且老龄化的速度还在加快。

课堂练习

一、单选题

1. 根据个体心理学活动的程度来确定的个体年龄是( )。
   A. 年代年龄 B. 心理年龄 C. 生理年龄 D. 社会年龄
2. 在西方发达国家,( )是老年期的起点。
   A. 55岁 B. 60岁 C. 65岁 D. 70岁
3. 出生至19岁为生长发育期,20~39岁为成熟期,40~59岁为衰老前期,60岁以上

---

① 中华人民共和国2022年国民经济和社会发展统计公报.国家统计局.2023-02-28

为衰老后期。这是根据（　　）做的划分。

A. 年代年龄　　B. 心理年龄　　C. 生理年龄　　D. 社会年龄

二、填空题

1. 老年人的界定可以从＿＿＿＿、生理年龄、＿＿＿＿和社会年龄四个方面来看。
2. 发展中国家（包括我国）通用＿＿＿＿岁作为进入老年的标准。
3. 表示人的成长、成熟或衰老的程度，是一个人身体状况的年龄表现的是＿＿＿＿。

三、判断题

1. 一个人在社会上所起的作用越大，社会年龄就越成熟。（　　）
2. 相同年代年龄的两个人，从外貌上看有人年轻一些，有人苍老一些，是因为他们心理年龄不同。（　　）

四、名词解释

1. 年代年龄
2. 社会年龄

五、简答题

1. 怎样看待生理年龄和心理年龄的关系？
2. 如何界定老年人？

六、论述题

人口老龄化会给社会带来怎样的影响？

任务二　老年人的特征

进入老年期，尽管老年人在老化过程中存在着个体差异，但从老年人这一群体的总体状况来看，无论是生理还是心理都会发生与其他年龄段人群不一样的变化，了解这一变化，对我们从事老年社会工作具有重要的意义。

一、老年人的生理特征

老年人在生理上呈现出的整体特征是衰老。衰老是人类在生命过程中整个机体的形态、结构和生理功能逐渐衰退现象的总称，包含两层含义，一是老年人各项功能的衰退，二是易损性或死亡概率逐渐增加。

（一）衰老的特征

1. 衰老的过程

对于血气方刚的年轻人来说，谁都不会相信自己正在衰老。然而，事实上衰老从十几岁就开始了。据美国哈佛大学生物学家洛信博士说，人出生时，脑细胞的数量达140亿个。由于它属于不能再分裂的细胞，因而生后数目基本不再增加。相反，18岁后，脑细胞数随年龄增加而逐渐减少。从25岁起，每天约有10万个脑细胞死亡，之后随年龄递增，每年脑细胞的死亡数还要增加，同时伴随脑重量减轻。但不同的人，脑细胞死亡的速度有很大差异。对于脑细胞死亡较快的人来说,60岁就可能变成痴呆。而对脑细胞死亡慢的人来说,到80岁高龄仍然耳聪目明,思维清晰。其他脏器,如心、肾等,虽然不像脑衰老得那么快、那么早,但随着年龄增加,他们出现萎缩,色素沉着,机能减退等。以女性为例,39岁时心脏重275克,85岁时只有180克重。肾脏在39岁时重150克,而85岁时仅有90克。在哺乳动物中,人的寿命是最长的,但仍然难免衰老。

人类的衰老现象,从青春期就开始了。首先表现在身体抵抗疾病的免疫力降低。30岁,人体发育达到顶点,40至50岁时即进入衰老。日本著名老年病研究专家太田邦夫总结了身体各部分的老化现象:

20岁以前的生长期:男性14岁,女性12岁即达到性成熟。同时,调节人体抗病能力的胸腺激素分泌量减少,衰老开始。

20岁以后,头发出现衰老现象,肌肉的力量25岁时达到高峰。

30岁,身体各方面的机能轻微下降:皮肤失去弹性,出现皱纹。听力开始下降(最佳听力时期在1岁)。心脏的肌肉变厚。脊椎骨彼此距离缩小,身体的姿势前倾。女性达到性高峰。人体发育达到顶点。

40岁开始,可以明显看出衰老:出现白头发,发际线后移。大多数男性在45岁后出现远视。身体抗病能力下降,杀灭癌细胞的淋巴细胞明显减少,杀灭其他病菌的能力也下降。体重稍有增加,身高降低。

50至55岁,衰老速度比较快,皮肤松弛,皱纹显而易见。味觉迟钝。多数女性月经停止,生育能力丧失。胰脏的胰蛋白酶和胰岛素分泌减少,易患尿崩症。拇指指甲生长缓慢。

55至60岁,衰老变得更加剧烈,脑细胞机能低下。男性说话声音更高,并且声音发颤。肌肉及其他组织退化,体重减轻。但由于新陈代谢低下引起体内脂肪积蓄,因而体重减少并不明显。而男性仍保持一定生殖能力,但精液量减少。

60至70岁,衰老速度相对减慢,身高比青年期降低2至3厘米,味觉更加迟钝,只有青年期功能的30%~40%。肺活量较青年期下降50%。60岁的人,肌肉力量只有25岁时的一半。

2. 衰老的特征

(1) 普遍性:即一切生物体都会发生衰老。

(2) 内在性:衰老过程是生物体内自发的必然过程,即使生活在最适宜的环境中也会逐渐衰老。

(3) 进行性:衰老是随着时间的推移而不断发展的过程。

(4) 有害性:衰老使生物体的生理机能降低,增加了生病和死亡的机会。

(5) 个体差异性:在同一类生物中,不同个体间衰老的进程是不同的,尤其在生命的后期,这种差异性更为明显。只有那些衰老较慢的个体才有可能获得长寿。

(6) 可干扰性:衰老虽然是内在的自发过程,但外界条件可以加速或延缓这种过程的进行。如环境温度可以改变动物的寿命。正因如此,人们才有可能通过改善生活环境去谋求长寿。生理学角度看,衰老是由新陈代谢减退而引起的。新陈代谢是生命活动的基本特征之一,它包括合成代谢和分解代谢两方面。如果机体的合成代谢高于分解代谢,人就会生长发育,这就是童年期和青年期。如果这两个代谢过程的速度基本平衡,人就到了中年期和壮年期,这个时期人体的变化较小,假若分解代谢高于合成代谢,人就开始衰老,如果新陈代谢一旦停止,人的生命活动也就结束了。在人的一生中,上述变化是普遍存在的,因此衰老是不可避免的。

(二) 衰老的表现

1. 皮肤系统的老化

皮肤系统的变化主要体现在皮肤和头发上。一般来说,老年人皮肤变化的主要表现是面部皱纹明显增多,出现了老年斑;肤色由红润变苍白,失去了光泽;皮肤的排汗能力下降,毛细血管减少、脆性增加,易生褥疮。

头发的变化主要是变白减少。一般来说,人在50岁前后就会出现头发花白的现象,此后随着年岁日增,白发会不断增多,脱发频率增加。

2. 肌肉与骨骼的老化

人体有206块骨头,分中轴骨和附肢骨两大部分。人体的肌肉有骨骼肌、平滑肌和心肌三种。骨骼、骨骼肌及关节、关节间缓冲组织、弹性成分、韧带等共同构成人体运动的结构基础。

人体肌肉与骨骼衰老的表现是肌细胞水分减少,肌纤维弹性、兴奋性和传导性减弱,肌肉变得松弛无力;骨质疏松,脆性增加,易骨折,驼背,身高降低;软骨的硬度、脆性和不透明度增加,关节软骨面不光滑,易发生钙化和骨质增生;关节囊的纤维结缔组织增生,韧带发生退行性变化,使关节活动受限;牙齿疾病增多,甚至脱落。

3. 心血管系统的老化

心血管系统包括心脏和血管,作用是推动血液在全身循环流动,保证人体各部分能及时、全面地得到营养的供给,也是身体最容易发生障碍的一个系统。

心脏老化的主要表现是心肌萎缩,其中的脂肪和胶原贮量增加,心脏变得肥厚硬化,弹性降低,使得心脏收缩能力减弱,心跳频率减慢,心脏每次搏动输出的血量减少,供血不足影响各器官功能的发挥,使老年人做体力活动时容易疲劳。

血管老化的主要表现是终生积累而导致的脂肪沉积使大动脉血管有不同程度的硬化,大血管的管径和弹性减少,导致心脏很难有效地泵出血液到全身,并使用氧更加困难。由于血液的减少,机体主要器官的血管对该器官的供血不足,导致相应功能障碍。

4. 消化系统的老化

消化系统包括消化道(口腔、食管、胃、小肠、大肠)和消化腺(唾液腺、胃腺、肠腺、胰腺和肝脏等),基本功能是摄取、转运、消化食物和吸收营养、排泄废物。

随着年龄增长,老年人的胃肠功能逐渐减弱,其老化表现主要是:牙齿脱落,牙龈萎缩,使老年人咀嚼困难,妨碍食物的消化吸收;消化道黏膜和各种消化腺不同程度萎缩,使消化能力减弱,导致老年人消化不良;小肠黏膜萎缩减少小肠吸收面积,吸收障碍而导致营养不良;食管和胃肠道平滑肌运动能力降低,食物通过速度减慢,胃排空时间延长,直肠肌、提肛肌萎缩,收缩力降低,导致排便困难及便秘;高龄老年人由于肛门外括约肌松弛而出现大便失禁。

此外,老年人的肝、胆、胰脏等也会发生老化。如肝脏细胞数量减少,体积变小,脂质和褐色素增多,导致一些营养物质的缺乏,并使其清除有害物质的能力逐渐下降。胆囊囊壁增厚、囊腔变窄、胆汁分泌减少,既影响肠道的消化吸收功能,也易诱发结石。胰岛萎缩,胰岛素的分泌量随之降低,会加剧代谢的紊乱。

5. 呼吸系统的老化

呼吸系统是人体中专门行使与外环境之间交换气体的系统,主要功能是吸入氧气和排出二氧化碳,它包括上呼吸道、下呼吸道、肺脏、胸廓和呼吸肌。

呼吸系统是人体功能衰退出现得最早的系统。其生理功能老化的变化如下:

(1) 清理呼吸道能力降低。随着年龄的增长,气管和支气管纤毛逐渐受损,纤毛活动度减退,导致呼吸道清理能力下降,易引起肺内感染等病变。

(2) 肺活量下降及功能残气量增加。年龄增长使肺组织质量减轻,肺泡数目减少,肺泡弹性下降,导致肺不能有效扩张,终末细支气管和肺泡塌陷,出现肺通气不足。另外,因肺弹性纤维减少,肺弹性回缩能力减弱,导致呼气末肺残气量增多,肺活量减少,但潮气量保持相对恒定。据统计,老年人的肺活量与青年人相比约减少50%。

(3) 肺通气/血流比例改变。肺动脉和静脉随着年龄增长均出现硬化,使肺动脉压力增高,肺通气/血流比例改变,导致肺的气体交换功能减弱,使得排出呼吸道异物和沉淀物的能力降低,细菌易在呼吸道内停留、繁殖,因而老年人易发生呼吸系统感染。

6. 泌尿系统的老化

泌尿系统由肾脏、输尿管、膀胱、尿道构成,主要作用是排出代谢的最终废物和机体多余物质。泌尿系统的老化主要表现在:

(1) 泌尿系统最常见的变化是肾体积减小,重量减轻,皮质变薄,肾单位数量减少。

(2) 老年人肾血流量减少。40岁以前,肾血流量一般保持在正常水平;40岁以后,每10年减少10%。由于血流量降低,肾脏缺血,可产生肾素,引起血压升高,称为肾性高血压。

(3) 老年人肾脏滤过率降低,肾小管的重吸收功能与排泄功能减退,肾脏浓缩能力不足,出现了尿多而频及夜间尿量增加、比重下降的现象。对糖的重吸收也随着年龄的增长而减少,有更多的糖从尿中排出,从而使糖尿病加重。

(4) 老年人的膀胱肌肉萎缩,纤维组织增生,容量变小。因此,排尿次数增多,每次尿量减少。也有的老年人由于逼尿肌无力,或者前列腺肥大等原因,而引起尿潴留、排尿不净等症状。还有些老年人,由于括约肌收缩无力,或大脑皮层对低级中枢神经的控制能力降低而出现尿失禁现象。

(5) 老年人的输尿管、膀胱容易形成憩室,导致细菌存留,故容易发生泌尿系统感染。

7. 内分泌与生殖系统的老化

内分泌与生殖系统由分泌激素的内分泌腺体(松果体、脑垂体、甲状腺、睾丸、卵巢等)和分散于全身各处的内分泌细胞组成,其主要功能是调解生理活动,使各个器官组织协调运作。老年人内分泌系统的变化主要表现为：

（1）下丘脑和垂体重量会随着年龄的增长而逐渐减轻。

（2）老年人肾上腺会发生不同程度的纤维化，腺体重量轻，调节蛋白质、碳水化合物及脂肪代谢的皮质醇、雄酮和调节水盐代谢的醛固酮的分泌量减少。甲状腺的合成和分泌减少，会引起老年人内分泌系统的紊乱。

（3）老年人的松果体会发生血管狭窄、硬化、细胞减少、重量减轻等变化，而这正是老年人对应激反应迟缓的原因之一。

（4）胰岛的功能减退，对葡萄糖刺激的应答能力减弱。因此，65岁以上老年人常见糖耐量降低，且易患糖尿病。

（5）性腺的衰退，从而导致老年人出现更年期综合征。

8. 免疫系统的老化

免疫系统由免疫器官（骨髓、脾脏、淋巴结、扁桃体、小肠集合淋巴结、阑尾、胸腺等）、免疫细胞（淋巴细胞、单核吞噬细胞、中性粒细胞、嗜碱粒细胞、嗜酸粒细胞、肥大细胞、血小板等），以及免疫活性物质（抗体、溶菌酶、补体、免疫球蛋白、干扰素、白细胞介素、肿瘤坏死因子等细胞因子）组成。它与其他系统紧密配合，相互制约，保证机体在复杂多变的内外环境中处于总的生理平衡状态，维持身体健康，其主要作用是免疫监视、防御、调控。

老年人免疫系统的老化主要表现在：

（1）免疫细胞的衰老。免疫细胞是人体执行免疫功能的主力军，起核心作用的是T、B淋巴细胞。60岁后，人体循环中的T淋巴细胞只有青年时的70%，且功能减弱，对肿瘤细胞的杀伤能力明显降低。虽然B细胞的数目并不减少，但其功能明显减弱，从而导致免疫功能紊乱、抵抗力降低、免疫监视功能削弱和自身免疫性疾病易发。

（2）免疫器官的衰老。胸腺是中枢免疫器官，与机体免疫功能状态密切相关。骨髓来源的淋巴干细胞在胸腺中成熟分化为具有不同功能的T淋巴细胞，发挥免疫辅助和调节作用。老年人的胸腺不仅不再输出新的T细胞，而且分泌胸腺素的能力降低，导致机体的免疫调节功能显著降低。人体的骨髓和外周免疫器官，在衰老时虽不会基本完全失去功能，但其在免疫功能上也会有所减弱，导致老年人更容易发生感染、肿瘤等免疫功能紊乱性疾病。

9. 神经系统的老化

神经系统由中枢神经系统（大脑、小脑、脑干、脊髓）和周围神经系统（脑和脊髓所发出的神经）构成。神经系统的主要功能是在人体内起主导作用。一方面它控制与调节各器官、系统的活动，使人体成为一个统一的整体；另一方面通过神经系统的分析与综合，使机体对环境变化的刺激做出相应的反应，达到机体与环境的统一。神经系统是全身各个系统中衰老发生最早、最灵敏、最复杂的系统，变化主要表现在：

（1）大脑体积改变。老年人的大脑体积缩小，重量减轻，脑萎缩主要表现为大脑皮质变薄、脑回缩小、脑沟增宽、脑室扩大，皮质下灰质和小脑也会发生萎缩。

（2）组织学改变。神经细胞——神经元，数目减少，到达70岁的老年人，神经元细胞总数将会减少45%，胶质细胞则会增生。神经系统内有脂褐素沉积，神经纤维缠结，所以多数老年人都会出现老年斑。

（3）生物化学改变。老年人大脑中乙醯胆碱减少，容易出现记忆力减退；多巴胺减少，容易出现动作缓慢、运动震颤；去甲肾上腺素含量减少，表现出睡眠不好，智力减退或狂躁等症状。

（4）神经系统功能的变化。主要指脊髓中的改变，前角运动神经元的减少和变性。这也是脑血管改变的元凶，可以出现动脉粥样硬化和血管萎缩。

（5）感觉功能下降。听觉神经的衰老、视觉神经的衰老、味觉神经的衰老、躯体感觉神经的衰老等。所以老年人容易出现耳聋，多数都是神经性的，味觉不灵敏，特别是对酸、甜、苦、辣这4种不同的刺激，反应迟钝。

（6）运动功能失调。表现在步态、姿势、平衡的改变。开始使用"步履蹒跚"等形容词来正确形容，这是由于老年人用以支持骨骼和肌肉的运动神经萎缩造成，所以，对于可逆的所有神经系统，我们都要积极预防。

10. 感觉器官的老化

感觉器官具有接受体内、体外某种特定的刺激，并把这些刺激转化成神经冲动的功能。这种冲动传到神经中枢，经过分析，就使我们产生了感觉。人体的感觉主要有视觉、听觉、味觉、嗅觉、躯体感觉等。老年人感觉器官的老化主要体现在：

（1）视力变化。随着年龄的增长，人的视力会有所下降。因为随着年龄的增长，眼睛内的脂肪会减少，眼压也会降低，眼球缩小和内陷，同时视网膜细胞也会逐渐减少，视野逐渐会缩小，红绿的分辨能力也会下降。

（2）听力变化。随着年龄的增长，组成耳蜗的毛细胞减少、萎缩、变性，听神经纤维数目和听觉皮层神经细胞数量减少，老年人听神经功能减退，致使老年人听力减退，鉴别语音的能力也会下降，听觉的反应时间会延长。

（3）味觉变化。随着年龄的增长，舌黏膜上的舌乳头逐渐消失，同时感觉味道的神经末梢味蕾的数量也在减少，因而味觉反应也会越来越迟钝。

（4）嗅觉变化。随着年龄的增长，鼻腔上部的嗅觉感受器数量减少，中枢神经元减少以及信息处理功能降低，老年人嗅觉敏感性下降。

（5）躯体感觉。触觉、温度觉、痛觉、振动觉及两点分辨觉的感觉阈值从40岁开始缓慢增高，而躯体的感觉功能则随增龄有逐渐减弱的趋势。

二、老年人的心理特征

进入老年期，除了生理上会出现变化之外，老年人在心理上也会发生一定的变化。

（一）感觉与知觉的变化

感觉是指对作用于感官的客观事物的个别属性的反映。感觉又分内部感觉和外部感觉。内部感觉有运动觉、平衡觉等，外部感觉有视觉、听觉、嗅觉、味觉、触觉等。知觉，是对作用于人的感官的客观事物的整体属性的反映。

随着年龄的增长，老年人的感觉能力可因机体老化或病理原因而有所降低：听力逐渐减退,听神经和听觉感受器官发生萎缩变性,并最终形成老年性听力障碍;老年人的眼球晶状体也开始衰老变性,出现视力障碍;老年人的味觉、触觉、位置觉、振动觉等也因神经中的纤维数减少而发生不同程度的功能性衰退,等等。

老年人生理功能的退变,最终导致老年人心理上的知觉障碍:无法对客观事物有一个全面清楚的了解,对事物反应迟钝、模糊、分辨不清,并因此使自己的生活发生不同程度的紊乱。

(二) 认知的变化

1. 记忆

老年人的初级记忆较好,而次级记忆较差。老年人再认能力较好,但回忆能力较差。老年人机械记忆能力较差,一般40岁开始减退,60岁以后减退明显,而对于有逻辑联系和有意义的内容记忆较好,尤其是一些与自己工作和生活有关的重要事情记忆保持较好。逻辑记忆减退出现较迟,一般60岁才开始减退。

2. 语言

老年人由于记忆减退和反应缓慢等原因,说话、阅读和书写的速度减慢,语言流畅性减低,因此往往说话不利落,话到嘴边说不出来,说话或写字时找词困难以及提笔忘字。

3. 思维

一般来说,思维的老化出现的时间较晚,而与自己熟悉的专业有关的思维能力在年老时仍能保持。但是老年人在概念学习、逻辑推理和问题解决方面的能力也有所减退,尤其是思维的敏捷度、灵活性、流畅性、变通性均下降。

4. 学习能力及适应能力

由于器官老化,老年人学习新的知识和接触新事物的能力较年轻时有所降低,社会适应能力也有所降低,对事物往往不能进行准确的评判。

(三) 情绪和情感的变化

人进入老年期后,随着年岁的增长、身体健康水平的下降、社交交往圈子的缩小、空闲时间的增多,会出现一系列消极情绪体验:

1. 衰老感和怀旧感同现

衰老感指的是个体面临正常心理衰老现象或退休、丧偶等生活事件而产生的"老了,不中用了"的心理体验。衰老感使老年人受消极自我暗示的影响,加剧大脑功能的衰老甚至病变。

怀旧感指的是个体面对老年期的处境而产生的对年轻时代或故人、故物怀念和留念的一种心理体验。如果老年人过分怀旧,难免会心绪忧伤、悲观失望,影响到老年人身心健康。

2. 空虚感和孤独感共生

空虚感指的是个体在空闲状态对时间高估计,不知如何打发而产生的一种内心体验。容易引起老年人失眠、不宁,甚至对人生悲观失望。

孤独感指的是个体由于社会交往需求未得到满足而产生的一种内心体验,它往往给人带来寂寞、冷落甚至被遗弃的体验,严重的会导致老年人人格变态,有碍健康。

3. 焦虑感和抑郁感相伴

焦虑感指的是个体在面临现实存在的或预计会出现的对自身会产生某种威胁的客观事物所引起的一种心理体验。有些老年人会因为不适应新角色或者没有及时退出旧角色而引起的角色冲突,手足无措,产生焦虑感。

抑郁感指的是个体因目标追求受挫而悲观失望时所产生的一种心理体验。这种情绪很容易会使得老年人对周围一切不关注,缺乏兴趣,或者常有一些莫名其妙的烦恼和不快。

4. 自尊感和自卑感共存

自尊感指的是他人的言行满足尊重自己的需要所产生的一种情绪。当自尊的需要不能得到应有的满足时,老年人往往会以愤怒的情绪表现出来,或者走向事物的反面产生自卑感。

自卑感指的是个人过低地评价自己或自尊感得不到满足而产生的一种情感。有些老年人觉得自己退休后跟不上社会、年轻人的节奏就很容易产生自卑的感觉,使老年人自我封闭、自我孤立、自我退缩和减少社会交往。

(四) 人格的变化

人格是指个体在对人、对事、对己等方面的社会适应中行为上的内部倾向性和心理特征,表现为能力、气质、性格、需要、动机、兴趣、理想、价值观和体质等方面的整合,是具有动力一致性和连续性的自我,是个体在社会化过程中形成的独特的身心组织。

老年期人格特征通常变得更为明显,可发生以下一系列变化:(1) 自我为中心;(2) 内向性;(3) 保守性;(4) 好猜疑,常往不好的方面猜测,且有嫉妒心理;(5) 缺乏坚韧性和灵活性,比较执拗;(6) 适应能力较差;(7) 总是怨天尤人、满腹牢骚;(8) 爱管闲事;(9) 依赖性强;(10) 有抑郁倾向。

(五) 意志的变化

意志是指人体自觉地确定目的,并根据确定的目的来支配和调节自己的行为,克服困难,进而达到预定目的的心理过程。当人步入老年后,许多老年人由于体力和精力不足,以及社会关系、人际关系等问题的困扰,常常缺乏足够的自信心,这种思想的存在必定会造成意志的消沉和精神的空虚,使自己在现实生活中不能保持积极向上的生活态度。另外,老年人在自控能力方面也有所变化,常常表现为"爱钻牛角尖""犟""认死理"等。这实际上都是意志老化的表现。但只要老年人能够根据自己的具体情况,确定适合自己的目标,采取恰当措施,循序渐进,并最终克服困难,达到自己的目标,就能培养并提升自己的意志力,同时还能充实自己的生活,为家庭和社会多做些贡献。

(六) 自我意识的变化

所谓自我意识,就是自己对自己的看法,包括自我感觉、自我观念、自我分析和自我评价等方面。老年人的自我意识,主要体现在他们如何看待自己和人生,如何正确对待即将走完的人生历程。

老年期是个体老化衰退的时期,老年人如何认识和体验自己的老化和衰退,并控制由此而产生的反常情绪,构成了老年人自我意识的主要内容。一般来说,消极的情绪情感体现,会让老年人变得自卑、不自信,常把"老了,不中用了""老了,遭人嫌了"等话语挂在嘴边。有的老年人总是对现实生活提不起兴趣,整天沉湎于回忆中。有些老年人陷入万般懊悔中,对自己的过去充满了悔恨。这些都无疑加剧了老年人特有的衰老感,进而影响到他们的生活状态。

三、老年人生理特征与心理特征对社会工作的启示

对于社会工作者来说,了解老年的生理和心理特征是开展服务工作的基础,当然这并不意味着社会工作者可以对老年人的生理和心理状况进行诊断和评估。对老年人的生理和心理做专业的评估是专业的医务和心理工作者的事,但老年人生理和心理老化对社会工作者而言具有重要的启示意义。

(一) 老年人生理特征对社会工作的启示

1. 关注老年人身体健康

对于老年人来说,身体健康是影响老年人生活的首要因素,而且随着年龄增长,这种影响越来越明显。对社会工作来说,老年人身体状况的良好与否,直接关系到其参加机构组织的各种活动、服务的意愿强烈程度。因此,社会工作者在工作中要特别注意观察老年人的身体健康状况,鼓励那些受疾病困扰的老年人求助于医疗机构,也可以为社区老年人链接医疗资源。引导老年人正确认识、接受身体的老化及其可能带来的后果,降低无用感、沮丧感,激发他们对生活的热爱。

2. 提供多种健康服务

健康问题是老年人普遍关注的问题,因而是老年社会工作的重要内容。老年社会工作者在社会工作服务中要拓宽渠道,为老年人提供多种健康服务。具体如下:

(1) 健康促进与健康维护服务。此类服务主要是针对老年人本身的身心健康提供的服务,属于直接服务,主要包括:慢性病的健康教育推广活动、处理酗酒和滥用药物问题、协助进行压力管理、锻炼身体方案、设计防范老年人在家中受伤的措施、提供精神健康服务、推广预防性服务、提供跟年龄有关的疾病的信息、提供有关社会服务和后续性健康服务的咨询等。

(2) 与健康照顾有关的服务。此类服务主要是针对周边系统的服务,属于间接服务,主要包括:送餐、家庭病床、家务、探访、电话慰问等个人协助服务;出行和行动服务,如提供手杖、轮椅和依据改造等辅助手段;紧急呼叫系统安装等技术支持;信息咨询、转介、代际互助、日托、营养配餐、房屋修缮、照顾者的休息安排、入住老年人院舍等。

3. 关心适老化环境调试

进入老年期后,人普遍会出现一定的退行变化,如老年人最常见的慢性病——关节组

织疾病,它会使老年人的活动变得艰难,造成了"出行难"等问题,这就需要获得周围环境的支持。社会工作者应该在提供社会服务的过程中关心适老化环境的改造与调试,为老年人顺畅出行提供支持。例如,在生活设施方面,考虑到老年人的特殊需求,配备适合老年人特点的扶手、家具、设施设备等,以增加老年人生活的安全性。总之,通过必要的环境改变,能够使老年人感到生活的方便和舒适,从而降低老化带来的沮丧感。

(二) 老年人心理特征对社会工作的启示

1. 提供机会但尊重选择

保障老年人在学习机会上的通畅,不能因为物理障碍,比如缺少交通工具或者设施不便利等,而放弃学习的机会。社会工作者要积极为老年人提供学习方案和活动。如果除去了参与障碍并提供了持续不断地支持,老年人还是不参加活动,那就尊重老年人的决定。不要自以为是地认为这是老年人所需要的,而强加给老年人。老年人有自决权,必须得到尊重。

2. 所有事放慢节奏

老年人需要时间来处理和他们相关的一些信息,甚至在和社会工作者交谈时,有许多话想说可是当时会没有想到,社会工作者要放慢节奏,不要轻易对老年人的情况做出评估,给其时间,让老年人有思考的过程。

3. 身体健康对心理功能的重要性

老年人的心理与社会功能如何,在很大程度上取决于身体健康状况。如果老年人正身体不适,社会工作者把重心放在增强他们的社会接触或改变认知上,是徒劳无功的。社会工作者需综合考虑到老年人的身体和心理方面的变化。老年人的许多危机通过社工的介入可能会得到预防,社会工作者须有高度敏锐的视角及观察能力,注意到老年人在健康上的困境以及心理精神上的影响。

课堂练习

一、单选题

1. 以下(　　)不是衰老的特征。
   A. 普遍性　　　B. 外在性　　　C. 个体差异性　　　D. 进行性
2. 肝脏细胞数量减少,体积变小,脂质和褐色素增多,是(　　)老化的表现。
   A. 消化系统　　B. 心血管系统　C. 呼吸系统　　　D. 免疫系统

二、填空题

1. 衰老是人类在生命过程中整个机体的形态、_____和_____逐渐衰退现象的总称。
2. 免疫系统的主要作用是免疫监视、_____和_____。
3. 老年人认知的老化主要体现在记忆、语言、_____和_____四个方面。

三、判断题

1. 一般来说,消极的情绪情感体现,会让老年人变得自卑、不自信。（ ）
2. 衰老是不可干预的。（ ）
3. 由于器官老化,老年人学习新的知识和接触新事物的能力较年轻时有所降低,社会适应能力也有所降低,对事物往往不能进行准确的评判。（ ）

四、名词解释

1. 衰老
2. 自我意识

五、简答题

1. 老年人神经系统老化的表现。
2. 老年人的心理特征。
3. 简述老年人生理变化对老年人的影响。
4. 简述老年人心理变化对老年人的影响。

六、论述题

思考我们如何根据老年人的特征开展社会工作。

七、案例分析

案例背景:李大爷最近情绪很低落,电视机的音量调很大了,还是觉得声音很小,孙子觉得太吵,他只好放弃看喜爱的节目。和孙子说话也很吃力,他们讲什么听不清,因此,他很是郁闷。

思考:案例中李大爷的情况是哪个系统衰老的表现?请根据所学知识进行分析。

任务三　老年人的问题与需求

随着年龄增长,老年人身心日益老化,必然会面临这个阶段特定的问题,有着与其他年龄段不一样的需求。

一、老年人的问题

老年问题包括因个人的老化而导致的问题,以及由于社会人口老龄化而出现的问题。在现代社会,老年人常面临以下一些方面的困境和问题:

(一) 疾病与医疗问题

人至老年,易同时患有几种慢性病,包括老年人特有的及其他年龄组也有的疾病。常常是多系统、多学科疾病集于一身,轻重不等,错综复杂。同时,随着年龄的增加,老年人各脏器功能减退,加上各种因素,使老年疾病的症状、体征常常很不典型。无痛性心肌梗死、无明显咳喘的肺炎等较为常见。而且老年人听力下降,记忆力减退,语言表达不清楚或不确切,均给病史采集造成一定的困难。更有一些疾病,病因常常不明,有时难以和机体衰老相鉴别。种种情况给老年人的正常生活带来了一定的不利影响。

疾病除了给老年人正常生活带来影响之外,与之相关的医疗费用也常常成为困扰老年人的一大问题,根据经合组织的估计,65岁以上人口人均医疗费用大约是65岁以下人口的2~8倍。这无论对老年人个人还是国家来说,都是沉重的负担。

(二) 家庭照顾问题

家庭照顾是指居住在自己家中并且有照顾需求的老年人,接受照顾者提供的非正式照顾服务。无论在传统社会还是现代社会,家庭照顾一直是中国老年人照顾的主要方式,这既受经济和社会发展水平的限制,也源于传统文化的沉积和亲情观念的影响。在社会转型过程中,城市化、家庭小型化、妇女职业化、离婚率上升和年轻人口的高流动性等,都使得家庭照顾老年人的功能严重受损,特别是空巢、独居和失独老年人缺乏家庭照顾的问题尤为严重。

(1) 老年人家庭照顾的人力资源明显不足,主要表现为:配偶照顾者自身存在的照顾需求无法被满足,以及缺乏专业性护理知识和技术;子女面临着工作、家庭和社会的压力,对父母的照顾力不从心;亲属和邻里难以向老年人提供长期的照顾;有偿服务的提供除了要求老年人家庭具备一定的经济支付能力以外,其服务质量也存在差异。

(2) 仅仅依靠家庭照顾,老年人的精神需求难以得到满足:一方面,丧偶老年人和空巢老年人的孤独感以及对天伦之乐和社会交往的渴求表现得尤为明显;另一方面,老年人的文化生活贫乏,社会参与比较少。

(3) 在长期的照顾过程中,照顾者也表现出精疲力竭和不堪重负,主要包括睡眠质量低下、体力透支带来的疲劳和精神欠佳等生理压力;对被照顾人身体状况的担心以及与亲人共同面对病痛折磨时所受的煎熬,对其造成的较大的心理压力;在提供照顾的过程中,受到来自家庭、工作、社会交往以及舆论等社会压力的影响。

(三) 宜居环境问题

老年居住环境中常存在安全隐患和物理障碍,使老年人面临伤残风险和融入社会的限制。此外,社会上普遍存在对于老年人的刻板印象和老年人歧视,也使建设老年宜居环境问题十分突出。

在老年人的各种安全风险中,跌倒已经成为老年人生活中最常见、最严重的问题之一。调查表明,70%以上的跌倒发生在室内,且家居环境致跌因素普遍存在于老年人的住宅中,严重威胁老年人的居家安全。老年人室内跌倒的环境危险因素主要为室内障碍物,地面易滑,卫生间无扶手,照明不充足,家具使用不合理等,针对这些危险因素对老年住宅进行改造和优化设计,弥补老年人丧失的生活能力,降低跌倒的发生率,减少环境因素对老年人的影响,保障其居住环境安全、方便。

除了要对老年人家居环境进行适老化改造之外,还要加大对适老化社会环境的改造力度,在建筑设计、公共设施(商城、医院、学校等)建设、居家环境装修等方面进行适老化设计和改造,包括实现无障碍设计,引入急救系统等,以构建老年友好型社会,满足老年生活的人群的生活及出行需求,保障老年人的安全。

（四）代际隔阂问题

在全球化和信息化的时代，知识的更新和增加速度非常快，老年人积累的知识和经验大多已经过时，而学习机会和资源的下降使其难以掌握现代的知识和信息，因此，与年轻人的沟通常会出现信息不对等的情况，容易造成代际隔阂。

同时，老年人与年轻人因为生理的、心理的、角色和社会地位以及社会经历的不同，在行为和认识上会产生差异。他们对同一现象会有不同的看法。两代人之间这种认识上、价值观念上的明显差异，通称"世代隔阂"或"代沟"。

（五）社会隔离问题

社会隔离定义为个体处于一种缺乏社会归属感、缺乏与他人和社会接触、缺乏满足的和高质量的社会关系的状态。

随着年龄增长，老年人退出工作岗位或失去劳动能力，其社会交往的圈子会大大缩小，晚年生活往往与孤独、寂寞相伴，社会隔离严重。根据北京大学人口研究所的相关数据，在我国，城市老年人社会隔离的比例为21.4%。

动物或人类个体在成长过程中，如果长期处于被隔离或孤立状态，就会在认知、情绪、行为等方面的发展上产生明显的障碍。老年个体由于退休、丧偶、朋友亡故及子女独立成家等事件而逐步丧失社会关系，也是造成老年抑郁症的主要因素。

二、老年人的需要

人们总是在不断想方设法满足自己的需要，因为需要不仅是人对生理和社会需求的反映，也是个体心理活动和行为的动力。所以做好老年人社会服务要从多方面了解老年人的各种需求出发。老年人的需要具有多样性，既有生理性的，也有社会性的；既有物质性的，也有精神性的。对于老年人的需要分析，可以从不同的角度进行。

（一）从马斯洛的需求层次理论来看

美国著名的人本主义心理学家马斯洛把人的各种需要归纳为五个层次：生理需要、安全需要、归属与爱的需要、尊重需要和自我实现的需要。老年人也有这五个层次的需求。

1. 生理需要

生理需要是最基本、最优先的一种需要。它包括人对食物、水、空气、衣服、排泄及性的需要等，如果这一类需要得不到满足，人类将无法生存下去。老年人也有这些基本的需要，但老年人的生理需要有其特殊之处。在生理需要中，良好的睡眠和休息对于老年人缓解疲劳和保持精力是必不可少的。性的需要也是老年人心理健康非常重要的一个方面，但往往被忽视。另外，老年人由于机体功能的老化，会有牙齿缺失或松动，肠胃不好等情况，因此，老年人在食物方面应更注意科学、合理；对环境的需要也更讲求洁净、卫生；在服装方面，需要注意宽松、轻便、保暖、透气和适用等。

2. 安全需要

在人们的生理需要相对满足后,就会产生保护自己的肉体和精神,使之不受威胁、免于伤害、保证安全的欲求。如防御生理损伤、疾病;预防外来的袭击、掠夺、盗窃;避免战乱、失业的危害;以及在丧失劳动力之后希望得到依靠等。老年人的安全需要较之其他人群更为迫切,尤其是医、住、行这三个方面。在医疗康复保健方面,老年人希望老有所医、老有所乐、健康长寿。一旦生病,希望能及时得到治疗,还希望生病期间身边有人护理和照顾;另外就是希望有人指导他们加强平时的健康保健,尽量不生病或少生病。老年人的居室要求通风、干燥、透光、空间稍宽敞,以便于行走和活动。比如,卫生间要有扶手和坐便器之类,楼道要安装栏杆和扶手,以防止摔倒;居住楼层不宜太高或要有电梯,以便于老年人进出和下楼活动。老年人出行的安全尤其重要,一般需要有人陪护,以防途中摔倒或犯病。公共场所和交通工具也需要设老年人专座或老年人通道,以保障老年人出行的安全。

3. 归属与爱的需要

一个人在社会生活中希望在友谊、情爱、关心等各方面与他人交流,希望得到他人或社会群体的接纳和重视。如结交朋友、互通情感,追求爱情、友情,参加各种社会团体及其活动等。老年人的这些需要也是强烈的。首先,他们需要家庭的温暖,子女的孝顺,享受天伦之乐;其次,老年人也需要参与社会活动,渴望与邻里、亲朋好友的接触和交流,害怕孤寂;最后,老年人也有爱情需要,特别是一些丧偶老年人,希望能有一个伴侣与之相濡以沫,共度晚年。很多年轻人存在一种错误的观点,认为人老了只要衣食无忧就可以安度晚年了。其实对于老年人来说情感需要更重要,他们最渴望得到的就是亲情和友情。

4. 尊重需要

老年人自尊心强,需要别人对他尊重,对于他人对自己的态度尤为敏感。这种尊重需要有时表现为独立的需要。

老年人的尊重需要有时也会延伸为老年人注重自己在知识和修养方面的提高,对自身形体、衣着装扮等方面的关注,以及文化和精神慰藉方面的服务。如兴办老年大学,组织老年人学习书画,外出旅游,或进行其他方面的文化娱乐活动等。

5. 自我实现的需要

人们希望实现自己的理想和抱负,充分发挥个人的聪明才智和潜在的能力,取得一定的成就,对社会有较大的贡献。老年人们离开了自己从事多年的工作岗位,离开了自己为之奋斗和挥洒过青春热血的事业,不免感到无所事事,若有所失,陷入无聊和寂寞之中,但这并不是说,老年人就没有了实现自我人生价值的需要。许多老年人退休后还希望能为社会做一些力所能及的事情,他们积极地去创造自己的第二职业,或者奉献公益事业,或者专注于自己因工作时没有时间而搁置的业余爱好等,充分调动自己的潜能,发挥自己的特长和优势,为社会、家庭奉献余热,实现自身的价值或未完成的心愿,也从中体验到成功的喜悦和满足感。因此,老年社会工作者应积极提供老年人参与社会、发挥作用的平台,如为老年人发挥专长牵线搭桥;组织老年人参加社会公益活动;组织老年社团、服务社等,满足他们自我实现的需要。

(二) 从布拉德肖的需求理论来看

英国学者布拉德肖以分类学的方法将社会需求分为规范性需求、感受性需求、表达性需求、比较性需求。

1. 规范性需要

规范性需求是由专业人员依据专业知识和现存规则,制定在特定环境下人类所需的标准。就老年人而言,规范性需要来自权威人士经过大数据的统计分析或经验的积累,内涵清晰,便于测量。如,"老有所养、老有所医、老有所为、老有所学、老有所教、老有所乐"即是专家们对老年人需求的高度概括,也是老龄工作的目标。

2. 感受性需要

当个人被问到对某种特定服务是否有需求时,其反应就是感受性需要,它是个人主观的感受。就老年人来说,感觉性需求是老年人根据自己的实际情况,对自身所缺乏的事物产生的需要。比如,肠胃不好的老年人希望饭能煮得软一些;空巢的老年人希望子女能常回来看看;行动不便的老年人,希望居住的环境能够进行适老化改造,使自己出行更方便、更安全。

3. 表达性需要

当感受性需要通过一定的途径表达出来时,就成了表达性需要,这是需求评估工作的重点。如生活不能自理的老年人在与社会工作者确认自身的需要,表示希望社会工作服务机构能够提供助餐、助行、助浴的服务时,就是一种表达性需要。表达性需要可以帮助社会工作者明确老年人的需要,因而需要特别注意。

4. 比较性需要

比较性需要是在与别人的对比中产生的需要。比较性需求是在两个相似人群所接受的服务之间进行比较。譬如,甲乙两个基本情况类似的社区,甲社区已经开展了居家养老服务,而乙社区并没有开展居家养老服务,两者比较,我们可以认为乙社区老年人也会有居家养老需求。对于这种需求,老年社会工作者可以利用收集来的社区内、外部资料,在不同社区之间进行比较,以对社区内老年人的比较性需求做出分析。

(三) 从老年人的特殊问题来看

从老年人与其他年龄段人群的特殊问题来看,老年人的需要又涉及:

1. 医疗保健

据卫计委统计,我国60岁以上老年人近半数患有高血压等慢性病,且年龄越大,病痛越多、健康状况日益恶化,需要经常看病治疗,或进行疗养,对医疗保健的需求也就越多。

首先是送医药上门,陪送老年人去医院看病以及住院陪床服务;其次是提供健康指导、健康咨询服务;最后是建立慢性病治疗照料机构、康复机构、晚期病人的临终关怀机构。

2. 精神慰藉和生活照顾

由于老年人的闲暇时间增多,加上现代社会代沟和家庭空巢现象严重,因而老年人易孤独、精神空虚、感情脆弱；同时，老年人生活的自理能力差，有的甚至失去自理能力，这就需要家庭、子女和社会的精神慰藉、生活照顾。在精神慰藉上，除了子女的陪伴外，社会工作者可以根据老年人的兴趣爱好，组织一些文娱活动，丰富老年人的文化生活。生活照顾上，协调资源，为老年人提供日常饮食服务，协助处理清洁卫生、洗衣服等日常家务。

3. 社会参与

老年人要贡献社会，需要广泛参与社会生活，特别是深度参与社会生活各个方面。老年人有老年人的意愿需要表达，有老年人的利益需要维护，有老年人的作用需要发挥。因此，社会参与是老年人的重要需求，有益老年人的身心健康。

4. 身后事宜安排

老年属于人生最后一个历程和阶段，因此许多老年人十分关心自己身后事宜的安排，包括子女的生活、财产的处置、墓地的购置、后事的操办等方面。

课堂练习

一、单选题

1. 以下（　　）不是老年人的问题。
   A. 社会隔离　　B. 代际隔阂　　C. 失眠　　D. 宜居环境

2. （　　）是最基本、最优先的一种需要。
   A. 生理需要　　B. 安全需要　　C. 尊重需要　　D. 自我实现

3. 行动不便的老年人，希望居住的环境能够进行适老化改造，使自己出行更方便、更安全。这是（　　）。
   A. 规范性需要　　B. 感觉性需要　　C. 比较性需要　　D. 表达性需要

二、填空题

1. 从布拉德肖的需求理论来看，需要分为_____、_____、比较性需求和_____。

2. 根据马斯洛的需要理论，最高层次的需要是_____。

三、判断题

1. 老年人的问题仅仅是老年人个人的问题。　　　　　　　　　　　　（　　）
2. 不同时期老年人的需要是不同的。　　　　　　　　　　　　　　　（　　）
3. 老年人的需要具有多样性，既有生理性的，又有社会性的；既有物质性的，也有精神性的。　　　　　　　　　　　　　　　　　　　　　　（　　）

四、名词解释

1. 规范性需要
2. 家庭照顾

五、简答题

1. 简述老年人的问题。
2. 简述老年人的需要。

六、论述题

如果老年人的问题和需要得不到妥善的解决会造成什么严重的后果。

七、实践活动

请针对老年人的需要,提出一个创业项目,并形成创业计划书,分小组进行汇报。

延伸阅读

1. 生理年龄的自测方法

生理年龄代表个人的生命活力。如果你的生理年龄小于年代年龄,说明你活得很健康很有活力。相反如果你的年代年龄只有 50 岁,并没有进入老年期,但是你的生理年龄却达到了 60 岁,你就是未老先衰了。未老先衰主要是由于生活习惯和生活方式有问题。因为导致生理年龄老化有 4 方面的原因,生活习惯是最主要的原因,占 50%,而另外的几方面原因,即环境的影响、遗传因素、医疗条件共占 50%。

简易的生理年龄测试方法有以下 9 种:

(1) 瞳孔大小。年纪越老瞳孔越小。瞳孔直径 4 毫米为 30 岁,2 毫米为 60 岁。瞳孔在强光的刺激下会收缩,这样会影响测量结果的准确性,所以应在正常光线下测量。

(2) 大脑活跃程度。由 100 开始倒数到 0,每次读数隔 7 个数字(即只数 100、93、86、79、72、65、48、41、34、27、20、13、6、0 等 14 个数),这实际上是在测量你大脑计算的时间。记下读到 0 时所用时间。时间如果少于 20 秒,就表示你的生理年龄在 40 岁以下,时间在 25 秒至 40 秒之间,则表示生理年龄没超过 60 岁。

(3) 眼角膜环。照着镜子观察眼球,会发现角膜(即黑眼仁)周边有一条白色曲线(最早出现在上缘),曲线越长年纪越老。生理年龄达 80 岁时,会发现一个完整的角膜环。

(4) 皮肤弹性。捏着手背皮肤 1 分钟后放松,记录皮肤恢复正常状态的时间。生理年龄越大皮肤复原时间越长。恢复时间少于 1 秒,表示生理年龄小于 20 岁;1~2 秒为 30 岁;3~4 秒为 40 岁;5~10 秒为 50 岁;11~30 秒为 60 岁;31~45 秒为 70 岁;45 秒以上为 80 岁。

(5) 反应时间。45 厘米长的尺子(0 刻度朝下)落下时,尽快接住,记录抓住尺子时的刻度。生理年龄越小,反应时间越短。抓尺子的刻度 14 厘米以下表示不超过 20 岁;15~24 厘米为 30 岁;25~29 厘米为 40 岁;30~35 厘米为 50 岁;40 厘米以上为 60 岁。

(6) 心脏功能。测试前先静坐 5 分钟,测得每分钟脉搏数 A,然后连续做 20 个鞠躬(频率适小),测鞠躬后即刻的脉搏数 B,休息 1 分钟,再测脉搏数 C。用公式 $x=(A+B+C-200)/10$ 计算心脏功能。x 为 0~3,说明心脏强壮;x 为 3~6,说明心脏良好;x 为 6~9 说明心脏状态一般;x 为 9~12 要时刻关注心脏的问题,x 大于 12 应该看医生了。

(7) 脂肪功能。深吸一口气,然后尽量屏住气,再慢慢呼出。年龄在 20 岁左右,屏气时间应该在 90~120 秒。年满 50 岁左右,屏气时间应该在 30 秒左右。屏气时间越短,肺活量越小,生理年龄越大。

(8) 平衡能力。双手自然下垂,紧贴大腿两侧,闭上眼睛,用一只脚站立,另一人看秒表,记录非站立脚失衡落地的时间,这样做3次,计算平均时间。根据其单脚独立稳定不移动的时间,来判断。测定标准为:30～39岁男性为9.9秒;40～49岁男性为8.4秒;50～59岁男性为7.4秒;60～69岁男性为5.8秒。女性比男性推迟10岁计算。站立时间越长,生理年龄越小。此项测量时要注意旁边有人保护,因为很易摔倒受伤。

(9)仰卧起坐体能测试。20岁左右在1分钟内仰卧起坐的最佳成绩应该是45～50次;30岁左右的最佳成绩应该是40～45次;40岁左右的最佳成绩应该是35～40次;50岁左右的最佳成绩应该是25～30次;60岁左右的最佳成绩应该是15～20次。

——资料源自:wenku.baidu.com/view/ffc1c8d8e009581b6bd9ebbc.html

2. 心理年龄测试标准题

你是否已经成年?你觉得自己是否成熟?其实成熟与否跟年龄没有关系,而是跟心理年龄有关。那么你的心理年龄是多大,一起进入心理年龄测试标准题吧。

开始测试:

1. 会有"这是我的底线,绝对不能让步"的想法 （ ）
   A. 是—1分　　B. 不是—2分　　C. 两者皆非—3分

2. 不能想困难的事情 （ ）
   A. 是—3分　　B. 不是—2分　　C. 两者皆非—1分

3. 很能忍耐 （ ）
   A. 是—1分　　B. 不是—2分　　C. 两者皆非—3分

4. 常哭 （ ）
   A. 是—3分　　B. 不是—2分　　C. 两者皆非—1分

5. 偶尔会被人说有中年人的味道 （ ）
   A. 是—1分　　B. 不是—2分　　C. 两者皆非—3分

6. 只要有不称心的事马上就会生气 （ ）
   A. 是—3分　　B. 不是—2分　　C. 两者皆非—1分

7. 比起同年的朋友,和年长的朋友较合得来 （ ）
   A. 是—1分　　B. 不是—2分　　C. 两者皆非—3分

8. 一个人早上起不来 （ ）
   A. 是—3分　　B. 不是—2分　　C. 两者皆非—1分

9. 在意服装发型 （ ）
   A. 是—1分　　B. 不是—2分　　C. 两者皆非—3分

10. 起床的时候会边伸懒腰边说话 （ ）
   A. 是—3分　　B. 不是—2分　　C. 两者皆非—1分

11. 知道"色即是空"的意思 （ ）
   A. 是—1分　　B. 不是—2分　　C. 两者皆非—3分

12. 常会什么都不想就行动 （ ）
   A. 是—3分　　B. 不是—2分　　C. 两者皆非—1分

13. 旅行或什么大事的前一晚会睡不着 （　）
　　A. 是—1分　　B. 不是—2分　　C. 两者皆非—3分
14. 不知道最近年轻人流行什么 （　）
　　A. 是—3分　　B. 不是—2分　　C. 两者皆非—1分
15. 有梦想 （　）
　　A. 是—1分　　B. 不是—2分　　C. 两者皆非—3分
16. 人生至今遇到过许多挫折 （　）
　　A. 是—3分　　B. 不是—2分　　C. 两者皆非—1分
17. 常浪费 （　）
　　A. 是—1分　　B. 不是—2分　　C. 两者皆非—3分
18. 用报纸打蟑螂是家常便饭 （　）
　　A. 是—3分　　B. 不是—2分　　C. 两者皆非—1分
19. 没办法一个人住 （　）
　　A. 是—1分　　B. 不是—2分　　C. 两者皆非—3分
20. 想赶快变成老爷爷（老奶奶） （　）
　　A. 是—3分　　B. 不是—2分　　C. 两者皆非—1分
21. 喜欢起哄 （　）
　　A. 是—1分　　B. 不是—2分　　C. 两者皆非—3分
22. 比起旅行，更喜欢待在家里 （　）
　　A. 是—3分　　B. 不是—2分　　C. 两者皆非—1分
23. 能读书，可是不想读 （　）
　　A. 是—1分　　B. 不是—2分　　C. 两者皆非—3分
24. 人生计划已很完美 （　）
　　A. 是—3分　　B. 不是—2分　　C. 两者皆非—1分
25. 会突然唱起歌来 （　）
　　A. 是—1分　　B. 不是—2分　　C. 两者皆非—3分
26. 比起都市，觉得住乡下更适合自己 （　）
　　A. 是—3分　　B. 不是—2分　　C. 两者皆非—1分
27. 常被人捉弄 （　）
　　A. 是—1分　　B. 不是—2分　　C. 两者皆非—3分
28. 情感波动激烈 （　）
　　A. 是—3分　　B. 不是—2分　　C. 两者皆非—1分
29. 觉得有完结的人生才有意思 （　）
　　A. 是—1分　　B. 不是—2分　　C. 两者皆非—3分
30. 会把一天当很多天用 （　）
　　A. 是—3分　　B. 不是—2分　　C. 两者皆非—1分

测试结果：

30～40分：你的心理处在老年时期。

你已经经历过很多是是非非，凡事都已经看得开了。岁月的洗礼，让你知道生命的宝贵，情感的珍贵，你不会再有太多的冲动，只想心平气和的享受生活，享受生命赐予你的欢乐。

41～60分：你的心理处在青年时期。

内心不能平息的矛盾冲突是此时你最明显的特征。你渴望独立自主自由洒脱，但还没有摆脱他人的阴影，那第三只眼随时监控着你，你的一举一动在儿童时期是为具体的他人满意，现在是为让这第三只眼满意，本能与人为，现实与理想，自我与超我，这种种矛盾的痛苦是推动人格发展的动力。

61～80分：你的心理处在成年时期。

你成熟、稳健、老练、实际，能够合情合理地处理现实人生、理想的种种矛盾，比较理智地看待完美与缺陷，获得与丧失。清楚地认识自己，能清楚地分辨可能与不能，可为与不可为。但这种状态稍有偏失，你就会走进保守与停滞，也容易导致的将是创造性和人生乐趣的丧失。

81～90分：你的心理尚处在儿童、少年时期。

想取悦别人，总喜欢被人表扬，他人的肯定才能令你肯定自己。渴望从人家那里获得情感上的安慰和支持。情绪起伏大。对新事物有强烈的好奇心。不切实际是你最大的优点和缺点。它让你更能感受快乐，也让你在生活中时常受挫。

——资料内容源自：https://zhuanlan.zhihu.com/p/63681448?utm_source=wechat_session&ivk_sa=1024320u

3. 老年人心理健康的标准

1. 感知觉尚好。稍有衰者，可通过戴眼镜、助听器等方法弥补，判断事物不常发生错觉。
2. 记忆良好。能轻松地记住一读而过的七位数字可说明记忆良好。
3. 逻辑思维健全。说话不颠三倒四，回答问题条理清晰。
4. 想象力丰富。不拘泥于现有的条条框框，做的梦常新奇有趣。
5. 情感反应适度。积极的情绪多于消极的情绪。对事物能泰然处之。
6. 意志坚强。办事有始有终，能经得起悲伤和挫折。
7. 态度和蔼可亲。能知足常乐、制怒。
8. 人际关系良好，乐意助人也受他人欢迎。
9. 保持学习的兴趣。能坚持某一方面不倦地学习。
10. 有正当的业余爱好。如养鱼、下棋、种花等喜好。
11. 与大多数人的心理活动基本保持一致。
12. 保持正常的行为。能坚持正常的生活、学习、工作和活动。能有效地适应社会环境变化。

——资料内容源自：百度百科词条"中老年人心理健康标准"

项目二
老年社会工作理论

项目导学

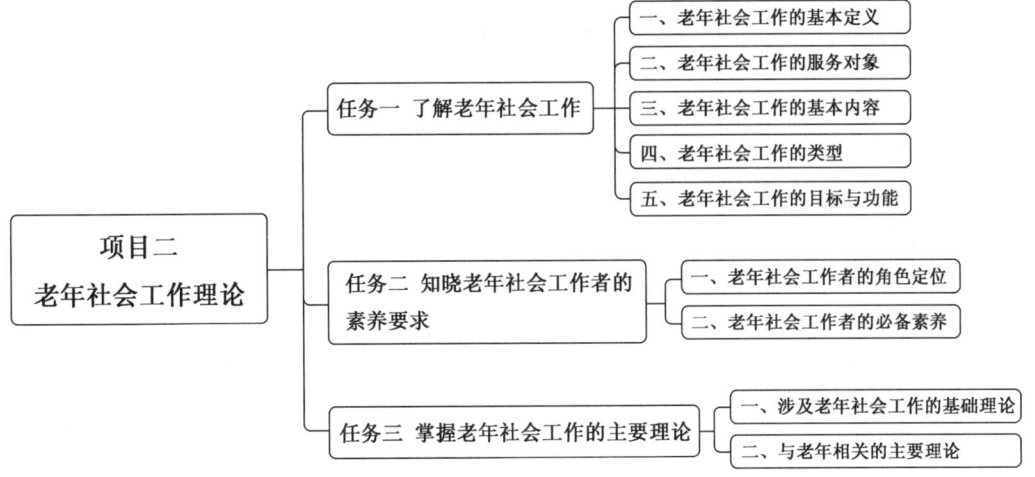

知识目标

1. 理解老年社会工作的基本概念和内容；
2. 理解老年社会工作的服务对象、目标与功能；
3. 理解社会撤离理论、活动理论、连续性理论、社会交换理论、老年人格性格理论等理论的内容和含义；
4. 了解生命历程理论、符号互动理论、生态系统理论等理论的内容和含义。

学习重难点

重点：理解老年社会工作的概念与内容。
难点：理解老年社会工作的相关理论。

 **情景导入**

一、案例描述

马爷爷,现年 62 岁,身体不错,退休前是一家国有企业的中层领导,手下有几十号人,马爷爷退休前常年一心扑在工作上,几乎没有时间与妻儿一起度过,父子关系也较为疏远。马爷爷退休后整天在家里待着,不愿意出门,他经常对妻子马奶奶指指点点,稍有不满便大发雷霆,更看不惯马奶奶出门跳广场舞。马奶奶现年 60 岁,身体也不错,退休前是一名教师,家务长久以来都由她一人承担。好不容易熬到两个人都退休了,没想到,马爷爷竟然经常朝她骂骂咧咧,这也不满那也不满,马奶奶由于常年积累的怨气,忍受不了马爷爷的领导作风,也经常大声吵闹表示反抗。马奶奶经常性地抹眼泪,感慨自己命苦,而马爷爷偶尔面对流泪的妻子也会有些懊悔,却始终没有勇气向妻子道歉。马奶奶私下里曾不止一次地跟儿子马先生诉苦,并常常提道:"过不下去了,要与他离婚。"马先生不知如何是好。

请根据以上情境,思考以下问题:

马爷爷、马奶奶及其家庭面临哪些问题?分别涉及老年社会工作的哪些内容?

二、案例分析

马爷爷、马奶奶及其家庭面临的问题主要有:

1. 婚姻情感问题;
2. 马爷爷面临退休适应性不良问题;
3. 马奶奶面临情感和情绪困扰。

老年社会工作者可以从以下几个角度进行协助:

1. 协助马爷爷、马奶奶改善婚姻生活:例如重温家庭影集的方式寻找婚姻的意义和幸福感;帮助家庭成员学习沟通技巧;开展家庭会议讨论婚姻原则;学习相互体谅和理解;
2. 鼓励并协助马爷爷发掘兴趣爱好,社工可帮助链接资源,增加马爷爷参与社会活动的机会;
3. 增强马奶奶的社会支持系统(可从家人社区邻里、原单位、社会组织等各方面介入)。

任务一 老年社会工作

一、老年社会工作的基本定义

社会工作是解决社会问题,特别是困难群体的问题,增进他们的福利和促进社会进步的职业。社会工作者使用社会科学的研究方法了解弱势群体所面对的困难,从而找出解决问题的社会政策和实务,因而逐渐发展出社会工作的专业知识和技能。社会工作者与其他专业人士(医生、护士、律师、教师等)一样,需要专业的职业培训,并将职业道德准则付诸行动。社会工作致力于理解人与环境之间交互关系的复杂性,以及人与人相互间多重影响对生理、心理因素造成的改变。国际社工联(IFSW)确定从2007年开始每年春季选择一天(每年3月第三个星期二)为"世界社会工作日",其目的是为社区内弱势人群解决问题,为有需要的人士贡献自己的爱心、知识和技巧。2019年世界社工日主题:促进人际关系的重要性。2020国际社工日主题:促进人类关系的重要性。2021年世界社工日主题:我因我们而存在。2022年世界社工日主题:共建生态社会新世界,不让任何人掉队。2023年世界社工日主题:借共同社会行动,尊重彼此多样性。我们从近五年的世界社工日主题中可以看出,社会工作专业强调和重视人及其环境之间的相互联系,也关注人的平等与尊严。

社会工作者致力于为各个年龄段提供合适的服务。老年社会工作更是发展最迅速的专业领域之一。人口高龄化和老年人数目的不断增加给家庭、医疗、经济、房屋、城市规划、社会福利等社会体系带来不少机会和挑战。面对日益增加的高龄人口,有关服务老年人的工作,如医疗、护理和社会工作等需要更多的专业人士,特别是老年社会工作领域。在亚洲,只有少数社会工作者曾接受老年人服务的理念与方法的专业训练;在美国及其他发达国家,不少社会工作教育机构正奋起直追,加强老年社会工作和老年学上的训练,使更多专业社会工作者能具备所需的老年人服务知识和技能,积极面对人口老龄化为社会带来的机遇,帮助老年人和他们的家人继续拥有健康及有意义的高质量生活。我国的人口老龄化速度很快,预计到2050年60岁以上老年人口占比将超过三分之一,而当前我国的养老服务对象和群体较为复杂,诸如高龄、空巢、失智、独居、失能等特殊老年群体,尤其需要老年社会工作的专业服务。近两年,国家相继出台相关政策认可并支持老年社会工作的发展,2019年国务院办公厅发布《关于推进养老服务发展的意见》(国办发〔2019〕5号)提出:打造"三社联动"机制,以社区为平台、养老服务类社会组织为载体、社会工作者为支撑,大力支持志愿养老服务,积极探索互助养老服务。经国务院同意,民政部印发的《关于进一步扩大养老服务供给促进养老服务消费的实施意见》也明确提出要开展养老服务人才培训提升行动,确保到2022年年底前培训1万名养老院院长、200万名养老护理员、10万名专兼职老年社会工作者,切实提升养老服务持续发展能力。2020年,民政部发布《老年社会工作者培训大纲(试行)》的通知,由此都可以看出,社会对于老年社会工作专业人才的需求是很大的。

老年社会工作是指运用社会工作的专业知识、秉持社会工作的专业操守和专业价值观,为在生活中遭遇困难的老年人及其家庭解决问题、摆脱困境,帮助老年人增强个人能力、发展潜能,以使老年人拥有更好的生活品质的专业服务活动。

老年社会工作的定义可以从以下几个方面来理解。

第一,老年社会工作的服务对象一般是老年人及其家庭。首先,就老年人本身而言,他们在老年期可能会面临各种困难,产生服务需求;其次,老年人与家庭成员的关系、老年人的家庭主要照顾者的身心状态是否健康、是否具备照护技能、沟通技能等也会对老年人的生活品质产生很大影响,因此,老年人的家庭(及其成员),尤其是长者照护者也是老年

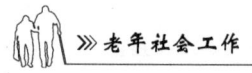

社会工作的服务对象之一。

第二，为老年人服务是一种在社会工作专业价值理念支配下的活动，在开展老年社会工作的过程中需要时刻秉持社会工作对人的信念以及专业的基本原则。例如，相信每一位老年人是有能力的，都应该得到尊重。

第三，老年社会工作强调专业方法。老年服务是社会工作服务的一个新的领域，也是当今社会一个最有发展潜质的领域，为老年人提供专业的社会工作服务需要在理论的指导下运用许多专业的方法，以提高服务的有效性和针对性。

第四，老年社会工作的终极目标是挖掘老年人的潜能，提高老年人的能力和促进老年人的发展，使得老年人可以过上更有品质的晚年生活。

二、老年社会工作的服务对象

老年社会工作的服务对象一般可以按照被服务对象和老年人的问题类型两个角度来划分。老年人当然是老年社会工作者的最直接和首要的服务对象，但基于"人在情境中"的理念，由于老年人的问题、需求以及环境各有不同，老年人的家人、为老年人提供服务的人员及其他人员也是老年社会工作的服务对象。另外还可以按照老年人遇到的问题类型对老年人进行具体的划分。

（一）根据被服务的对象来划分

（1）遭遇各种困难的老年人。虽然人的老化是正常现象，每个老年人都会经历老化带来的正常生理转变，但进入老年期后，部分老年人确实会遇到很多困难，例如经济困难、人际关系、医疗问题、退休不适应等。只要老年人有求助或接受服务的意愿，那么他们就是老年社会工作的服务对象，老年社会工作者就应采取专业的方法帮助老年人解决问题，恢复功能。

（2）老年人的家人。进入老年期后，老年人的各项机能开始退化，社会参与越来越少，活动范围越来越狭窄，最后完全限制在家庭内，这时很多问题也随之而来，如老年人和家庭成员的关系问题、久病卧床老年人的照顾问题、认知症老年人的长期照护压力、老年人的虐待和遗弃等。这时，处于此种情形中的老年人及其家人都应该是老年社会工作的服务对象。

（3）为老年人提供服务的其他人员。随着家庭的核心化，不少老年人进入年迈阶段后其子女并不在身边或者忙于工作无暇顾及，而是由家庭以外的亲友或雇用的老年护工来照顾老年人的生活起居。这些照顾者在长时期服侍老年人的过程中，有时会深感压抑和体力不支，从而容易有冲动的行为，如虐待、责骂老年人，或者不能满足老年人的基本需要等。所以，除老年人外，这些长期照顾者也需要老年社会工作者的帮助和辅导。

（二）根据老年人问题的种类来划分

（1）长期患病、生理机能严重衰退或者残疾的老年人。这类老年人由于久病不愈，对医疗性护理照料资源的需求较大，由此家庭受到影响并可能引发其他问题，如家庭经济困难、家人因长期照顾老年人患者而病倒、缺乏社交或社会性支持,家中其他成员如孩子得不到良好照顾等。

(2) 经济困难的老年人。老年人退休后收入减少,而支出却随着身体的衰退和医疗费用的增加而增多,逐渐会发生入不敷出的困境。如果老年人百病缠身,又没有钱治疗,处境就会更加艰难,特别需要老年社会工作者的帮助。

(3) 无法适应退休生活的老年人。有些老年人因为没有做好充分的思想准备工作,或者退休前后生活差距太大,始终处于生活寻找不到规律、心情始终处于波动的状态之中,容易造成家庭关系紧张、老年抑郁等问题,值得老年社会工作者的关注。

(4) 人际关系不良的老年人。这类老年人包括与配偶相处不和睦;与儿子、媳妇或其他家庭成员有矛盾;与家庭以外的人,如亲家、邻居相处不和谐等。

(5) 受虐老年人。老年人受虐的种类包括忽视(如不提供老年人日常生活所必需的用品、不给饭吃,对老年人提出的正当要求不理不睬等)、身体虐待(对老年人进行各种形式的殴打)、精神虐待(如对待老年人态度恶劣,时常怒骂、讽刺,或者故意损坏、丢弃老年人喜爱的物件等,从而导致老年人在情绪和精神方面遭受严重伤害)。老年社会工作者应密切与社区有关组织、公安部门、医院、司法部门等联系与合作,必要时采取法律措施保护老年人的合法生存权益,同时还需做好受虐老年人和施虐者的心理辅导工作。

(6) 丧亲老年人。老年人丧偶或者子女早逝,必定悲痛欲绝,这时特别需要社工的介入,为老年案主提供心理上的支持和物质上的帮助,协助老年人修复或重建社会支持系统。

三、老年社会工作的基本内容

尊老、敬老、养老是中华民族的传统美德。在传统社会,老年人生活中遇到问题是由家庭、邻里予以解决的。在现代社会,由于社会的急剧变迁,家庭小型化、社会流动频繁以及人们寿命的延长,对老年人的生活服务及精神关照、支持老年人正常生活就成为政府和社会的重要责任。不但老年人的物质生活,老年人的精神生活也成为社会不得不关注的问题。在这方面,贫困老年人的救助及福利、独居老年人的家庭服务、认知症老年人的长期照护、老年人的医疗保健服务、离退休老年人对社会生活的应对、老年人的心理健康、老年人丧偶后的生活适应等都是重要的社会工作领域。另外,老年人发展服务、老年人社会参与也是老年人服务的重要内容。我国正处于社会转型期,老龄化速度加快,老年人口数量迅速增加,老年人遇到了前所未有的困难,这都提出了大力发展老年社会服务的要求。我国有促进老有所养、老有所医、老有所学、老有所为、老有所乐的相关政策,在落实这些政策的过程中都需要社会工作的介入。

随着社会的发展、人们生活质量的提升,以及老年人需求的增多,老年社会工作的内容也在不断扩展,主要有两大类:一类是传统的帮助有需要的老年人及其家庭解决问题、摆脱困境;另一类是协助、支持老年人发展潜能,满足老年人老年期新的需要。前者主要包括帮助老年人及其家庭缓解和解决身体健康(生理)方面、经济方面、生活照顾方面的困难和问题,以及协助老年人婚姻家庭关系或人际关系的处理;后者主要是指协助支持和满足一些老年人在进入老年期之后所产生出一些新的需要,如受教育的需要、人际交往的需要、社会参与的需要、充实闲暇生活的需要、修补或重燃老年夫妇的关系的需要、协助建立跨代家庭关系的需要等。

具体来说,老年社会工作主要包括以下内容:

(一) 老年社会保障工作

社会保障直接关系到老年人的生存和生活质量,是维护老年人生存权的必然要求,是全体国民共享社会发展成果的要求,也是维护社会稳定、促进社会发展的需要。对于老年社会工作者来说,首先需要了解与老年人相关的社会保障政策,以便协助落实老年人的经济保障。由于国情不同,各国对老年人的经济保障是不同的。西方国家一般通过社会保险、社会救助保障老年人的经济安全。我国目前对于老年人的经济保障具有城乡二元结构特性。目前,涉及我国城乡老年人的社会保障制度和福利措施的内容主要有:

1. 退休制度

我国公民到了法定退休年龄,不必再付出劳动也可享受退休金待遇。对于老年人来说,如果有足够的退休金或养老金,基本的物质生活得以保障,那么经济环境比较宽松,对于子女和外界的经济依赖很弱。此时,如果老年人既丧失了劳动能力,又没有固定的收入来源如农村老年人,那么经济生活就会比较拮据,老年人常为生计发愁,因此容易产生焦虑不安的情绪。这种情形下,老年人时常需要子女或亲友的接济,对外界的依赖较强。

2. 养老保险

国家根据社会主义市场经济的需要,建立起社会统筹和个人账户相结合的国家、企业、个人三方负责的多层次社会保障制度。公民在工作期间,定期缴纳收入中的一部分与国家、企业补贴缴纳的金额共同组成个人养老保险账户,公民在退休后可享受支取养老保险金作为生活中的经济来源。随着养老保险体系的不断完善,目前广大农民也逐渐被纳入国家的养老保险制度中来,参与农村养老保险的农民越来越多。

3. 城乡社会救助制度

生活困难的孤寡老年人、低保对象一般受益于五保制度和低保制度。在城市,对于经济困难的老年人及其家庭则有最低生活保障制度及不定期的救济。在农村,政府对丧失劳动能力、无依无靠的老年人实行"五保"制度,即保吃、保穿、保住、保医、保葬,使困难老年人的基本生活得到保证。目前在农村、经济发达地区的基层组织和集体企业也尝试为老年人提供一定数额的养老金。

4. 医疗保障

步入老年期后,随着身体机能的老化,人的各种生理机能开始减退,抵抗疾病的能力也开始减弱,疾病增多,特别是如果当老年人百病缠身时,又没有钱治疗,处境就会更艰难,因此,老年社会工作还需要积极关注和解决老年人的医疗保障问题。这不仅是保障老年人生存权和健康权的基础,也是社会不可推卸的责任。在发达国家,老年人的医疗保障设立得早,发展较完善,相较而言,目前我们国家的医疗保障主要针对的是在岗职工设计,针对老年人的医疗保障措施还很欠缺,医疗保障面临的问题还比较多,其中最突出的就是

"看病难,看病贵"问题。例如,多数失智老年人因无法负担专业的医疗护理费用只能依靠家人进行照料,由此又容易带来一系列的老年人及其家庭问题。

总的来说,作为老年社会工作者,我们在对老年案主及其家庭实施与社会保障相关的服务时,主要可以从两个方面做工作:

一是积极为老年人争取各项老年保障制度和措施中规定的权利和资源。例如向老年人介绍有关社会政策,并提供行动建议;为经济方面有困难的老年人提供帮助,申请和及时获得应当享有的基本生活权利和物质帮助;协调有关方面为符合条件的老年人做政策落实工作;倡导老年人家人及其他非正式资源对老年人予以经济支持;对老年医疗保障进行评估;在老年人及其有关医疗服务机构之间建立联系;在社区、机构层面举办老年健康讲座,普及老年保健知识,开展针对疾病的危机干预和心理辅导;组建老年人病友小组,分享治疗及保健经验;开展临终关怀服务等。

二是通过工作实践去倡导、影响和推进老年社会保障的不断改进和完善。例如落实国家有关医疗卫生政策;对有利于老年人生存和发展的政策制定提出建议和倡导等工作。

(二)老年人及其家庭成员的心理辅导服务

伴随着老年人年龄的增长,其在遭遇身体机能逐渐衰退、经济收入降低、社会地位下降、社会活动减少、丧偶、家庭变故、亲朋好友生离死别等事件时老年人容易产生孤独、寂寞、抑郁等状况,从而引发心理问题。老年社会工作者应当帮助老年人及其家人充分了解老年期个体的生理变化特征,以缓解在养老过程中所遇到的各种压力问题,促使他们保持健康的身心和维持和谐的家庭环境。例如,协助老年人及其家人如何应付老年期或转换期的生活压力;帮助老年人进行与家庭成员或他人关系的调适;帮助老年人调整心态,应对离退休带来的不适;帮助老年夫妇在转变中适应和寻找意义;帮助老年人克服老年期疑病症;帮助老年人解决"空巢"孤独感;协助缓解主要照顾者的压力等等。老年社会工作者可以通过专业的方法和技术帮助老年人进行心理辅导,让老年人保持开朗、乐观、积极的心态适应老年生活。若老年人心理疾病严重时,老年社会工作者还需要做好转介到专业心理治疗机构或医院的转介工作。

(三)老年人的社会支持体系的构建

老年人需要家人或周围环境的支持,老年社会工作者可以积极倡导和协助为老年人建立良好的社会支持体系。以失智老年人为例,可根据老年人的病情程度和每个家庭各方面条件的不同,构建一个由居家护理、社区老年中心、养老机构、医疗护理机构四个层次组成的失能失智老年人康复服务社会支持体系。该体系体现了社会的整合、服务的个性化、选择性和独立性。居家护理适合没有精神症状、病情较轻的失能失智老年人,主要协助老年人及其家庭照顾者给予生活护理;社区老年中心适合病情不是很重,但家庭成员没有足够的时间和精力去照顾的失智老年人,老年人就近入托社区老年中心,白天在老年中心,晚上回家;有精神症状的失智老年人需要入住养老机构,以便得到全面和专业的护理。养老机构主要接收躯体情况较好,没有严重残疾和躯体疾病的失智老年人。有严重精神症状,或比较严重的残疾和躯体疾病的失智老年人,则需要入住医疗护理机构。从老年人所处的微观、中观、宏观为其提供支持是非常必要的。

(四) 老年人的教育工作

现在,人们生活在"终身学习"的环境中,只有不断学习、更新自己才能更好地适应社会发展。因此,需要设计教育项目使老年人有继续学习的机会,做好老年教育工作,使老年人老有所学,并增加其老有所为的本领,也是老年社会工作的一项重要内容。老年教育工作有利于协助有需要的老年人跟上社会和时代的步伐,丰富老年生活知识,增加生活技能,提高老年人的身心素质,增强其自我服务和继续为社会服务的能力。老年教育是一种社会文化和生活教育,它体现了现代社会中人的价值和社会的文明与进步。例如,社区、机构应积极为老年人开办包含健康保健、电脑、智能手机、外语、书画、琴棋、手工艺品制作、烹饪等方面线上线下的培训,给予有需要的老年人"终身学习"的机会,让老年大学不再是形式,切实满足老年人的学习愿望。

(五) 老年人的社会参与

老年社会工作者应为有需要的老年人创造更多的社会参与的机会,使老年人通过参与社会充实自己的生活,减少孤独感和失落感,促进老年人的身心健康,例如,一些社区为老年人提供老年志愿者的服务机会,让老年人在志愿服务中寻找到自我价值和成就感,使老年人老有所为,老有所乐。

(六) 特殊老年人群体的服务工作

从社会工作的价值理念而言,老年社会工作者还应关注到特殊老年群体的需求,例如受虐待老年人、临终老年人、认知障碍老年人、空巢老年人、残疾老年人、酗酒老年人、丧亲老年人等特殊老年人群体,因为他们除了拥有老年人的共性需要和问题以外,往往还有一些特殊的问题需要关注。

四、老年社会工作的类型

老年社会工作可以依据以下不同的标准划分出不同的类型。

依老年服务对象的年龄划分,老年社会工作可分为低龄老年(60～69岁)社会工作、中龄老年(70～79岁)社会工作、高龄老年(80岁以上)社会工作。在不同年龄段,老年社会工作的侧重点是不同的。一般来说,对于低龄老年人来说,社会工作的重点是解决其角色转换和再社会化的问题;对于中龄老年人来说,社会工作的重点在于协助其处理好日常生活、人际关系和社会交往问题;而对于高龄老年人来说,社会工作的重点应在于疾病护理、生活照顾和临终关怀等。

依据工作方法,可以把老年社会工作分为:老年个案工作、老年小组工作、老年社区工作和老年行政工作等。老年个案工作是为老年个体及其家庭直接提供服务,以解决老年人及其在生活中遭遇的困难。老年小组工作是以小组(或称团体)的方式开展工作,通过小组活动来改善老年人的社会适应性、转变不良的认知、增进老年人解决问题能力。老年社区工作是立足于社区,挖掘社区资源为老年人创设良好的养老环境,提高社区服务的水平,增加老年人社会参与的机会等。老年行政工作是从宏观管理层面通过倡导和促进老年社会政策的制订和实施,通过行政管理的程序来推动老年社会工作的开展。

依据工作关系划分:直接老年社会工作、间接老年社会工作。直接老年社会工作,通常是指通过直接与老年人打交道从微观层面开展的为老服务,运用的方法主要是个案与小组的方式。间接老年社会工作是指对老年社会工作进行组织领导、理论研究和政策开展等,即宏观层面的为老服务,例如老年社区工作、老年社会工作行政、老年社会工作政策研究与制定等。

五、老年社会工作的目标与功能

(一)老年社会工作的目标

老年社会工作的最终目标是帮助老年人以积极的态度探求老年人内在的价值和意义,在老年人与社会环境的互动中充分认识到他们自己有继续成长及改变的权利,强化老年人解决问题的能力,以达到保障老年人身心健康和促进其生活安定的老年社会福利目标。具体来说可以分为微观层面和宏观层面两大方面:

从微观层面而言:一是协助老年人充分认知老年、接受老年,并帮助其增强个人能力,预防生理或心理上的迅速退化,促使老年人的身心健康;二是改善老年人的生活环境或帮助老年人适应不良的社会环境,促使老年人能够有一个正常的社会生活;三是改善老年人与家人、其他人等之间的人际关系;四是鼓励老年人积极参与社会活动,促使老年人通过与他人的互动实现精神生活需求的满足,使其晚年生活更为充实。

从宏观层面而言:一是积极整合相关的社会服务和资源,并帮助老年人有效地运用这些服务和资源。二是影响社会福利政策、制度与社会服务机构的运作,设计并提供诱导性的方案,使得政策、制度和社会服务机构的运作更加能够适时地反映老年人的需求,借以维护老年人的权益。

(二)老年社会工作的基本功能

老年社会工作的基本功能可以从预防性功能、恢复性功能和发展性功能三个方面来进行概括为:

1. 预防性功能

预防和减缓老年人生理、心理和社会功能的衰退,提高老年人健康管理知识水平,减少其患病机会;提供医疗、康复照顾,促进老年人的身心健康;协调老年人的社会环境,增加其社会参与、社会互动的机会,促进老年人和谐美满的家庭生活,增强老年人的生活快乐感,避免产生心理疾病,促进老年人尽可能过上有品质的晚年生活。

2. 恢复性功能

恢复老年人受损的社会功能和社会关系网络,以治疗和矫正的方式,尽可能消除导致老年人社会功能受损的因素,恢复其社会功能的完整。如调适老年人的家庭、社区等环境方面的不利因素,消除障碍,促使老年人有一个正常的生活环境。

3. 发展性功能

根据老年人老年期产生的新的需求,提供各种切合的服务和资源,以帮助老年人满足需求,身心健康,过上高品质的晚年生活。

课堂练习

一、单选题

1. 以下属于老年社会工作的终极目标的是（　　）。
   A. 解决老年人经济困难问题　　B. 促进老年人高品质生活
   C. 协调老年人夫妻关系　　D. 增加老年娱乐活动

2. 一些社区为老年人提供老年志愿者的服务机会,属于以下哪类服务（　　）。
   A. 老年教育工作　　B. 解决老年人及其家庭的困难
   C. 增加老年人的社会参与　　D. 老年保障工作

3. 在社区开展老年常见病健康知识讲座,主要体现了老年社会工作的哪一项功能（　　）。
   A. 预防性功能　　B. 发展性功能
   C. 恢复性功能　　D. 以上都不是

二、填空题

1. 老年社会工作的服务对象包含老年人、_____,以及提供服务的其他人员。

2. 依据工作方法,可以把老年社会工作分为:老年个案工作、老年小组工作、_____和老年行政工作等。

3. 依老年案主的年龄划分,老年社会工作可分为低龄老年社会工作、中龄老年社会工作和_____。

三、判断题

1. 通过适当的方式和方法鼓励老年案主自立,支持老年人充分挖掘自身潜能,以达到助人自助的服务宗旨。（　　）

2. 为老年人服务是一种由价值理念支配的活动,在开展老年社会工作等过程中时刻需要秉持社会工作对人对信念以及专业的基本原则。（　　）

四、名词解释

老年社会工作

五、简答题

1. 简述老年社会工作的目标。
2. 简述老年社会工作的功能。
3. 简述老年社会工作的服务对象有哪些。
4. 为什么为老年人服务的其他人员也应该被纳入老年社会工作的服务对象范畴?

5. 为什么老年人的家人或亲友也应该被纳入老年社会工作的服务对象范畴?

六、论述题

请联系实际谈谈老年社会工作的服务内容主要有哪些?

七、案例分析题

案例背景:赵先生,现年67岁,丧偶独居,身患肛瘘。平时,自己可以独立生活,但病情严重时经常卧床不起。赵先生有稳定的退休金,有一儿一女,均在国外工作,由于工作原因,很少回来探望赵先生。赵先生曾经想再找个老伴,可以相互照顾,但担心影响与子女的感情,因此,没有向子女提及这一想法。随着年龄增长,赵先生记忆力下降,外出经常忘记锁门或关煤气,有次差点引起火灾。最近老年人病情加重,肛门脓肿血流不止,生活无法自理。受医疗条件限制,赵先生所在的社区医院(一般无肛肠科)束手无策。大医院因老年人年龄较大又心脏不太好,不能动手术,也婉拒了老人的求医要求。上门送医送药也不现实。后来赵先生几次写信、打电话给某医院肛肠科求助,该科青年医务志愿者帮助的对象是经济特困老年人,医者仁心,该科青年医务志愿者免费上门送医送药三次,帮助老年人缓解病情,但要根治暂时不可能。再加上一个人生活,面对生活中遇到的种种困境,赵先生常常感到孤立无援、焦虑不安。

请思考:请你从老年社会工作的角度思考,上述案例中的赵先生面临着哪些困境?分别涉及老年社会工作的哪些内容?

任务二 老年社会工作者的素养要求

随着老龄化速度的加快,老年人口的日渐增多,社会需要更多的老年社会工作专业服务,需要更多的专业老年社会工作者加入老年服务与工作的队伍中,而老年社会工作者专指遵循助人自助的价值理念,综合运用社会工作专业知识和方法,为有需要的老年个体、老年机构、老年所在的家庭、社区提供专业社会服务,以帮助其发挥自身潜能、协调社会关系、解决和预防社会问题、创造安乐的晚年环境从而促进社会公正和谐发展为主要职业活动的专业人员。

一、老年社会工作者的角色定位

(一) 服务提供者

这是老年社会工作者的首要角色,为有困难的老年人及其家庭提供协助性的服务。

(二) 使能者

帮助老年人处理生活中的各种应激事件,例如丧偶、离婚、退休、疾病等均包括在内。启发或引导老年案主适应新的生活环境和社会环境,引导老年人尝试进行行动方式和思维方式的调适或改变。通过适当的方式和方法鼓励老年案主自立,使能者也就是帮手,协助老年人及其家庭将大问题分解为能够解决的小问题,突出目标,确认问题解决的方案,支持老年人充分挖掘自身的潜能,以达到"助人自助"的服务宗旨,这一角色在微观、中观、宏观系统中均能扮演。

(三) 资源链接者

当老年案主需要多种服务时,老年社会工作者要通过计划与安排,来协调不同服务机构所提供的服务,并把这些服务和资源与有需要的案主进行有效的链接。

(四) 倡导者

当老年案主的问题或困难是由社会政策不完善而造成,或与社会政策不完善相关时,老年社会工作者应该去积极倡导政府政策的制订,实现政策的优化,从根源上解决案主的困难。当社会舆论环境不利于老年人积极生存时,社会工作者应积极倡导老有所为概念,消除对老年人的刻板印象和标签化。

二、老年社会工作者的必备素养

由于老年群体的特殊性和老年问题的复杂性,需要老年社会工作者具备以下专业素养、知识素养和能力素养,才可为老年人及其家人服务:

(一) 专业素养

老年社会工作者需要基于社会工作的专业价值观而具备一定的专业技能和态度,如接纳和关怀老年人,客观地接纳老年人的能力和生命历程,表达关怀和支持;肯定每个老年人是独一无二且有价值和尊严的;确保对老年人及家庭的服务水平和称职的专业行为;推动和运用资源使老年人能有选择的机会;保持同理心、敏感度、增加老年人自主权;相信老年人是有能力的,等等。

另外,老年社会工作作为一个职业,还需严格遵守相应的职业道德和职业纪律,向老年人、家人、社工专业、服务机构等各方负责,谨记和遵从社会工作的专业操守,例如充分尊重老年人的隐私权,不得无故泄露老年案主的隐私;保留工作记录;对老年人及家庭和社会经历保持非评判的态度;有能力与老年人保持良好的专业关系等。

(二) 知识素养

1. 掌握老年社会工作的专业知识

作为老年社会工作者,首先要学习和掌握老年社会工作的专业知识和技巧,以便为老年人及其家人提供适当的服务。值得注意的是,不同的工作岗位对从业人员也有不同的要求。例如,同样是一线老年社会工作者,由于服务老年人问题和需要的不同,老年社会工作者所担负的具体工作也就不同,有的做老年个案工作,有的做团体工作,有的做社区工作,老年社工所需要掌握的专业方向和专长就需要有所针对性。再比如,作为老年社会工作行政机构的工作人员,需要对老年政策法规、老年社会工作行为等专业知识更为精通和熟悉,才能针对性地制订解决老年问题的有关政策和具体措施,促进老龄事业的发展。

2. 有广博的基础知识

随着人口老化速度的加快，老年社会工作所要解决的问题日益增多，老年社会工作者对各种科学知识的需求也就永无止境。具体来说，老年社会工作涉及医学、生物学、心理学、政治学、社会学、经济学、法学、教育学等多种学科，内容十分广博。老年社会工作者应当对以上知识都有所了解并掌握。例如，作为老年社会工作行政机构的管理人员，还需要掌握管理学、领导学等综合知识；一线老年服务社工要为老年人争取合法权益，则必须依靠法律武器；对老年人心理健康的辅导离不开心理学、教育学等基础知识。由此可见，老年社会工作者应具有广阔的知识面，涉猎多种学科领域。

综上所述，老年社会工作者最好通晓老年社会工作的所有专业知识，再深入学习和钻研适应各类岗位需要的专业知识，这样有助于妥善解决各种问题，更好地适应新形势的要求。

（三）能力素养

1. 人际沟通能力

老年社会工作是同人打交道的职业，我们需要在工作者中与老年人、其家人、社区居民、各行政服务机构工作人员等各方打交道，这些任务的艰巨性、复杂性要求老年社会工作者须具有高水平的、熟练的人际沟通能力，做到有效沟通。

2. 灵活处理问题的能力

老年社会工作强调个别化原则，尽管老年社会工作者的服务对象都是老年人，但实际情况复杂多样，必须针对不同情况灵活做出恰当的回应。个别化原则不是倡导标新立异，而是要在老年社会工作基本模式的指导下，根据具体问题和情境的不同，实事求是采取有差别性的处理方法。

3. 组织协调能力

老年社会工作对工作者的组织协调能力也提出了一定的要求，尤其是在老年小组工作和老年社区工作中最明显。例如，在养老机构中，老年社工在了解老年人需求的基础上协助机构内的老年人筹划、组织各种康乐活动、节庆主题活动或一系列的功能性小组活动等。老年社区工作的情境和任务更复杂和艰巨，服务涉及的人群更广，老年工作者在做老年社区工作时，需要能够将社区、机构、社区老年居民和其他居民动员、团结起来，需要较强的组织协调能力。

课堂练习

一、单项选择题

1. 以下不属于老年社会工作者专业素养的是（　　）。
   A. 接纳和关怀老年人　　　　　　B. 推动和运用资源使老年人能有选择
   C. 良好的组织协调能力　　　　　D. 保密
2. 以下哪个角色是老年社会工作者的首要角色（　　）。

A. 支持者　　　　　　　　　B. 服务提供者
C. 政策影响人　　　　　　　D. 管理者

二、填空题

1. 老年社会工作者需要具备的基本能力素养有_____、灵活处理问题的能力和组织协调能力。

2. 由于老年群体的特殊性和_____，需要老年社会工作者具备一定的专业素养、知识素养和能力素养。

三、判断题

1. 社会工作者应积极倡导老有所为概念，消除对老年人的刻板印象和标签化。
（　　）

2. 老年社会工作者只需要掌握社会工作的专业知识和技能即可，不需要对有关老年常见病、管理学等其他科学知识有所了解。（　　）

四、简答题

1. 作为一名老年社会工作者，需要具备哪些方面的专业素养？
2. 如何理解老年社会工作者的"资源链接者"角色？
3. 如何理解老年社会工作者的"倡导者"角色？

五、论述题

请联系实际谈谈老年社会工作者的素养有哪些方面？

六、案例分析题

崔奶奶68岁，高中文化，性格内向，有一儿一女，女儿常年在国外工作，儿子在本市工作。儿子和女儿都很孝顺，时常打电话或回家探望父母。崔奶奶退休后与丈夫张爷爷每天早晨到小区对面的公园散步，还经常到全国各地旅游，大家都很羡慕这对老夫妻，他们自己也很满意这种生活。突然有一天，张爷爷胸口不舒服，崔奶奶赶紧打了120，张爷爷被送往医院，经抢救无效后死亡，子女也没有来得及看父亲最后一眼。崔奶奶亲眼看见了丈夫猝死，对丈夫的思念与日俱增，对死亡也更加恐惧，变得更加沉默寡言，每天将自己锁在家中，以泪洗面，儿子儿媳要接崔奶奶来自家居住也未获同意。

请思考：崔奶奶及其家庭面临哪些问题？需要社区老年社会工作者哪些方面的帮助？

任务三　老年社会工作的主要理论

老年社会工作的不同理论对于老年社会工作者在实务中扮演着不同的角色，具有十分重要的启示意义。理论的研究也对老年服务项目更优化的设计和老年政策更有效的制定具有指导作用。在这里我们把相关理论分为两个方面进行阐述，一是涉及老年社会工作的基础理论，二是与老年相关的主要理论。

一、涉及老年社会工作的基础理论

(一) 生命周期理论

埃里克森(Erikson)在1961年创立了生命周期理论。该理论认为人生发展有八个阶段(婴儿期、儿童期、学龄初期、学龄期、青春期、成年早期、成年期、成熟期)每个阶段都有认同危机,成功地解决了这个危机,个性发展就顺利,解决失败则个性某些方面的发展就不完全或困难。也就是说,每个阶段个体的人格就是在积极解决这些认同危机中不断发展的。如果人要成功地从生活的一个阶段转换到另一阶段,定要达成相应阶段的心理成长任务,否则会产生心理危机。他认为如果早期成长任务没有得到解决,相关的社会心理问题将会在以后的人生阶段出现。例如,在婴儿期没有学会信任,那么在以后的生活中要和其他人建立亲密的关系将可能有困难。

在第八个阶段,老年期(成熟期)的发展特征是自我完整性与绝望感。生命周期理论认为人格的发展除了受到某一阶段的生理、心理和社会因素的影响之外,还受到过去的人生经验与过程的影响。因此,老年人其人格、行为的表现,反映了他们过去的生活经验、现在生活的调适以及对将来的期望。

在晚年生命的最后阶段,老年人接受了死亡是不可避免的现实,这时老年人的心理成长任务要发展内心智慧与洞察力来建立成熟的自我整合,与此同时,老年人有帮助和祝福年轻人的需要,所以老年人参与志愿服务、照顾家人或社区中有需要的人完全是他们心理的需要,老年人也特别需要在生命生活中寻找意义。如果他们没有能力达成这些成长的心理任务,他们会因为生命停滞不前而感到绝望,最后一个成长阶段的主要任务是整合先前的经历,并认识到自己已经实现了人的生命意义,无须从社会标准看这一生是否算是"成功的",所有经历都是值得喜乐的。在这一阶段,人们必须学会接受他们生命生活中所发生的一切,了解他们的整体意义。这个过程也包括处理未完成的事务,接纳不能改变的事情,改变能被改变的事情,如修复曾经被损害的人际关系。有时候这个过程意味着让那些不能改变的东西就此结束。不论何种情况,老年人如果不能在心中感到生命的和谐,可能会感到失望,觉得生活无动力和无意义。

这就要求老年社会工作者在对那些悲观失望类型的老年人进行个案辅导时,提高他们正向的自我认知和自尊,改变其自我概念,以提高其生活的满意度。

(二) 符号互动理论

符号互动理论的主要观点是指人们在其所处的社会环境中,通过与他人的社会交往与互动认识自我,换句话说,人们是根据他人对自己的评判、态度来思考自己。该理论侧重于从心理学角度研究社会,强调个人在互动过程中构建社会结构的能动性,揭示行动者对互动过程的主观理解,以及这一理解对进一步互动产生的影响。库利的"镜中我"是符号互动早期论较为人知的思想。该理论认为人们一旦获知了他人对自己的评价,便会不由自主地按照他人的看法对自己做出反应,从而形成自我概念。比如,当整个社会都对老年人采取否定的态度,把老年人描绘成退化、无用、依赖等形象,就会影响到老年人对自我的认知,带来他们对自身消极的评价,让他们感到自己不再有能力,对于家庭和社会都是一种负担。

(三)生态系统理论

生态系统理论是社会工作的基本理论之一,它强调"人在情境中"(person-in-situation),主张把个人的行为放在其所处的生态系统中来理解,认为人的行为是生理、心理和社会三重因素综合作用的结果。正因为如此,对一个人的行为进行分析就应该充分考虑到这三重因素的综合作用,不是把人看作孤立的个案,而是把人放到特定的情境中来理解。所以,当案主向社工寻求帮助时,应充分考虑他的自然环境及他所处的社会环境,这样才能更好地帮助案主解决问题。

在生态系统理论视角下,人类被看作是通过与环境的各种因素的相互作用来发展和适应。社会工作试图通过对人与自然和社会环境间的功能失调的处理,来强化能力、整合治疗和改变问题。生态系统视角既考察内部因素,也考察外部因素。在这个视角下,人并不是被动地对他们的环境做出反应,而是主动地与这些环境相互作用。生态系统因此主张,要理解个人在家庭、团体、组织及社区中的社会生活功能发挥,则需由个人和其所在环境中的不同层次之间的关联系统切入。生态系统论认为,个人所在的各个系统层次是一个层层相扣的巢状结构,大致分为三个系统:微观系统、中观系统、宏观系统。依据生态系统理论的观点,社会工作将焦点放在四个方面:一是促进人们的成长和发展;二是增强人们适应环境的能力;三是移除环境对人和群体的阻碍;四是增加社会和物理环境对人们需求的响应和营养成分地提供。

例如,失智老年人社会支持呈现出微观层面资金缺乏、情感交流缺失,中观层面社区照顾非专业化、医院支持难以为继,宏观层面政策缺乏、舆论压迫等问题。从生态系统理论视角看,应构建起以家庭微观支持系统为主导,社区照顾养老模式为基础,通过建立健全法律法规,政府购买服务,为失智老年人构建良好社会舆论环境的社会支持体系。

(四)赋权理论

20世纪80年代以来,赋权视角及其实践框架发展迅速,社会工作实践进入了所谓的"赋权取向时代"。"赋权"(empowerment),是指帮助处于弱势地位的个人和群体增强他们的权能的一种过程、介入方式和实践活动。在现实生活中,由于社会利益的分化和制度安排等原因,处于社会底层或社会边缘的弱势群体总是缺乏维权和实自我利益主张的权利和能力,感受着比其他人群更强烈生存的压力。

在社会工作专业中赋权也可以称为增权、充权、增能、激发权能、强化权能等。"赋权"概念在老年社会工作中被广泛应用,国内外关于赋权视角应用于老年社会工作实务中的研究都非常丰富。赋权是一种能力,这种能力包括掌握自己的情况、行使权力和实现自己的目标,也是一个最大可能的帮助自身或者别人提高生命品质的过程。

权能有主观和客观两个层面的内涵。它不仅表示人所拥有的能力,也代表人的一种自我效能感。失权不仅表现观上的能力和资源的匮乏,也体现为心理上的一种自我贬低和无权感。例如部分认知症群体处于失权状态。从病识感方面看,由于患者和家属均缺乏对认知症的正确认识,普遍认为认知症是由年龄增长带来的正常退化,因此照护者对疾病不够重视,易导致认知症病症加剧。从照护方面看,认知症患者家属由于缺乏专业照护知识,通常仅仅关注患者生理层面的基本需求,如饮食、衣着、安全等,对情感需求和情绪困扰的关注较为欠缺。照护工作的繁重和长期性也给家属带来了巨大的身心压力,长期处于压力中的照护者日常生活和身体状况都会受到负面影响。从生存环境看,部分认知症患者长期遭受排斥和歧视,少数极端的家属受病耻感和照护压力的影响,剥夺老人与社会接触的权利,把老人困于家中。

赋权取向下的老年社会工作应该实现多领域的整合互动,在包容开放的社会场域中,发掘老年人、家庭照护者、社区等多元主体的潜能,建构社会支持网络,完善社会保障体系,建立环境友好型社区,保证社会参与和人际交往,改变部分老年群体的失权现状,帮助其重新获得发掘和使用资源的能力,度过正常、有尊严的晚年生活。

二、与老年相关的主要理论

(一) 生命历程理论

生命历程理论是国际上正在兴起的一种跨学科理论,解释了人的一生中角色与角色变化的多样性,并指出人的发展不是由生命某个阶段决定的,而是一个长期并具有多种可能的过程。人的发展也是多方向的过程,有些性格和特长可以终身保持,而有些功能则衰退或改善。与其他个人视角理论不同,生命历程理论基于社会环境、历史事件、文化背景和社会地位来解释老化过程,强调的就是时代背景下的社会事件与个体生命历程的联系。特定的时间、时代、同辈人也会塑造不同个人或族群的老化过程,特别是同辈人(cohort)这个概念,对于理解经历过特殊历史时期的老年人有十分重要的作用。

生命历程理论的六个基础为:(1) 历史时期和地点对人生的塑造(例如,社会环境和同辈影响);(2) 生命中的关键时间点;(3) 人和人之间的关联性和相互影响;(4) 做出人生选择时的智慧和经验;(5) 生命历程转变的多样性;(6) 发展过程中的风险和抗逆力。

在人生的最后阶段,老年人可以有更多的时间对自己的一生进行回顾,如果在成年期有些事业的成就,对家庭和社会有贡献,他就会对自己的一生感到满足,从而会产生人生是完美的感觉;如果在年轻时虚度了岁月而一事无成,他就会经常回想自己所走错的路而认为错失了许多的良机,到了老年期也就更无机会重新发展,就很容易陷入一种绝望的情绪之中而悲观消沉、孤独。

生命历程理论给老年社会工作者为老年人增权提供了良好的理论基础:通过检视老年人一生的经历,帮助老年人发掘自身的优势,增加老年人的自信心。例如,通过回顾自己的人生历程,一位老年人认识到自己在上山下乡的时代背景下所获得的一些关于生活、友谊、爱情、亲情的理解让现在他非常享受新的人生阶段。由此看来,由一生积累的知识与经验帮助老年人健康老化、老有所为,由此产生对社会有贡献的自我感受对老年人的身心健康有至关重要的作用。

(二) 角色理论

角色理论关注老年人如何适应和解决生活中不同角色带来的任务和压力。角色理论认为，每一个人一生中都要扮演多种角色。角色是个人与社会相互接纳的一种形式。个体通过角色形成自我概念，获取相应的社会地位和社会回报；社会通过角色赋予个人相应的权利、义务、责任和社会期望。可以说，角色是个人以自身对社会的贡献满足自身物质需求和精神需求的一种形式，满足程度随角色而变化。角色理论假定，人生有一系列顺序排列的角色，老年人是否能调整好自己安度晚年，取决于他们从年轻和中年时的角色过渡到与老年联系在一起的角色的能力。中年时的角色可能是父母、工作人员、配偶和活跃的社区成员。对老年人来说，这些角色可能要改变为与年老有关的角色，诸如爷爷奶奶、退休人员和丧偶者。老年人会丧失一些中年时的角色，得到一些新角色。

然而，老年人的角色变化与中年人不同，它不是角色的变换或连续，而是一种不可逆转的角色丧失或中断，例如因退休而丧失劳动者角色，因丧偶而丧失配偶角色等。虽然并非百分之百的老年人都无法重返原劳动岗位，但大多数老年人会因知识陈旧、体力衰弱、单位满员、制度限制而没有再次扮演原角色的机会。角色中断或丧失会引起老年人心理失衡，郁郁寡欢，从而损害其健康状况。根据角色理论，当老年人能够从过去的一套角色过渡到与年龄规范匹配的角色时，就能有成功的老年。当人们不能做到这一转换，或者不能找到新角色替代老角色时，就会对年老不满。若能与社会中的其他人调整出新角色，便可以预测出老年人能成功地适应老年生活。

但需要注意的是，这一理论的落脚点是个体老年人的行为和洞察力，没有把社会环境视为影响年老过程的重大因素。

(三) 连续性理论(持续理论)

这个理论主张老年人通过保持与年轻时相同的状态，就可以更好地适应老年生活。与其他社会理论相反，连续性理论认为，老年人进入老年阶段时，并没有进入一种全新的生活方式。相反，老年时期是以前活动模式的延续，当老年人保持与以前的活动模式一致的成熟而完整的生活时，老年人的满意感最强。如果一个人在中年时期过的是活跃的、有社会参与的生活，当他在老年时期继续这样的生活时，他是最快乐的。如果一个人在中年时期过的是不活跃的生活，这种模式也将会持续到老年。根据这个理论，老年人只不过是青年的延续。这个理论是有意义的，它与心理学中人的基本性格和特质终身稳定这一观点相一致。而对这一理论的主要批评集中在它没有考虑到身体健康和社会环境不可预知的各种变化。

(四) 社会撤离理论

社会撤离理论认为老年人在老化过程中会慢慢从社会脱离。撤离理论提出随着社会和政治权力从一代递向另一代，产生了社会与个人的相互分离。老年人为了给年轻人更多的发展空间而从主动的社会角色退出来,转变为一个被动的角色,这既有利于老年人,也有利于社会。这个理论强调相互脱离的适应特性,它并不认为老年人在这一过程中是愉快的,一切只是为了适应社会变化而已。在脱离理论看来,老年人减少他们的活动水平,减少与人交往,关注内心的生命体验,这会使老年人过上一种平静而令人满意的晚年生活,而且,老年人主动地撤离社会,能使社会权力井然有序地实现交接,社会功能也不会因老年人的死亡而受损,因此,脱离理论认为,从社会主流生活中的撤离,无论这一过程是老年人自愿还是由社会启动,对社会和个人都会产生积极影响。

但是现如今,社会撤离理论已经遭到学术界广泛批评。从社会中撤退是一种适应的想法,与我们所知道的老年人在生理上和智力上仍是保持积极状态这一事实是相矛盾的。

(五) 活动理论

活动理论基于与活动理论相反的视角。活动理论主要关注个人行为对社会而不是社会对老年人的适应性。活动理论认为和社会环境保持活跃的相互联系的老年人最可能成功安度晚年。旅行、兼职或参加广泛的社会活动的老年人发现老年是他们生活中有价值和令人满意的阶段。假如老年人退出社会活动,他们更可能变得忧郁和对老年生活不满意。活动理论认为对老化产生满意或不满意的感受关键在于老年人自己。理论上,大多数人同意有目的的活动可以使老年人产生对社会环境更大的贡献和得到更多个人收获的机会。

因此,在老年社会工作中,鼓励老年人积极肯定自我,保持参与精神很重要,但是,尊重老年人自身的特点和选择更重要。如果老年人身体条件不好或者不情愿,就不能要求他们做力不从心的事情,可以让他们自行选择撤退。若老年人身体健康,积极要求参与更多社会活动,也不能让其强行撤退,应努力为其提供更多参与机会,让他们实现自身价值。总之,尊重老年人的自决权是应该坚持的基本原则。

(六) 老年人格类型理论

美国有心理学家按照人格与调适情况将老年人分为下列五种类型:

1. 成熟型(Mature Type)

具有这种人格特性的老年人从幼年至中年,一路较为顺遂,从而能够平稳地进入老年,对于退休和老化能够理智地接受,不悲观、不退缩,既不过于进取也不过于自我防卫。对自己的人生具有客观而清醒的认识,对晚年生活持积极乐观和充满希望的建设性态度。这类老年人往往擅长人际互动,能够真诚地理解家人、朋友和社会其他人际关系中的种种表现,对待自己和他人均是宽厚理性的。

身心健康、开朗豁达、兴趣广泛、朋友众多是这类老年人的共同特征。

2. 摇椅型(Rocking Chair Type)

这类老年人属于依赖型的人,不拘小节,也无大志,把退休看成是解除责任的一个有利时机,正好安享晚年而不用在工作单位里忙忙碌碌。他们对于老迈并不恐惧。没有过多的个人要求,很易于满足现状,乐于轻松、闲适的生活,不太在意得失,待人接物平和自然,退休生活是他们一直盼望的。虽然在精神层面上独立性略差,但在生活方面上大体能照顾自己。这类老年人给人亲切和蔼的感觉,为人低调,较少引起冲突,是老年群体中的主流。

3. 防卫型(Armored Type)

这类老年人防卫心很强,固执刻板,通常在年轻时工作勤奋负责,遵守规范,重视事业方面的成就及贡献。退休后适应晚年生活有一定难度,依然想寻找工作,期望通过忙碌的工作来保持活力和消除对衰老的恐惧。这类老年人又可以称作操劳表现型老年人,其本质是不能接受自身老化的结果,希望用各种各样的事物来填满自己的生活,以抵消衰老带来的不安和恐惧。

他们总是对别人有太多的责任和义务,甚至在无利可图的情况下也甘愿为人奉献。虽然这样的行为对社会做出了一定的贡献,但往往终因难以找到合适的社会位置和角色冲突而产生心理问题。因为这类老年人通常具有强烈的控制欲和干涉欲,所以较为容易引发家庭内部和其他方面的人际困难。

4. 愤怒型(Angry Type)

这种人格类型的老年人通常在年轻的时候碌碌无为,甚至有失败和遭受重大挫折的经历,因而到了晚年就非常伤悲,但这类老年人常将自己的失败归咎于客观因素,或者埋怨环境太差使其无法发展,或者指责他人从中作梗致使自己不能作为等,故而常常牢骚满腹,愤世嫉俗,常和别人发生冲突。多数不能较好地适应退休生活,对未能实现的人生理想或具体目标感到绝望和不平。在生活中容易感到强烈的挫折感,并由此产生对他人、单位或社会的怨恨情感,易于对人产生敌意,于是表现得挑剔、偏执、苛求和易怒,比其他类型的老年人更易产生攻击性情感和行为。情绪方面的失衡又会导致这类老年人在生理方面的病症,最终影响健康和寿命。这类人格变化的本质是无法承认老年人的身份,回避老化及随时可能到来的死亡。

5. 自怨自艾型(Self-Haters Type)

这种类型的老年人和愤怒型的老年人相比较,相同之处在于年轻时生活或工作不顺利,两者不同之处在于愤怒型的老年人常把自己的不得志都归结于别人,而自怨自艾型的老年人则只埋怨自己,认为都是自己不努力或者没能力才虚度人生。因此,心里郁闷、沮丧、消沉。这类老年人对自己的人生持否定的态度,认为自己是个一无是处的失败者。他们常把愤怒和不满压抑于心底,不轻易向人坦露,在自卑、自责中度过的。在行为方面表现得深居简出、拒绝交往、不言不语或长吁短叹,对晚年生活的前景极度悲观。

老年人人格类型理论对于开展老年社会工作的启示是,应该根据老年人的不同心理特点和人格类型来确立老年人的晚年生活需要,有针对性地制定老年人服务的项目和内容,并且采取符合不同类型的老年服务对象特点的助人手法。当然,在老年服务工作中也要小心避免因刻意关注不同人格类型而给老年人贴上人为的标签,从而给老年人造成伤害。

(七)老年亚文化理论

老年亚文化群理论最初是由美国学者罗斯提出的。该理论旨在揭示老年群体的共同特征,并认为老年亚文化群是老年人重新融入社会的最好方式。该理论认为,只要同领域内成员之间的交往超过和其他领域成员的交往,就会形成一个亚文化群。

该理论认为:老年人由于身体机能和社会交往层面的变化,适应环境较年轻人要困难得多。老年人倾向于选择同类群体进行交往。老年人之间谈得来,容易相处,而与年轻人相处总会觉得话不投机,有时还会互相排斥,久而久之就产生了老年亚文化,即老年人互相交往、聚集,形成具有老年人独特价值观、态度取向以及行为特色的老年文化。在老年亚文化群中,老年人可以找到共同语言,较少感受到年龄歧视,对社会的沟通和认同感也会增加。在老年亚文化中,很重视身体健康、医疗保障等,对于职业、受教育程度等内容则较不关心。老年亚文化的积极作用表现在老年人形成群体身份与意识,具有采取社会行动的潜能,并能够捍卫老年人的权益以及争取老年人的福利与社会资源。但也容易形成消极作用,如形成年龄歧视或是负面的自我认知。

老年亚文化理论对于开展老年社会工作的指导意义在于,需要根据老年群体所遵循的价值标准和行为规范来和老年人互动与对话,并根据老年亚文化的基本内容和特点来设计老年社会工作的服务项目,应该尽量避免用其他年龄组群体的文化强加于老年人身上,或者以此来衡量老年人的价值标准、生活方式和行为规范。

(八)社会交换理论

交换理论认为,每一个人都有不同于他人的自我需求和资源资本,社会互动就是通过资源交换满足自我需求的行为。资源交换不是随意的,而是个人与个人之间在交换过程中对利润和成本、取与给的计算与运用。在互动过程中,人们总是以最小的成本换取最大的报酬,也就是不做无利润的支出。

从上述观点出发,老年人地位之所以下降,其根本原因是缺少可供交换的资源和价值。因此,如何保持现有的资源资本,或增加老年人的资源,促使老年人拥有可供交换的资源,是提高老年人地位的根本。

(九)社会建构理论

社会建构是一个比较新的老年社会理论,它超越了角色理论、活动理论、脱离理论和延续理论看问题的局限。社会建构主义提出,所有年龄的人的日常生活都建立在自己为之赋予的社会意义上。对所有人来说都一样的"固定现实"并不存在。人们创建了自己的现实,这些现实会随着时间的改变而有所转换。一位年轻人可能会把自己的生活世界看成是要对工作和家庭尽责。他的世界观决定了他如何排列各种活动的优先秩序和对人对事的态度。一位年轻母亲可能觉得自己的首要责任是教养孩子,并按照这一观点组织安排自己的活动。然而,当年轻男女进入晚年的时候,他们对于自己的现实世界的社会建构会有所改变。把孩子抚养成人后,老年人安排活动的优先秩序可能会转变,把排在第一位的做好父母更新为做好伴侣或者是参加较偏重于个人所得而不是对他人的责任的活动。人们为自己的生活所建构的现实能解释他们的所作所为。如果老年人把晚年生活视为社会活动较少、偏重内省的日子,那么便会这么去做。如果老年人把这一时期看成是做所有自己早年没有时间做的事的时机,那么就更可能会偏向有较多的活动。这一理论不会把老年看成有特定的取向,从而判定老年是发挥功能或者功能失调,健康或者病态,而是认为老年生活是个人对这人生阶段看法的反映。例如同样经历丧偶的老年人,老年人A可能会认为遭遇这样的事是自己等待死亡的开始,充满恐惧,没有什么值得高兴的,而老年人B可能会把丧偶看成是自我发展的新契机。再比如,同样是刚退休的老年人,老年人A可能愿意享受退休后清闲的日子,而老年人B可能喜欢与工作无关的各种事情,活跃地参加各种休闲活动,诸如摄影、运动、旅游等。

总而言之,该理论认为如果社会现实是由人们自己建构的,那么老年社会工作者就要尽力了解老年人建构的现实是什么。了解人们如何看待其发挥作用的世界,有助于社会工作者帮助老年人参加与其世界观相契合的活动。

(十) 社会损害理论

社会损害理论认为,有时老年人的一些正常情绪反应会被他人视为病兆而做出过度的反应,将老年人置于被保护和迁让的位置,从而对老年人的自我认知造成损害。受传统家庭观念的影响,许多老年人是被动选择入住福利院的,他们可能出于无义务抚养人或子女缺少时间和精力来照顾,在心理上认为自己是一种多余或负担,产生较低的自我认同感和无用感。

课堂练习

一、单选题

1. 老年人喜欢与亲朋好友谈论往事,怀念家乡,是以下哪个理论的理论假设(   )。
   A. 社会撤离理论   B. 人生回顾理论
   C. 活动理论   D. 连续性理论

2. 不论是年轻还是年老,人们都有着不同的个性和生活方式,而个性在适应衰老时起着重要的作用。这一理论是(   )。
   A. 人生回顾理论   B. 连续性理论
   C. 社会撤离理论   D. 社会交换理论

3. 当整个社会都对老年人采取否定的态度,把老年人描绘成退化、无用、依赖等形象,就会影响到老年人对自我的认知,带来他们对自身消极的评价,让他们感到自己不再有能力,对于家庭和社会都是一种负担。这一理论是(   )。
   A. 社会交换理论   B. 连续性理论
   C. 社会建构理论   D. 符号互动理论

4. 老年人因退休而丧失劳动者角色,因丧偶而丧失配偶角色等,有可能会对老年人产生消极的影响,属于(   )理论的主要观点。
   A. 社会撤离理论   B. 老年亚文化理论
   C. 角色理论   D. 连续性理论

5. （　　）理论认为，老年人进入老年阶段时，并没有进入一种全新的生活方式。相反，老年时期是以前活动模式的延续，当老年人保持与以前的活动模式一致的成熟而完整的生活时，老年人的满意感最强。

　　A. 活动理论　　　　　　　　B. 老年人格类型理论
　　C. 角色理论　　　　　　　　D. 连续性理论

6. 在老年社会工作中，鼓励老年人积极肯定自我，保持参与精神，应努力为其提供更多参与机会，让他们实现自身价值。这一理论是（　　）。

　　A. 连续性理论　　　　　　　B. 社会交换理论
　　C. 活动理论　　　　　　　　D. 符号互动理论

7. （　　）理论对于开展老年社会工作的启示是，应该根据老年人的不同心理特点和人格类型来确立老年人的晚年生活需要，有针对性地制定老年人服务的项目和内容，并且采取符合不同类型的老年服务对象特点的助人手法。

　　A. 老年亚文化理论　　　　　B. 老年人人格类型理论
　　C. 活动理论　　　　　　　　D. 连续性理论

8. 老年人地位之所以下降，其根本原因是缺少可供交换的资源和价值。因此，如何保持现有的资源资本，或增加老年人的资源，促使老年人拥有可供交换的资源，是提高老年人地位的根本。这一理论是（　　）。

　　A. 社会撤离理论　　　　　　B. 连续性理论
　　C. 社会交换理论　　　　　　D. 老年亚文化理论

二、填空题

1. 老年人格类型理论将老年人分为下列五种类型：_____、摇椅型、防卫型、愤怒型、自怨自艾型。

2. _____理论认为人格的发展除了受到某一阶段的生理、心理和社会因素的影响之外，还受到过去的人生经验与过程的影响。

3. 生态系统理论认为，个人所在的各个系统层次是一个层层相扣的巢状结构，大致分为三个系统：微观系统、_____、宏观系统。

三、简答题

请简述社会撤离理论与活动理论的不同点。

四、论述题

1. 老年人需要追寻生命的意义，什么理论可以解释老年人的这种需求？请简要阐述。

2. 谈谈连续性理论对于老年社会工作的启示。

延伸阅读

推荐阅读1：
国务院办公厅发布《关于推进养老服务发展的意见》
（国办发〔2019〕5号）（选取部分内容）

（五）提升政府投入精准化水平。民政部本级和地方各级政府用于社会福利事业的彩票公益金，要加大倾斜力度，到2022年要将不低于55%的资金用于支持发展养老服务。接收经济困难的高龄失能老年人的养老机构，不区分经营性质按上述老年人数量同等享受运营补贴，入住的上述老年人按规定享受养老服务补贴。将养老服务纳入政府购买服务指导性目录，全面梳理现行由财政支出安排的各类养老服务项目，以省为单位制定政府购买养老服务标准，重点购买生活照料、康复护理、机构运营、社会工作和人员培养等服务。（财政部、民政部、卫生健康委按职责分工负责，地方各级人民政府负责）

推荐阅读2：
《关于进一步扩大养老服务供给促进养老服务消费的实施意见》
（民发〔2019〕88号）（选取部分内容）

（九）建设高素质、专业化养老服务人才队伍。组织编制养老护理员职业技能等级标准及大纲，开发职业培训教材和职业培训包，开展养老护理员培养培训示范点建设。将消防安全纳入养老护理员培养培训的重要内容，所有养老护理员岗前都应当经过消防安全培训，具备消防安全技能。各地要将养老服务列为职业教育校企合作优先领域，支持符合条件的养老机构举办养老服务类职业院校。对符合条件的养老服务类产教融合校企合作项目，优先纳入中央预算内投资支持范围。吸纳农村转移劳动力、城镇就业困难人员等从事养老服务，拓宽专业队伍来源。指导各地将养老护理员培训作为《职业技能提升行动方案(2019—2021年)》重要内容，所需资金按规定从失业保险基金支持职业技能提升行动资金中列支。建设全国养老护理员信息和信用管理系统。开展养老服务人才培训提升行动，确保到2022年底前培养培训1万名养老院院长、200万名养老护理员、10万名专兼职老年社会工作者，切实提升养老服务持续发展能力。（人力资源社会保障部、教育部、财政部、发展改革委、民政部、应急部按职责分工负责，地方各级人民政府负责）

项目三
老年社会工作的价值与伦理

 项目导学

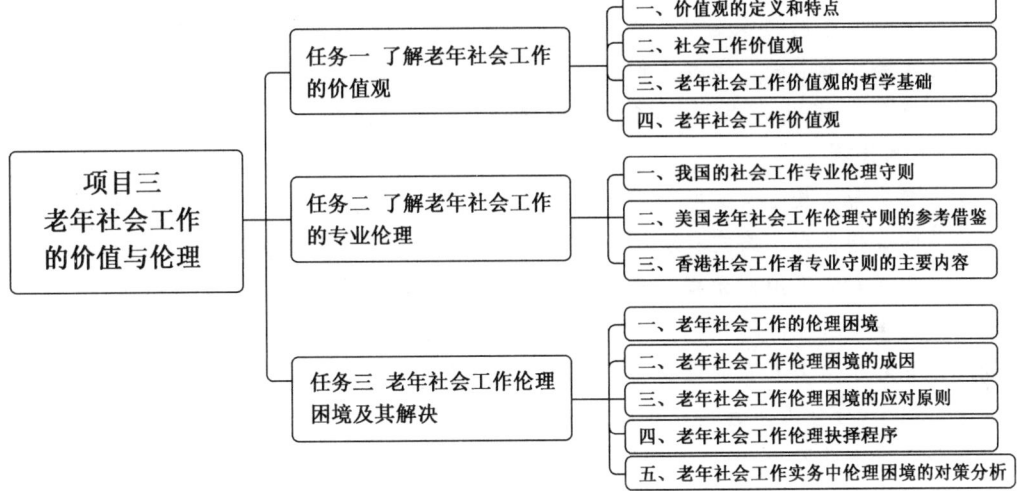

 知识目标

1. 了解老年社会工作的价值观的基本概念和内容；
2. 熟悉价值观的定义和基本特点；
3. 了解社会工作价值观的作用及哲学基础；
4. 了解我国的社会工作专业伦理守则的基本概念和内容。

学习重难点

重点：了解老年社会工作的价值观的基本概念和内容。
难点：了解老年社会工作价值观的哲学基础。

情景导入

一、案例描述

王大爷该不该去养老院？

案例详情： A社区内83岁的王大爷常年患有高血压，以及近两年来由于小脑萎缩导致轻微的老年痴呆，其老伴于前两年病逝，自己的兄弟姐妹也都不在身边，两个儿子都不在本地，无法照料。王大爷平时与邻居以及社区工作者的交往较少，有事情也不愿意找邻居和社区工作人员帮忙，怕给别人添麻烦，也很少参加社区活动，精神生活相对比较空虚，性格也比较内向。在某次王大爷半夜不小心摔倒导致腿部骨折后，两个儿子提出将王大爷送去周边条件相对不错的养老院。但王大爷认为自己有能力照顾自己，此次只是一个意外，并且如果去养老院会遭到别人笑话，认为自己的儿子不孝顺，自己没有享福的命。由于王大爷与儿子们的意见无法达成一致，儿子找到了居委会希望社区工作者们可以出面劝说王大爷去养老院。但社工们的介入并不顺利，王大爷觉得这是自己家里的事儿，也不是什么好事儿，说出来很丢人，不愿意麻烦社工来帮助解决。

二、案例分析

案主自决与家长主义的冲突。案主自决是社会工作伦理原则之一，也是"自助助人"专业价值的直接体现。案主自决有两个前提：一是案主是清醒且有自决能力的；二是案主的决定与后果对自己绝对无害。只有满足这两个前提，才可以允许案主进行自决。但随着老年案主生理机能的退化，其自决能力受限，所做的决定可能会伤害案主本身，并且案主的决定受到了诸多方面的影响，例如资源、个人知识、所处情境、实践经验等方面，所以在实务过程中，社会工作者一方面需要尊重案主的自决，但另一方面又要保护案主利益，此时社会工作者就容易出现"专业家长主义"行为。

在本案例中，王大爷希望继续留在家中，认为自己有能力照顾自己，从社会工作者的角度来看，首先，社会工作者应当相信案主的潜力与能力，并且鼓励和促进案主做出自己的决定。但综合考虑王大爷目前的资源与情境：首先，王大爷岁数较大，且已经存在多种疾病，若继续一人独自生活，生命安全上存在一定的风险；其次，王大爷的亲人无法对他进行照料，且王大爷自身的社会支持网络缺失，与邻居来往较少，继续独居在生活上会出现很多困难；最后，王大爷平时不愿意社交，很少参加社区活动，与邻居也不熟悉，精神生活十分空虚，长期来看，若让王大爷继续独居，对王大爷的心理健康也会产生一定的危害。

任务一　老年社会工作的价值观

社会工作是一种高度注重价值和伦理的专业和职业，作为社会工作一个重要的实务领域——老年社会工作，自然也视价值为老年服务的"灵魂"和基础，同时，也把这些价值和伦理作为社会工作者从事老年实务工作的道德准则和行为规范。

一、价值观的定义和特点

所谓价值观是个人或群体所持有的偏好行为的系统表现。它喻示了对生活的特定手段、目标和条件的一般偏好，而且常常伴随着强烈的感受。概而言之，所谓价值观其实就是个人对事物的态度和看法，有时候这种态度和看法还伴有强烈的感情色彩。根据这个定义，可以引申出价值观的一些基本特点。

（一）价值观受感情的支配

一般而言，个人对自己所持有或相信的价值观通常比较重视，这些价值观的实现或丧失会影响个人的情绪。例如你坚信人应该正直，那么当你看见是非不分、黑白莫辨的现象时就会有强烈的反应。

（二）价值观具有抽象和不可证明性

由于价值观是个人对某一事物的偏好（如金钱、权力、名誉或健康等），所以难以证明哪种偏好实际上更好。同时，这种偏好也是抽象的，因为偏好基本上是一个人的主观的过程，不是具体的或可以观察到的，所以，很少有客观的角度能用来比较价值观与价值观之间高低之分。

（三）价值观是选择目标的指南

因为价值观是个人内在的偏好和喜爱，所以当个人在对某项活动或某个目标进行抉择时，此刻价值观就会左右个人的选择或决定。比如你大学毕业放弃商业营销的职业而选择至老年中心从事老年社会工作，这意味着你更看重老年社会工作的价值而非金钱的价值。价值观能够通过目标反映出来，但价值观本身不是目标。

（四）价值观构成专业原则的基础

指导社会工作者的专业原则社会工作的价值观。比如，一位老年社会工作者在将老年案主有关资料因需要向法院提交前，必须告知当事人并获得其签署的授权。这一原则背后的价值观是对人的尊重和对个人隐私权的尊重。

二、社会工作价值观

社会工作者借助了慈爱、同情、博爱等思想。在长期的实践中，逐渐形成了一套较完整的价值观，其基本前提是：相信任何人都十分重要，承认人的尊严和价值并把它们作为衡量一切事物的尺度。社会工作价值观不同于个体的价值观，也不同于一般的社会价值观，它是社会工作者专业共同体内部的一种总体的价值偏好，代表着整个专业团体内部对社会正义、服务、个人价值与尊严、人类关系重要性、社会团结等的一般看法以及对专业活动标准的认定。

在社会工作专业领域，价值观的作用不可忽视。在专业团体内部，社会工作价值观更重要的是提供了一种反思功能,它促成了社会工作者与服务对象专业关系的健康发展,引导社会服务机构朝着专业方向培养能力,促进机构与政府之间合作伙伴关系的形成和发展,进而形成社会正义的基石。

社会工作价值观的作用主要体现在以下四个方面:
1. 保护服务对象的权益;
2. 促进专业的健康发展;
3. 促进社会服务机构的能力建设;
4. 维护社会正义。

三、老年社会工作价值观的哲学基础

老年社会工作价值观是老年社会工作实务的指导准则,以及社会工作者在进行老年人服务时的行为准则。

追根溯源,老年社会工作的价值观来源于以下几个部分:

(一) 人文主义

人文主义起源于14世纪下半叶欧洲文艺复兴时期。新兴资产阶级反对封建统治,主张将个体从教会的束缚中解放出来,赋予个体应有的价值、自由与尊严。宣扬天赋人权、主权在民,反对特权、集权和神权,为大众争取参政议政的权利。通过人文主义派的斗争,社会工作又深受影响,开始把解决个人问题、满足个体需求上升到绝对高度。

人文主义坚持相信科学和技术的作用,认为知识就是力量。人文主义思想对社会主义的影响体现在社会工作者的精神境界上,也体现在专业工作者的一贯待人处事的态度与方式。

(二) 人道主义思想

人道主义起源于欧洲15世纪的文艺复兴运动,它的最初形态是"人文主义"。它是人类追求真善美,发扬人性,把人的价值、尊严、权利、自由和发展放在首位的社会思想和哲学思想。直接面对社会现实,反对人的异化与社会政治生活中的集权主义,重视对人的存在的心理分析,关注人性的改变和完善。人道主义主张每个人都是一个独立的实体,尊重个人的平等和自由权利,承认人的价值和尊严,把人当作目的,而不把人看作工具。人道主义的主要思想有:
1. 承认人的价值和尊严并把他作为衡量一切事物的尺度;
2. 认为人类是有尊严、有理性的,并拥有追求真理的内在源泉,对人的本性持乐观的态度;
3. 相信向人们提供了机会和自由,他们的潜能就会释放出来,把天赋的和社会的个人自由赋予了极高的价值;
4. 通过宣传社会改革,减轻困苦,推动给人民发展的机会和促进个人的人权。

(三) 马克思主义

马克思主义的核心内容是人的全面发展思想,是马克思关于未来社会构建的一种价值目标和人的发展的最高境界,包括了人的个性和主体性的全面发展、人的需要和人的能力的全面发展、人的社会关系的全面发展,主要包括以下三个方面:

1. 对人的价值的共同关注;
2. 对人的能力和独特个性的共同关注;
3. 对社会环境的共同关注。

(四) 社会福利主义

1. 社会福利制度是现代社会的一种重要制度,它是经济与社会发展的制度建构的必然基础。福利主义的核心在于其福利的社会性,不是少数人享有福利,而是多数人或者社会的所有成员均享有平等的福利。

2. 社会工作所关注的两个基本要素是人和社会。人是核心,是根本出发点,人有与生俱来的价值和尊严,有均等的机会获得个人生存和发展,有天赋的权利参与社会管理和建设。社会是人最为依赖的伙伴,它应该创造民主、公平的环境,调动自身资源,给人们提供发挥个人潜能的机会。

四、老年社会工作价值观

老年社会工作作为社会工作专业的一个重要分支实务领域,在实践过程中,不仅仅要关注老年社会工作从业人员的专业技术与理念,同样也要重视从业人员专业价值观念的培养,并把老年社会工作的价值观念和伦理守则作为社会工作者从事老年实务工作的道德准则和行为规范。

老年社会工作的服务方法和技巧、老年社会工作服务机构的理念和原则都是通过老年社会工作价值观向服务对象展现的,在具体的老年服务中,老年社会工作者如何看待老年人、如何为老年人提供服务、如何与老年人相处的整个服务过程都渗透着老年社会工作价值观。

具体来说,老年社会工作者应该对老年人秉持以下基本看法:

第一,每一个老年人都有发展自身的需要以及改变自身的能力;

第二,每一个老年人都像其他个体一样享有生存的权利;

第三,每一个老年人都是一个独立的个体;

第四,每一个老年人都有尊严,且必须尊重老年人的尊严;

第五,每一个老年人都应当受到社会的关怀,尤其是处于困境中的老年人,应当成为社会关怀的重点对象;

第六,每一个老年人都有权利享受社会发展、经济发展所带来的福利与成果;

第七,与老年人相关的法律与政策应当与时俱进,不断修订和完善,为老年人获取优质服务提供良好的宏观背景;

第八，老年人享有所有基本人权：生存权、健康权、教育权、居住权、休息权、选举权、参政权，以及享受社会福利和人道服务的权利。①

一、单选题

1. 关于社会工作价值观作用的说法，正确的是（   ）。
   A. 社会工作价值观的维系和发展，仅强调社会对个人的责任
   B. 社会工作价值观来源于社会价值观，两者应始终保持一致
   C. 社会工作价值观能规范社会工作者的行为，促进专业健康发展
   D. 社会工作价值观要求社会工作者在服务中，满足服务对象提出的所有需求

2. 关于国际社会工作界认同的专业价值观的说法，正确的是（   ）。
   A. 社会工作者应追求社会公正，推动社会进步
   B. 社会工作者应在保障自身获益的前提下提供专业服务
   C. 社会工作者应平等对待每位服务对象，忽略他们在各方面的差异
   D. 社会工作者应在服务过程中保持专业性，不能向服务对象透露自己的经历

3. 社会工作者在提供服务时，强调要尊重服务对象，充分考虑到服务对象的年龄、性别、种族、文化背景和社会地位等差异。这表明在建立和发展社会工作价值观时应坚持（   ）的原则。
   A. 个别化   B. 权责并重   C. 关系和谐   D. 民主参与

二、简答题

1. 老年社会工作价值观与社会工作价值观有什么联系？有什么区别？
2. 老年社会工作价值观的定义和特点是什么？

任务二　老年社会工作的专业伦理

社会工作伦理是依据专业价值观，对社会工作专业人员提出的道德理想和行为规范，在现实中以社会工作专业伦理守则的形式体现。社会工作价值是社会工作专业伦理的主要构成部分。专业伦理为社会工作从业人员提供了职业道德指引，同时规范了助人关系中的各方之间的权责关系，对社会工作者的行为起到约束和规范的作用，进而确保了社会工作服务的专业性和规范性。老年社会工作作为社会工作的一个分支，也需要遵守社会工作的专业守则。

---

① 范明林，张钟汝. 老年社会工作. 上海. 上海大学出版社，2005

一、我国的社会工作者专业伦理守则

(一) 大陆地区社会工作者专业伦理守则

我国的社会工作尚处于发展阶段,目前还没有专门的伦理守则。2012年12月3日,中华人民共和国民政部发布了《社会工作者职业道德指引》,该指引旨在推动社会工作者职业道德建设,引导社会工作者积极践行专业价值理念、规范专业行为、履行专业服务职责。总的来说,该指引从服务对象、同事相处、实务机构、专业人员、社会责任五个方面来引导社会工作者的职业道德。

1. 对服务对象的伦理责任

(1) 社会工作者应以服务对象的正当需求为出发点,全心全意为服务对象提供专业服务,最大限度地维护服务对象的合法权益。

(2) 工作者应平等对待和接纳服务对象,不因民族、种族、性别、户籍、宗教信仰、社会地位、教育程度、身体状况、财产状况、居住期限等因素而区别对待。

(3) 社会工作者应尊重服务对象的知情权,确保服务对象在接受服务的过程中,了解自身和机构的权利、责任和义务,以及获得服务的情况和可能由此产生的结果。

(4) 社会工作者应在不违反法律、不妨碍他人正当权益的前提下,保护服务对象的隐私,对在服务过程中获取的信息资料予以保密。

(5) 社会工作者应培养服务对象自我决定的能力,尊重和保障服务对象对与自身利益相关的决定进行表达和选择的权利。

(6) 社会工作者不得利用与服务对象的专业关系,谋取私人利益或其他不当利益,损害服务对象的合法权益。

2. 对同事的伦理责任

(1) 社会工作者应与同事建立平等互信的工作关系。

(2) 社会工作者应主动与同事分享知识、经验、技能,互相促进,共同成长。有责任在必要时协助同事为服务对象提供服务,接受转介的工作。

(3) 社会工作者应尊重其他社会工作者、专业人士和志愿者不同的意见及工作方法。任何建议、批评及冲突都应以负责任、建设性的态度沟通和解决,工作者应相互督促支持,对同事违反专业要求的言行予以提醒,对同事受到的与事实不符的投诉予以澄清。

3. 对机构的伦理责任

(1) 社会工作者应认同机构的使命和发展目标,遵守机构规章制度,按照机构赋予的职责开展专业服务。

(2) 社会工作者应积极维护机构的形象和声誉,在发表公开言论或进行公开活动时,应表明自己代表的是个人还是机构。

(3) 社会工作者应致力于推动机构遵循社会工作专业使命和价值观,促进机构成长,参与机构管理,帮助机构增强服务能力、提高服务质量。

4. 对专业的伦理责任

（1）社会工作者在提供专业服务时，应诚实、守信、尽责，积极维护专业形象。社会工作者应在自身专业能力和服务范围内提供服务。

（2）社会工作者应不断内化和践行专业理念，持续充实专业知识和技能，提升专业能力，促进专业功能的发挥和专业地位的提升。

（3）社会工作者应继承中华民族优良传统，借鉴国际社会工作发展的优秀成果，总结中国社会工作经验，推动中国特色社会工作的发展。

5. 对社会的伦理责任

（1）社会工作者应运用专业视角，发挥专业特长，参与相关政策法规的制定和完善，维护社会公平正义，增进社会福祉。

（2）社会工作者应正确鼓励、引导社会大众参与社会公共事务，推动社会建设。

（3）社会工作者应推广专业服务，促进社会资源合理分配，使社会服务惠及社会大众。①

我国尚无针对老年人社会工作服务的伦理指南，但民政部于2016年1月发布的《老年社会工作服务指南》(MZ/T064—2016)规定了老年社会工作的术语和定义、服务宗旨、服务内容、服务方法、服务流程、服务管理、人员要求和服务保障等，适用于社会工作者面向有需要的老年人及其家庭开展的工作服务。该标准的研究制定和发布实施，对总结推广中国各地老年社会工作实务经验，科学规范、正确引导老年社会工作服务行为，充分发挥老年社会工作者在养老服务业中的专业作用，切实保障老年社会工作服务质量具有重要促进作用。

（二）香港地区社会工作者专业守则的主要内容

香港地区社会工作者专业守则的主要内容包括，基本价值观和信念、对服务对象、对同事、对机构、对专业和对社会的工作守则等。其中，对有关服务对象的工作守则的规定是：

（1）社工的首要责任是对服务对象负责；

（2）社工有责任让服务对象了解本身的权利和协助他们获得合适的服务，且应该尽量使服务对象明白接受服务所要作出的承担和可能会产生的后果；

（3）社工应该尽可能协助服务对象知晓在某些情况下，保密原则会受到规限，并使他们清楚地知道收集资料的目的和用途。在公开个案资料时，社工应该采取必要和负责任的措施，删除一切可以识别人士身份的资料，并必须尽可能事先取得服务对象及社工服务机构的同意；

（4）社工不得滥用与服务对象的关系，借以谋取私人的利益；

（5）社工不应与服务对象有性接触；

（6）如果服务需要收费，社工应尽量使服务对象不会因为经济能力而不能及时地获

---

① 社会工作者职业道德指引. http://www.gov.cn/gzdt/2013-01/08/content_2307399.htm

取所需要的服务。

此外,对有关专业的工作守则的规定是:

(1) 社工从事其专业工作时,应该持诚实、诚信和尽责的态度;

(2) 社工应该持守专业的价值观和道德,并提升专业的知识;

(3) 社工对专业提出评论时,应该持有负责任和有建设性的态度;

(4) 社工不可以就其专业资格、服务性质、服务方法及预计成效提供有误导性及不真实的资料;

(5) 社工有责任不断增进自身的专业知识和技能;

(6) 社工有责任协助新加入社会工作专业的同工建立、增强与发展其职业道德、价值观及专业上的知识和技能。

在对社会方面,其工作守则的规定是:

(1) 当政府、社团或机构的政策、程序或活动导致或构成任何人士陷入困境及痛苦,又或是妨碍困境及痛苦的解除时,社工认同有需要唤起决策者或公众人士对这些情况的关注;

(2) 社工认同有需要倡导修订政策及法律,以改善有关的社会情况,促进社会的公义及福利。社工也认同有需要致力推动社会福利政策的实施。社工不可运用个人的知识、技能或经验助长不公平的政策或不人道的活动;

(3) 社工认同有需要致力防止及消除歧视,令社会资源分配更为合理,务必使所有人士有均等机会获取所得资源和服务;

(4) 社工认同有需要推动大众尊重社会的不同文化;

(5) 社工认同有需要鼓励社会大众在知情的情况下,参与制定和改善社会政策与社会制度。

二、美国老年社会工作伦理守则

社会工作专业发端于西方国家,经过100多年的专业建设,各国都发展出了总括性和分支领域中的伦理守则和服务标准。在这里,我们以美国为例,对国外与老年社会工作相关的伦理守则予以介绍。

(一) 美国社会工作者协会伦理守则

自1996年8月美国社会工作者协会(NASW)会员大会通过了美国社会工作者伦理守则以来,该守则在指导美国社会工作实务领域的发展上起到了非常关键的作用。专业伦理与价值观是社会工作实践的核心,美国社会工作者协会伦理守则旨在阐述这些价值、原则与标准,以指导社会工作者的行为。美国社会工作者协会伦理守则主要有六个组成部分。

(1) 社会工作者对服务对象的伦理责任。其中包括尊重服务对象自我决定、知情同意、利益冲突的避免、隐私与保密等方面的责任。

(2) 社会工作者对同事的伦理责任。此部分对尊重同事、工作信息保密、转介、督导等方面进行了约定。

（3）社会工作者对实务机构的伦理责任。社会工作者应该接受督导、教育及培训；要做好个案记录；对于一些个案要提供转介服务；做好绩效评估；推动机构成员的继续教育与人力资源的发展。

（4）社会工作者作为专业人员的伦理责任。确保社会工作者具备应有的专业能力，不得歧视服务对象和同事，不得进行欺诈和诱骗。

（5）社会工作者对社会工作专业的伦理责任。要追求专业的廉正、进行专业评估与研究。

（6）社会工作者对社会的伦理责任。社会工作者有促进社会福祉的责任，要推动公众了解和参与公共事务。

（二）《长期护理机构 NASW 服务标准》中的相关伦理规定

尽管接受长期护理人员的来源较为复杂，但是老年人应该是绝对主体。美国社会工作者协会关于长期护理机构的服务标准中，对职业伦理的专门规定比较少，只求尊重服务对象接受最佳社会和医疗服务的基本人权，并以 NASW 伦理守则为标准。但是《长期护理机构 NASW 服务标准》中暗含了职业伦理的内容。如对所有服务对象，长期护理机构应该制订包含哲学价值思考的工作计划；招用有合格资质、有专业水准的社会工作者；为保证服务质量，社会工作者必须接受继续教育；社会工作者需要拥有对多元文化的理解并能应对多元文化的工作挑战；在相互尊重、共享信息和有效交流的基础上展开跨学科合作等。

（三）《姑息护理和临终关怀 NASW 服务标准》中的相关职业伦理规定

该服务标准强调社会工作者应该致力于提高服务对象及其家庭的生活质量和健康水平。其专业角色是护理师、教育者、研究者、鼓励者和社区领袖的综合体。当碰到伦理困境时应遵守 NASW 职业伦理守则和生命科学伦理规定。

具体来说，对于姑息护理和临终关怀服务，专业人员应该公正对待每个人，公平风险和利益；无论是对个人还是集体都有行善职责，不能伤害任何个人与集体，要充分理解和接纳他人的观点；要采取符合所有与服务对象有关的人知晓的基本伦理标准的行为；要尊重他人的权利和责任，不能把他们仅仅看成是达到目的工具；要诚实，讲真话；要最大化个人做自我决定的权利；要尊重服务对象的信息行为隐私；要在道德上视所有人是平等的。除以上原则外，社会工作者还需要懂得并遵守生命科学伦理，因为往往在工作中，社会工作者会遇到放弃治疗、服务对象不愿意接受帮助等诸多令人困惑的问题。

一、单选题

1. 社会工作者小宋在接待一名听力有问题的老年人时，由于事先没有了解到老年人的听力问题，因此在与老年人的沟通中声音太小，老年人很生气，此时，根据社会工作专业的（　　）原则,小宋不仅要道歉而且还要向老年人提供服务。

　　A. 接纳　　　　B. 尊重与包容　　C. 同情　　　　D. 保密

2. 在我国特定的政治经济和社会制度里,社会工作专业的方法、伦理原则与实践模式同政府的政治治理及社会行政实践应该进行协调,以充分反映现实情况、要求与专业实践的标准。这体现了制定社会工作专业伦理守则的（　　）原则。

　　A. 专业实践与政治实践互不冲突

　　B. 专业教育与专业实践相结合

　　C. 现实需要和未来发展相结合

　　D. 本土社会的伦理实践与国际社会工作专业伦理规则相结合

二、简答题

我国社会工作伦理守则包含哪些内容?

任务三　老年社会工作伦理困境及其解决

　　老年社会工作是具有鲜明伦理道德特征的专业服务活动。老年社会工作者不可避免地会面临伦理困境,表现为对不同对象的忠诚、案主自决与专业家长主义之间、专业价值与文化传统之间、隐私权和知情权之间的矛盾。利益与价值的多元化、多重伦理选择依据以及老年人的特点是老年社会工作伦理困境的成因。老年社会工作者应坚持生命优先原则、最小伤害原则、差别平等原则、自主原则等来应对伦理困境。

一、老年社会工作的伦理困境

　　老年社会工作的伦理困境是指老年社会工作者在服务老年人的过程中,遇到难以解决的伦理难题而使自己陷入某种艰难的处境之中,即在几个具有明显冲突的道德规范之间,如果遵守其中一项,就将违反另一项的情形。在老年社会工作实务中,则主要表现为对不同对象的忠诚、案主自决与专业家长主义之间、专业价值与文化传统之间、隐私权和知情权之间的矛盾。可从如下陈述中得到具体说明:

(一) 对不同对象忠诚的矛盾

　　英国社会工作者协会《伦理守则》第三条规定:"专业人员需对他们的案主、对他们的雇主、对彼此、对其他职业中的同事以及对社会负有责任。"在老年社会工作实务中,老年社会工作者经常面临着多个忠诚对象,包括老年案主、老年案主家庭、工作机构、同事和社会等,对不同对象的忠诚要求有时相互冲突。比如,某些时候维护老年案主的利益可能会损害到机构的利益,甚至会损害到社会和国家利益,这样老年社会工作者就被置于伦理困境之中。忠诚冲突的实质是利益冲突。在老年社会工作实务中,老年案主、老年案主家庭、老年社会工作者、工作机构和社会等不同主体的利益大多数是一致的,但他们毕竟是不同的利益主体,会有不同的利益。老年社会工作者的首要职责是促进老年案主的福利,维护老年案主的利益;老年社会工作者也是社会工作机构的成员,还需要维护机构的利

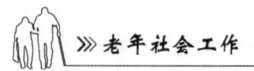

益;作为一个公民,他也要遵守国家的法律。当利益产生冲突时,如何协调维护各个不同主体的利益,是老年社会工作者必须直面的困境。

(二) 案主自决与专业家长主义之间的矛盾

案主自决是指案主拥有支配他自己的生活并做出与此相关的决定的权利。案主自决是被老年社会工作伦理高度强调的专业伦理守则。然而,在具体的社会工作服务情境中,社会工作者往往面临两难局面。无论是从社会工作专业价值还是从社会工作服务角度,促进案主福利都是社会工作者在实务过程中首要考虑的问题。不过,当案主决策对其自身福利和利益造成潜在或明显伤害以及案主缺乏自决的能力时,社会工作者是否仍然应坚持自决原则?从现实的情况来看,案主自决有其客观限制。这种客观限制既源于社会工作实践的情境性因素,也是由于与其他价值伦理的冲突所致。

在寻求平衡两个相互冲突的价值观时,社会工作者应极力避免三种极端性错误。第一种是不尊重案主自决的权利,在案主有能力自决时强行干预案主自决过程,并迫使案主选择自己提出的方案;第二种是当案主缺乏自决能力或者案主明显缺乏基本的知识或信息辨识能力,从而无法进行自决或者案主自决可能造成对自身不利影响时,社会工作者没有进行必要的干预,未能保护案主不受其自己选择的有害后果的影响;第三种是在案主自决涉及第三者并有可能对其造成永久性伤害或者明显侵犯了他者利益的情况下,社会工作者没有进行必要的干预,这是社会工作者缺乏社会责任感的表现,不符合社会工作的价值观。

老年案主有自由选择和自我决定的需要与权利,老年社会工作者有义务尊重老年案主的权利和选择,但老年案主自决不是绝对的。案主的自决必须有两个前提:第一,案主绝对清醒,有自决的能力;第二,自决的方向和后果对案主绝对无害。只有同时满足了这两个条件,案主的自决才是被允许的。在老年社会工作实务中,要实现老年案主自决的理想并非易事。有的老年人因为生理机能的老化,可能难以做出适当的选择;有的老年人个性"固执"可能会做出并非最佳的决定。于是就产生了老年社会工作"专业家长主义",他们有时为了保护案主的利益就会采取违反案主意愿的行动,也有人称之为"专业父权主义"。老年案主自决和专业家长主义发生冲突时,伦理困境就会浮现出来。为了老年案主的利益,专业家长主义可能要求老年社会工作者对其保留某些信息,也可能说谎,有时可能还会强迫老年案主接受药物治疗。如何避免这两者之间的冲突,如何选择和权衡,老年社会工作者容易就此陷入两难。

案例:张大爷应该怎么办?

78岁的张大爷单独居住,他有三个儿子和一个女儿。去年老人得了一场大病,已将毕生的积蓄花光。现在老人要进行后期治疗,没有钱,向四个子女要,没有一个子女愿意出钱,而且经过上次的手术,老年人的身体状况大不如前,无法自理,他希望有子女来照顾他,但没一个子女愿意。老年工作者小李和张大爷的儿女们联系了多次,特别气愤,又觉得告诉老年人会让他更伤心,于是他决定用法律手段帮助老年人讨回公道。

该案例中包含的伦理困境:案主张大爷的自我决定权利与社会工作者的专业父权主

义之间的伦理冲突。

困境分析：案主自决必须具备两个基础前提，第一，案主是绝对清醒的，有自我决定的意志和能力；第二，自决的方向和后果对案主绝对无害。本案例中老年社会工作者的做法是典型的"父权主义"，案主明显有自决的意志和能力。为了案主的利益，隐瞒真相，擅自替案主做决定，实际却是对案主的自决权的干涉。同时也是对案主知情权的干涉，案主对自己的事情一无所知，就更没有机会去做出自己的决定，这与"案主自决"的伦理原则背道而驰。如知晓真相，也许案主不会用法律的手段去处理，社会工作者的做法可能会使案主与儿女关系破裂，这可能与案主的期望不相符合，对案主来说也是严重的伤害。

合理建议：第一，老年社会工作者应该为案主的利益而努力，社会工作者多次与案主李大爷的儿女沟通没有得到好的结果，有可能是工作者方式方法不合适，建议老年工作者能够向专业人士，如机构的督导、同事等请教沟通，获取更为有效的办法，再次与案主李大爷的儿女沟通。

第二，充分尊重案主的自决权与知情权，遵循最小伤害原则，尽量将真实情况告知案主，老年社会工作者应该本着社工"专业助人，助人自助"的理念，发展案主的能力，与案主一起去商议，支持和鼓励案主勇于接受眼前的状况，将可能的情况都分析给案主听，使案主了解各情况可能产生的后果，引导案主做出自己的决定，然后在服务过程中实时评估这个决定带来的影响以及案主的情况。

第三，为案主链接资源，为案主申请医疗救助、社区照顾、志愿者陪护等能够解决案主实际困难的举措，切实解决案主的困难。

（三）专业价值与文化传统之间的矛盾

老年社会工作源于西方，是西方宗教与文化的产物，欧美等其他国家的学者根据其国家的国情和居民的状况提出了老年社会工作的理论基础。但由于我国老年人的实际状况与西方国家有所不同，所以社会工作者不能将西方的老年社会工作理论以及方法直接硬搬到中国，而是需要结合我国特点，将西方理论本土化，使其更适合中国老年人和社会的需求。而在本土化的过程中，我国的社会文化传统与西方老年社会工作价值体系不可避免地会产生冲突。

文化冲突主要体现在为以下两点。首先，我国老年人的思想，很大程度上受到传统社会观念的影响。在老年阶段，相比"老有所养"，老年人更在意"老有所依"的感觉，例如老年人们经常说的"落叶归根"以及"养儿防老"。比如一些老年人不想去养老院正是因为具有"去养老院会遭到别人笑话，认为自己的儿子不孝顺，自己没有享福的命"的传统观念，并不是认为养老院设施不全或者条件不好，而是觉得如果选择了这些社会养老机构，就变成了大家口中"没人养"的老年人。但与此同时，老年人身体情况较差，子女也无法照料，对老年人的生命安全构成了一定程度的威胁，此时作为社会工作者就会陷入伦理困境之中。

其次，很多老人存在"万事不求人"的观点，这导致许多案主会具有其求助行为是否会欠下"人情债"，社会工作者是"外人"而不是"自己人"的顾虑。

案例：社工应该忠于谁？

案例详情：M社区在暑假期间，每周四下午都会举行"迟暮同行"活动，根据不同的主题面向社区内有不同需求的老年人开展服务，其中有一个计划开展"孤独感排解"的小组活动。根据之前开展活动的经验，在开展活动之前需要进行调查和需求评估，找出符合条件需要参加项目的老年人，再根据需求程度筛选出最终的小组成员。但是在实施调查之前，居委会的负责人却直接给了一份社区里平时积极参加社区活动的老年人名单，要求直接联系这些老年人，有时间参加的都可以参加进来，不需要花费时间去进行评估和调查。负责此工作的社工认为社工服务中前期的需求评估很重要，如果不做好需求评估，无法知道哪些人需要服务，也无法知道服务对象对项目是否有兴趣，进而会影响服务效果，对服务对象也不负责任。但是社区工作人员坚持表示社区其他工作任务较重，且时间紧张，通过评估选择的老年人不一定愿意参与活动，需求评估很可能费力不讨好，达不到预期效果，而名单中的老年人们平时就积极参加社区活动，在活动中一定会配合得很好。

伦理困境分析：

（1）社会工作者面对不同对象的伦理困境。社会工作伦理原则要求社会工作者维护案主与机构的利益，但当双方利益发生冲突时，如何协调维护不同主体的利益，也是工作者所面临的困境之一。在本案例中，社会工作者认为为服务对象提供服务时必须严格按照社会工作服务流程，进行前期的需求评估以及服务对象的筛选，以保证服务质量，维护案主利益。但站在社区角度看，由于当前我国的制度安排，居民委员会在实际工作过程中承担着很多行政性工作，职能定位不清，行政性色彩较重，导致居委会日常工作繁杂，既要从事行政性工作，又要解决社区内居民们的实际问题，所以社区方面不希望社工在一次小规模居民活动中投入太多时间，而影响其他工作的按时完成。居委会负责人更倾向于用"投入—产出"的标准来评价社会工作，认为开展专业服务需要耗费大量时间与精力，但是得到的效果并不显著。而专业的社会工作是渐进式的，很难在短期内见到成效，社会工作者需要在服务过程中引导案主挖掘潜能，提升应对问题的能力，从而达到自助与互助的效果。因此，作为社会工作者，一方面想维护案主的利益，但另一方面又很难平衡社区的其他工作，此时便陷入了面对不同对象的伦理困境之中。

（四）移情与反移情的困境

移情与反移情属于双重关系的一种，指的是社会工作者与服务对象产生一种以上的关系，这意味着老年社会工作者与老年服务对象之间除了专业关系外，还存在着经济、情感、社会等其他关系。移情指的是老年服务对象将对某一个体的特殊情感，如对自己孩子、孙子的关爱之情转移到老年社会工作者身上；反移情指的是老年社会工作者将对某一个体的特殊情感，如对自己的爷爷、奶奶或是某个长辈的关爱之情转移到老年服务对象的身上的情况。当老年社会工作者与老年服务对象出现双重关系时，专业关系的边界也随之变得模糊不清，从而影响老年社会工作者开展工作的公正性，专业关系、服务质量也会因此受到影响，当这种双重或多重角色的冲突给工作者的正常工作带来困扰时，工作者就会面临伦理困境。

在老年社会工作实践过程中,由于社会工作价值观中的"接纳""尊重""非批判"等相关价值观的指导,通常老年社会工作者会展现出对老年人的耐心和关怀,容易使部分因老伴过世或子女无暇照顾而缺乏情感慰藉的老年人产生移情,导致在专业关系建立后形成情感依赖。老年人的社会交往较少,社会关系网络简单,老年社会工作者提供的服务一方面缓解了老年人的孤独感,另一方面又容易导致移情的发生。在专业关系建立的初期,移情能够快速帮助服务对象与工作者建立起信任,但在工作后期,尤其是服务结束后往往会对社会工作者造成很大困扰。双重关系所带来的超出老年社会工作者职责范围或能力范围的后果,会使得老年社会工作者陷入两难的伦理困境之中。

案例:应该如何处理李阿姨的热情?

案例详情:某社区的李阿姨是社区长期帮扶的老年人,早年丧偶,没有孩子,精神生活相对空虚。社会工作者经常上门帮助老年人,并且安排李阿姨参加了社区的巡逻队、太极队和手工小组。一位社工小王在社区实习期间,专门对接帮扶李阿姨,例如每周去李阿姨家里一次和李阿姨聊天,帮李阿姨链接社区资源,当李阿姨遇到困难、烦心事时,也会找社工进行倾诉。但是随着工作的推进,李阿姨经常邀请小王去家里吃饭,并且买菜回来后经路过居委会或在社区里遇到小王时给他送饮料、水果、零食等。在小王多次委婉拒绝后,李阿姨表现出了不满与受伤,经常对小王说"把自己当外人""不给自己面子""是不是看不上我这点东西"等,李阿姨的说法使小王感到无法拒绝,并且怕由于自己一直拒绝李阿姨,导致后续的工作无法继续顺利开展,之前的工作效果也受到影响,但如果接受了案主的好意,则违背了伦理原则,也会对案主造成伤害。

伦理困境分析:此案例中涉及的伦理困境是双重或多重关系的伦理困境。虽然伦理守则中禁止双重关系的出现,但是在具体的实务过程中,尤其是在我国的独特文化和制度框架下,双重关系很难避免。

分析在本案例中李阿姨过度热情的行为动机,有如下两种可能:一是由于李阿姨长期独居,且小王作为社区工作人员对李阿姨进行长期的一对一帮扶,相比其他服务对象,与李阿姨的联系更加密切,李阿姨容易对社工出现移情的情况,希望通过这种表示,与社工建立更加亲密的关系;另一种可能是认为接受了他人帮助后,要表达感谢。但是在遭到拒绝后,反而会觉得社工没有把她当作"自己人"来看待,关系变得生分起来。无论是以上哪种可能,从社会工作专业伦理的角度出发,作为专业的社会工作者都不应该与案主出现专业关系以外的任何关系。但在我国的文化制度框架下,良好的信任关系是建立专业关系、顺利开展工作的前提,若无法与服务对象建立双向牢固的信任关系,那么后续工作的开展会十分困难。面对建立专业关系的需要、案主的热情与专业伦理的限制,社会工作者经常会涉入双重关系的伦理困境中。

合理建议:基于我国的传统文化背景与现实情况,老年社会工作者在严格遵守限制双重关系的伦理守则基础之上,尽量避免直接拒绝案主。例如在本案例中,老年社会工作者需要先向案主说明自己的专业性质与伦理守则,告诉李阿姨帮助她是自己职责范围之内的事情。其次要告诉李阿姨,自己的职业守则有规定,不能收案主的东西,但是案主的心意自己已经感受到了。最后可以建议李阿姨加入社区的志愿服务队,通过参与社区活动、志愿服务来表达对社工以及社区的感谢。这样既维护了案主的"面子"促进了案主的社区参与,同时也稳固了专业关系。

(五)隐私权和知情权之间的矛盾

保护老年案主的隐私权是老年社会工作很重要的一条伦理守则,体现了老年社会工作的专业精神。老年社会工作中的保密守则,要求老年社会工作者不得向第三者透露可能危害老年人权益的隐私信息。老年社会工作者要将保密和尊重隐私作为工作的基本要求,即便有的老年人本身没有保密意识,也要为其保守秘密并提醒对方,保护老年人的隐私权应该贯穿老年服务全过程。当维护老年案主的隐私权涉及其他人的利益时,老年社会工作者会被要求透露老年案主的隐私,这时就面临着是否要维护案主隐私权的困境。例如,有的老年案主可能是 HIV 阳性携带者,如果案主害怕被歧视而不想被更多人知道的话,老年社会工作者是否有权利通知其配偶以保障其知情权?当老年案主的隐私涉及他人利益或社会利益时,老年社会工作者就处于维护老年案主的隐私权和保障相关利害关系人的知情权之间的伦理困境中。

二、老年社会工作伦理困境的成因

老年社会工作是具有鲜明道德特征的专业服务活动,伦理价值是老年社会工作的灵魂,为老年社会工作提供强有力支撑。一般来说,只要老年社会工作者遵循老年社会工作的价值理念、伦理原则和实务方法,就应该不会陷入两难的伦理困境中。但是,老年社会工作实践已经表明,伦理困境将是老年社会工作者不得不长期面对的问题,这与老年社会工作伦理困境产生的深层次原因相关。

(一)利益与价值的多元性

现代社会的一个重要特征就是多元化,集中表现于利益和价值观的多元化。正如韦伯在慕尼黑大学发表演讲时所指出的:我们这个时代,因为它所独有的理性化和理智化,最主要的是因为世界已被除魅,它的命运便是那些终极的、最高贵的价值,已从公共生活中销声匿迹,它们或者遁入神秘生活的超验领域,或者走进了个人之间直接的私人交往的友爱之中。利益关系从统合走向分解,利益平均化态势被打破,利益主体呈现多元化趋势,伦理规范在协调各方面利益关系中出现矛盾,容易导致老年社会工作者在实务工作中陷入伦理两难。另一方面,利益的多元化必然带来价值观的多元化。在社会平稳发展的时期,人们或许感觉不到价值观对人的影响,但在社会转型时期,各种不同的价值观常常发生冲突和碰撞,人们原已习惯了的生活方式发生显著变化,既有的价值观念、规范体系甚至文化信仰受到冲击,就容易陷入矛盾和焦虑之中。无论老年社会工作者还是老年人,都面临着或多或少的价值困惑和价值冲突,从而使老年社会工作者面临伦理选择难题。

(二)伦理选择依据的多重性

老年社会工作尊重每个老年人与生俱来的价值和尊严,尊重每个老年人改善生活、发展自己的能力和动力,尊重每个老年人的独特个性。社会应该为每个老年人提供平等的机会以满足他们的需要,应该制定可行的制度、政策以保障和维护每个老年人的权利。老年社会工作者以人道主义为基础,秉持接纳、尊重、个别化、保密等伦理守则为老年人服务。老年社会工作伦理既体现为纵向分层的价值理念、基本价值、伦理原则和守则,作为专业价值观,又与横向的社会价值观、社会工作者个人的价值观和老年案主的价值观相互作用。横向伦理体系中的社会价值观和专业价值观、专业价值观内部之间、专业价值观和社会工作者个人的价值观、社会工作者个人的价值观和老年案主的价值观之间都容易产生冲突,这些冲突有目标的冲突、责任的冲突、角色的冲突和利益的冲突等,从而使得老年社会工作者陷入实践困境。

(三)服务对象的特殊性

老年社会工作者的服务对象主要是老年人。老年期的典型特征就是"老"。老年人的衰老首先从生理开始,老年人的外观形态、身体器官系统出现各种衰老变化,某些器官发生功能性障碍,引起各种老年疾病。而在心理特征上,老年人往往胆小多疑、性格孤僻,易"固执"爱"唠叨",常"怀旧"。另一方面,老年人的社会角色也有较大改变。人到老年阶段,角色发生了变化,从劳动角色转换为养老角色,从职业角色转换为家庭角色,从集体角色转换为群体角色。典型的角色变更就是退休和离休,老年人由家庭支配者退居到家庭供养者,由社会财富的创造者退居到社会财富的消费者,由过去的社会劳动者退居到社会依赖者,这就要求老年人放弃以往的角色,重新建立新的角色。老年人生理、心理和社会角色的变化,影响到老年人的行为表现和价值选择,他们的价值判断更加注重自我,更加注重个人的人生感受与精神需求。老年人在生理、心理和社会角色上的变化,以及与老年社会工作者成长的时代不同,生活环境和个性的差异,也容易产生价值冲突。

(四)社会工作者专业化程度低

以北京市为例,《北京社会治理发展报告(2016—2017)》中提出,近年来北京市青年社会工作队伍中呈现女性多、未婚人数多、年轻化、学历较高、北京户籍等特点,工作者整体学历较高,但同时指出,即便呈现高学历的特点,持证社工人数仍然较少,整体的专业化程度仍有待加强。从公众认知角度来看,许多老年人对社会工作者的认知仍旧停留在社区工作者"志愿者""义工"的层面上,对于老年社会工作者澄清自己的角色以及实务工作的开展都产生了一定阻碍。从政策保护角度来看,当前的基层自治组织都设立了专门的"社工站",但对于工作人员的职能划分仍不清晰,大多数的社工仍只是从事社区的行政事务;即使是专业的社工机构,各个城市的发展水平也参差不齐,许多机构专业性模糊,过度依赖政府资源,行政倾向明显。

三、老年社会工作伦理困境的应对原则

尽管老年社会工作的伦理困境成因不同,表现不同,应对方法也不尽相同,但作为一名专业的老年社会工作者,需要遵循一般的伦理原则,以摆脱伦理困境。有学者认为应该

采取"道德优先性"原则和"最少伤害"原则,社会工作者在评估各种可能性的选择方案时应充分考虑三个方面的伦理要素:效率和效果、案主权利和福利的保护、社会利益的保护。结合中国老龄问题的现实和老年社会工作的实际状况,我们将老年社会工作者进行伦理抉择时所依据伦理原则的优先次序简单排列,以供老年社会工作者面对伦理困境时做参考。

(一) 生命优先原则

"生命优先原则"是现代社会人们应该坚守的第一原则,也是老年社会工作者在面对伦理困境时应该遵循的第一选择。生命权具有优先性。生命是不可以替代和不可逆转的,是人得以存在的体现,是公民享有权利和承担义务的前提和基础。生命价值不存在质的差别,所以"生命优先原则"适合所有人,既适合老年服务对象,也适合老年社会工作实践中的其他人。

(二) 最小伤害原则

"最小伤害原则"与"生命优先原则"相关联。老年社会工作者在面临伦理困境时,最为理想的选择应该是"不伤害原则"也就是不会伤害任何人的利益。但所谓困境,也就是做出选择后,必然会造成某一方利益的损害。因此,"最小伤害原则"主张,当面临的困境有可能对老年案主或其他人造成伤害时,老年社会工作者首先应竭尽可能避免或防止这样的伤害。当不得不伤害到一方的利益时,老年社会工作者应该主动选择伤害最小和伤害最容易得到弥补的方案。

(三) 差别平等原则

虽然老年群体是社会中的弱势群体,但老年群体内部也有区别。一般而言,农村老年人要比城市老年人更需要老年社会工作者的帮助,西部地区的老年人要比东部地区老年人面临更多问题,城市下岗的老年人比离退休人员的收入要低一些。当老年人面临的问题和需要都相同,老年社会工作者所能提供的资源和服务都非常充分时,要给老年案主以平等的服务。但老年社会工作在中国起步较晚,尚处于发展中阶段,仍然面临资源不足等各种不利因素。这就要求老年社会工作者遵循"差别平等原则"。在社会救助中要优先考虑给那些更加贫困、健康状况更差的老年案主提供援助。

(四) 自主原则

老年人在寻求专业帮助时,缺少自我走出困境的能力,希望老年社会工作者能够帮助他们解决问题。有的老年人可能会彻底失掉对自己的信心,希望一切都由老年社会工作者来为他们做决定。老年社会工作者要采取理解和接纳的态度,挖掘老年人的潜能,积极协助老年案主进行选择和决定,让他们依据自己的意愿合理安排自己的生活。当然,老年案主的选择如果涉及对自身和他人的伤害时,老年社会工作者要进行适当的干预,并设法干预将风险降到最低。

(五）改善老年人生活质量原则

老年人是中国社会的弱势群体。当前我国老年人面临的主要问题有经济支持问题、生活照料问题、代际紧张问题、心理健康问题、社会交往问题和受虐待问题。当中国的老年人向社工机构求助时，一般情况下意味着他们遇到的问题已经严重影响到他们的生活质量了，因此老年社会工作者应该遵循改善老年人生活质量原则。

（六）保密原则

老年社会工作者有责任保护老年案主的隐私。有的老年案主缺少保密意识，老年社会工作者需要向他们提示保密的必要性。当然，如果保密原则和生命优先原则相冲突时，不必拘泥于保密原则。

四、老年社会工作伦理抉择程序

老年社会工作的目的是帮助老年人以正向积极的态度探求自身的内在价值，在与社会环境的互动中充分认识到自己有继续成长与改变的权利，并强化老年人解决问题的能力。老年社会工作具有明显的道德特征，实务中往往面临各种伦理困境，这在很大程度上影响老年社会工作的有效开展以及老年人生活质量的提高。影响伦理抉择的主要因素包括伦理抉择主体、伦理事件本身及伦理抉择涉及的环境。伦理抉择不单纯是社会工作者个人特质的产物，还是社会工作者与环境交互作用的产物。从环境层面看，需要考虑四个因素：机构规范、同事的影响、专业权威团体或法律的规范以及社会文化。

在老年社会工作服务过程中进行伦理决定应该是一个过程，或者说是持续一段时间的系列思考与活动。具体实践中的伦理抉择极为复杂，没有一个精确的模式或公式可以完全解决这一问题。但是如果工作者能清楚认识到抉择过程中的各个环节并充分考虑各种复杂因素，会有助于避免抉择的盲目性而增强自觉性。罗肖泉（2005）提出的伦理抉择的步骤可以作为老年社会工作者依据伦理原则进行伦理抉择的行动步骤参考。

第一步，厘清价值观和伦理原则。尽量收集相关的各种资料和信息，厘清与困境相关的伦理价值，包括社会价值观、职业价值观、个人价值观，尤其是三者之间冲突的责任和义务要求，排列各种伦理原则及其优先性次序。

第二步，明晰利益相关人员及其各自的利益诉求。排列所涉及的服务对象、亲属及其相关人员，以及更大范围的机构、社区及社会。明晰他们与服务对象的关系如何，他们各自的利益和要求如何，利益的冲突何在。

第三步，评估各种可能计划和可替代方案。审视各种可能计划的效率与效果、各个计划对所涉及人员的好处和伤害，明确各个计划的可行性、各种可能后果的预防和处理措施。在此阶段，要与督导或有经验的同事讨论各种计划，征询他们的意见和建议。

第四步，做出抉择，选出最优化方案。在此阶段，要结合同事与专家意见，综合考虑方案实施后的短期、长期后果，思考方案的效率与效果，分析方案能否最大限度地保护老年当事人及其他主体的权利与福祉，选出最优方案。

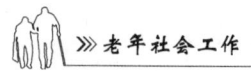

第五步,实施抉择方案并及时修正。做出了抉择并不意味着抉择不可改变。在具体实施中一旦发现问题或者需要调整之处,要及时承认和改正错误。

第六步,记录并总结抉择的结果。在伦理抉择方案实施过程中要对每一个步骤和采取的应对措施进行记录,以供工作者总结经验和相关督导与管理者查验。

五、老年社会工作实务中伦理困境的对策分析

针对上述伦理困境,从微观层面来看,老年社会工作者需要提升自身专业素养,加强专业价值观的内化与老年学理论知识的学习,并做到与实践的有机结合。从宏观层面来看,问题的解决需要多元主体的统筹与协作。从我国实际出发,需要加快社会工作的合法化进程,完善有关的规章制度,优化专业教育结构,提高社会工作者的薪资水平,促进社会工作专业的健康发展。

(一)推动社会工作伦理本土化发展

在将发源于西方的社会工作专业引入我国时,必须要结合我国的政治、经济、文化背景,使其顺应社会需要,最大限度地发挥作用。社会工作伦理困境的发生具有其专业特征,但也与中国当前的社会现实息息相关。因此,社会工作者应在结合外来先进经验之上,立足于我国社会现实,寻找契合之处,形成适应我国实际情况的伦理工作方法与经验,从而建立具有中国特色的社会工作伦理体系。例如儒家文化中的"仁爱"思想,与社会工作的"利他主义"以及"助人自助"具有一致性,"人本"思想也与社会工作价值观中的"将案主放在首位"相契合。推动社会工作本土化进程,既为解决伦理困境提供了实践策略,也为我国当前的社会工作实务提供了方向指导。

(二)优化社会工作专业教育结构,促进理论与实务的有效衔接

当前社会工作专业教育培养模式相对单一,并且只有在社会工作硕士以及博士阶段才可能深入研究某一特定领域,因此我国的社会工作专业教育可以借鉴西方的"渗透模式"。以老年社会工作为例,采取在专业教育中采取"渗透模式",即将老年学相关内容渗透或者融合进社会工作专业课程之中,使得社会工作学生充分掌握老年学的相关知识。另一方面要提升专业实习质量,采取"校地合作模式",发挥专业督导的作用,实现学生、专业督导、校内导师三方的有效沟通。促进高校理论教育与校外专业实习的有效衔接,从而为实务工作的开展奠定良好基础。

(三)出台相关人才政策,提升社会工作者的专业化水平

针对上述工作者专业化程度低、人才流失等问题,要拓宽社工就业范围,增加社工就业岗位。当前我国社工岗位主要集中在政府基层部门,社工机构也大多分布在沿海地区,因此要推动专业社会工作从珠三角地区扩散到整个中国大陆,并加快形成市场化、社会化的局面。二是要加快我国社会工作的合法化进程,为社会工作者提供政策性保护。例如提供保障性住房等优惠政策以及对社工放开落户限制等。三是要提升社工薪资待遇。薪

资低福利差是社会工作专业人才流失的重要原因之一,因此需要加大政府财政投入,建立长效工资增长机制,从而吸引专业化人才,防止人才流失,为社会工作机构注入新鲜活力,加快社会工作专业化、职业化发展。

课堂练习

一、单选题

1. 处理伦理难题时,社会工作者必须做出价值观和伦理顺序的优先次序,下列哪个排序是正确的选择(   )。
   A. 差别平等原则、保护生命原则、最小伤害原则、隐私保密原则
   B. 隐私保密原则、保护生命原则、差别平等原则、最小伤害原则
   C. 最小伤害原则、隐私保密原则、保护生命原则、差别平等原则
   D. 差别平等原则、最小伤害原则、隐私保密原则、保护生命原则

2. 关于社会工作价值观的操作原则,其中不正确的选项是(   )。
   A. 自我决定与知情同意
   B. 工作者的权威与机构的效益
   C. 注重个别化
   D. 强调保密

3. 下列关于社会工作价值观和专业伦理的说法中,正确的是(   )。
   A. 社会工作的价值观是在各国不同文化下发展的,所以无法相互借鉴
   B. 当代中国的社会工作价值观和专业伦理已经成熟
   C. 中国人的价值观和伦理要素和西方社会的价值体系完全冲突
   D. 价值观和专业伦理是社会工作实践的核心指南

4. (   )是推进社会工作专业化的基本目标。
   A. 完善社会工作价值观
   B. 处理好社会工作伦理困境
   C. 建立和发展伦理守则
   D. 遵守社会工作伦理原则

二、简答题

常见的老年社会工作伦理困境有哪些?

延伸阅读

社会工作者职业道德指引

民政部制定的《社会工作者职业道德指引》于 2012 年 12 月 28 日正式向社会发布。

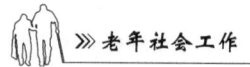

本指引旨在推动社会工作者职业道德建设,引导社会工作者积极践行专业价值理念、规范专业服务行为、履行专业服务职责。

第一章 总 则

第一条 为加强社会工作者职业道德建设,保证社会工作者正确履行专业社会工作服务职责,根据国家有关规定,制定本指引。

第二条 本指引所指的社会工作者是指通过全国社会工作者职业水平评价,提供专业社会工作服务的人员。

第三条 社会工作者应热爱祖国、热爱人民、拥护中国共产党领导,遵守宪法和法律法规,贯彻落实党和国家有关方针政策。

第四条 社会工作者应践行社会主义核心价值观,遵循以人为本、助人自助专业理念,热爱本职工作,以高度的责任心,正确处理与服务对象、同事、机构、专业及社会的关系。

第二章 尊重服务对象 全心全意服务

第五条 社会工作者应以服务对象的正当需求为出发点,全心全意为服务对象提供专业服务,最大限度地维护服务对象的合法权益。

第六条 社会工作者应平等对待和接纳服务对象,不因民族、种族、性别、户籍、职业、宗教信仰、社会地位、教育程度、身体状况、财产状况、居住期限等因素而区别对待。

第七条 社会工作者应尊重服务对象知情权,确保服务对象在接受服务过程中,了解自身和机构的权利、责任和义务,以及获得服务的情况和可能由此产生的结果。

第八条 社会工作者应在不违反法律、不妨碍他人正当权益的前提下,保护服务对象的隐私,对在服务过程中获取的信息资料予以保密。

第九条 社会工作者应培养服务对象自我决定的能力,尊重和保障服务对象对与自身利益相关的决定进行表达和选择的权利。

第十条 社会工作者不得利用与服务对象的专业关系,谋取私人利益或其他不当利益,损害服务对象的合法权益。

第三章 信任支持同事 促进共同成长

第十一条 社会工作者应与同事建立平等互信的工作关系。

第十二条 社会工作者应主动与同事分享知识、经验、技能,互相促进,共同成长。有责任在必要时协助同事为服务对象提供服务,接受转介的工作。

第十三条 社会工作者应尊重其他社会工作者、专业人士和志愿者不同的意见及工作方法。任何建议、批评及冲突都应以负责任、建设性的态度沟通和解决。

第十四条 社会工作者应相互督促支持,对同事违反专业要求的言行予以提醒,对同事受到与事实不符的投诉予以澄清。

第四章 践行专业使命 促进机构发展

第十五条 社会工作者应认同机构使命和发展目标,遵守机构规章制度,按照机构赋予的职责开展专业服务。

第十六条 社会工作者应积极维护机构的形象和声誉,在发表公开言论或进行公开活动时,应表明自己代表的是个人还是机构。

第十七条　社会工作者应致力于推动机构遵循社会工作专业使命和价值观,促进机构成长、参与机构管理,增强服务能力、提高服务质量。

第五章　提升专业能力　维护专业形象

第十八条　社会工作者在提供专业服务时,应诚实、守信、尽责,积极维护专业形象。社会工作者应在自身专业能力和服务范围内提供服务。

第十九条　社会工作者应不断内化和践行专业理念,持续充实专业知识和技能,提升专业能力,促进专业功能的发挥和专业地位的提升。

第二十条　社会工作者应继承中华民族优良传统,借鉴国际社会工作发展优秀成果,总结中国社会工作经验,推动中国特色社会工作发展。

第六章　勇担社会责任　增进社会福祉

第二十一条　社会工作者应运用专业视角,发挥专业特长,参与相关政策法规的制定和完善,维护社会公平正义,增进社会福祉。

第二十二条　社会工作者应正确鼓励、引导社会大众参与社会公共事务,推动社会建设。

第二十三条　社会工作者应推广专业服务,促进社会资源合理分配,使社会服务惠及社会大众。

第七章　附　则

第二十四条　本指引自发布之日起施行。

项目四
老年个案社会工作

项目导学

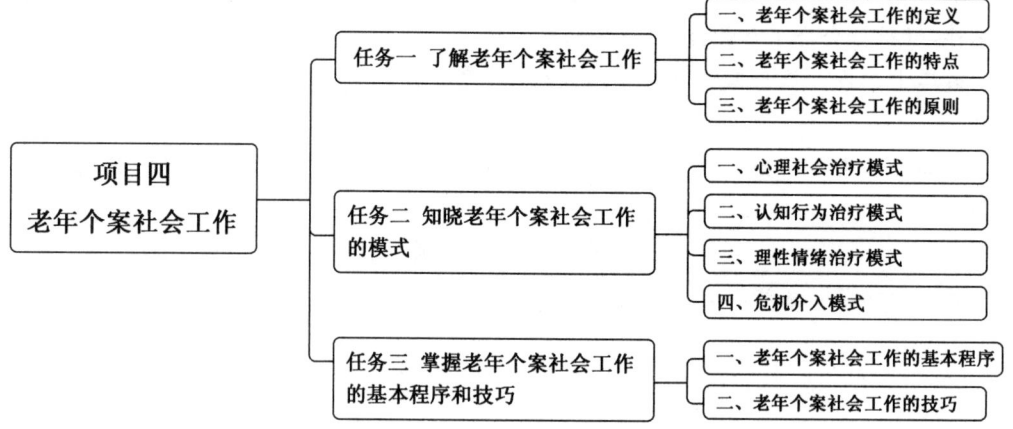

知识目标

1. 了解老年个案社会工作的概念、特点、原则,能秉持和遵守相关原则处理老年案例;

2. 理解本教材中重点介绍的老年个案社会工作的四种模式,能从四种模式的理论假设、治疗技巧和治疗步骤三个方面进行比较,并能运用这四种模式的视角处理老年案例;

3. 掌握老年个案社会工作的基本程序和技巧,能设计完整的服务流程,并在接案阶段和老年人建立专业关系、预估阶段了解和判断老年人的问题以及执行服务方案阶段开展具体的活动时能够运用会谈、访视的相关技巧。

学习重难点

重点:掌握老年个案社会工作的程序。

难点:能够运用危机介入模式、心理社会治疗模式、认知行为治疗模式等老年个案社会工作的模式为制定相应的服务计划提供思路。

 **情景导入**

一、案例描述

李奶奶今年72岁,有两个子女,均不在身边。儿子定居国外,女儿也在大学毕业后去了其他城市工作并定居。老伴去年因病去世,从那以后,李奶奶便成了空巢独居老年人。

两个子女都很少回来看望她,老伴去世后,李奶奶的精神状态不好,先前硬朗的身体也一日不如一日。以前还经常参加社区里的老年活动,可老伴去世后,李奶奶除了购买日常生活用品外,几乎没有出过门,与社区之前要好的老年人们也都断了联系。社工小王通过机构承接的"关爱独居老年人"的项目了解到李奶奶的情况,通过接触,发现李奶奶情绪低落,甚至悲观厌世。

二、案例分析

李奶奶是一位中龄独居老年人,由于经历了老年丧偶这一危机性事件,陷入较差的精神状态中。痛失伴侣,生活中没有了相互陪伴和照顾,加之子女不在身边,既没有人给予生活上的照顾,也没有人给予精神上的陪伴以及丧失至亲后心理上的疏导和安慰。李奶奶无法走出这种困境,身体每况愈下,也改变了以往的生活方式和人际交往模式,不再参加社区活动,也不再和以前的老伙伴们联系。面临着身体差、精神差、情绪差、生活上无人照顾、封闭自己、不愿意与外界接触甚至悲观厌世等诸多问题。

由于李奶奶是社工小王在工作中发现的潜在服务对象,是社会工作者主动接触的,所以要了解李奶奶的求助意愿,并且根据服务机构所拥有的资源以及社工小王自己的能力判断是否能为李奶奶提供必要的服务,向李奶奶明确表达愿意协助的态度,推动建立服务关系。针对李奶奶这种情况,应该通过询问、家访等方法收集资料后,对她的问题进行认定,并和李奶奶一起,设定服务目标,制定服务计划。结合李奶奶的实际问题和需求,选择家庭、社区、生态系统等介入系统从危机介入、资源整合、安置服务等方面进行介入,并通过过程评估和结果评估两种评估方式对李奶奶的表现、社工小王的工作方法和工作技巧以及目标的达成情况、服务的效果等进行评估。当李奶奶精神状态逐渐恢复、情绪和身体状况得到了一定的改善后可以考虑结案,并引导她巩固已有的成果,逐渐恢复以往的生活方式和人际交往模式;如果李奶奶状况一直没有得到改善,可以考虑用转介的方式结案,将其转介给有一定心理治疗性质的机构,从而完成整个个案服务的流程。

任务一 老年个案社会工作

一、老年个案社会工作的定义

老年个案社会工作就是社会工作者在专业价值观的指导下,运用社会工作的理论和

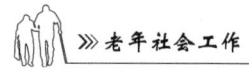

方法,为生活适应不良的老年人及其家庭提供物质或情感方面的支持和帮助,旨在改善老年人生活的环境与条件,增强其社会功能,提高老年人适应社会和应对困难的能力,帮助老年人达到良好的福利状态的专业服务活动。老年个案社会工作是个案工作在老年服务领域的具体运用。

我们可以从以下几个方面深入理解这个概念:

1. 老年个案社会工作运用专业的工作方法帮助老年人及其家庭解决问题。它具有很强的专业性,不同于一般志愿者的公益活动,是对社会工作专业知识、方法和技能的运用。

2. 老年个案社会工作以专业价值观为指导。对老年人的尊重和肯定体现在老年个案社会工作的整个服务活动过程中。

3. 老年个案社会工作采用一对一的个别化的工作方法,也是一个完整的工作过程。在这套完整的流程中,专业社工运用自己的专业方法影响老年服务对象。

4. 老年个案社会工作旨在帮助遇到困难的老年人及其家庭调动自身及其周围的资源改善个人与社会环境之间的适应状况。老年个案社会工作非常注重发掘和运用老年服务对象自身的能力及其周围环境的资源,以增强老年人的社会功能,增进老年人与社会环境之间的适应。

二、老年个案社会工作的特点

(一) 对象的差异性和复杂性

老年个案社会工作的对象是老年生活中遇到问题和困难的老年人及其家庭。随着人口老龄化问题的日益严峻,老年人寿命延长,他们的老年生活也面临着各种各样的问题。很多看似共性的问题,置于特定的个体和家庭环境中时,呈现出一定的独特性、差异性及复杂性,需要老年个案社会工作运用一些个别化的方法以一对一的方式解决。

(二) 方法的科学性和技术性

老年个案社会工作作为社会工作在老年服务领域的一种直接的方法,更加强调专业性。它不是一般的慈善行为,而是以科学的专业知识为基础,有严格的科学方法和技术,有独特的工作形式与职业道德,有系统的专业教育和专业培训。

(三) 本质上的助人自助性

老年个案社会工作不仅仅是给老年人提供直接的帮助,它也重视老年个体的价值,将每一位老年人都看成是独立的、有能力做出改变的人。立足于发挥老年人的潜能,帮助老年人挖掘自身潜能,充分运用自身及周围环境的资源,培养其解决问题的能力,同时,防止旧问题复发、预防新问题产生,很好地体现了"助人自助"的社会工作精神。

(四) 工作过程的系统性

老年人问题的产生和解决都不是单方面的,而是受到外在社会环境和内在心理因素的相互影响，需要我们运用系统的思想，挖掘利用老年个体的一切物质和精神资源，改善老年服务对象的不适应问题。

（五）工作者和老年服务对象之间关系的专业性和职业性

工作者是机构的代表，运用个案社会工作的价值、知识和技术，以老年人为中心为其提供专业性的服务，达到专业的助人目标。

三、老年个案社会工作的原则

（一）尊重和信任的原则

如果我们对老年人秉持着排斥和歧视的态度，把他们看作身体上年老体衰、思想上消极被动、观念上陈旧落后、能力上力不从心的弱势群体，视他们为家庭和社会的负担，就无法从根本上从事老年个案社会工作。因此，老年个案社会工作者应该从观念上接纳并尊重老年人，相信他们能通过帮助改变生存环境，提高生活质量，甚至相信他们能通过帮助获取和挖掘自身的潜能，有效应对日后出现的问题。

（二）个别化的原则

虽然老年人随着年龄的增长会带来生理和心理的变化，但是这些变化并不是千篇一律的按照同一模式发生在每个老年人身上。每位老年人都是一个独特的个体，有他们自身的个性和特点。关注老年人的生理、心理特点和人格类型，根据老年人的经历和独特性，做出准确的评估和个别化的工作方案，满足老年人的不同需求。

（三）自我决定的原则

案主自决原则是社会工作的一项重要原则，对于老年案主同样适用。老年个案社会工作者，要相信老年人有能力做出决定，而且应该积极鼓励老年人参与计划的制定和策略的选择。让老年人参与决定的过程，能使老年人更加自信，在实施决定的过程中更具有积极性。

（四）倾听的原则

认真倾听老年人的谈话，在老年人诉说自己的经历和感受时，特别要注意他们的情绪，不随意打断他们的说话。对于严重偏离主题的谈话，工作者要适当地进行引导；对于内向沉默的老年人，工作者要积极进行启发。

（五）保密的原则

服务过程中若涉及老年人个人的隐私，如家庭关系、身体健康状况等，要注意做好保密工作，以免给社会工作者和老年人之间的专业关系带来负面影响。考虑到现实情况，如果老年人有关信息确有必要被披露，社会工作者需要确保这些信息只披露给必要的部门和相关工作人员。

一、单选题

1. 老年个案社会工作本质上具有助人自助的特点。在下列表述中,与助人自助理念相契合的是( )。

    A. 得道多助,失道寡助   B. 授人以鱼,不如授人以渔

    C. 授人玫瑰,手留余香   D. 助人为乐,可以乐人乐己

2. 在个案社会工作的原则中,关于保密的原则说法正确的是( )。

    A. 社会工作者应该对服务对象的所有信息保守秘密

    B. 在一定时限后,社会工作者可以披露服务对象的某些信息

    C. 为了防止带给第三方的严重伤害,社会工作者可以向相关部门或人员披露服务对象的某些信息

    D. 如果服务对象不属于弱势群体,社会工作者可以有选择地披露其部分信息

3. 老年社会工作者小张在服务过程中得知,服务对象王奶奶经常遭受子女的虐待,身心受到严重损害。小张的正确做法是( )。

    A. 直接劝导子女

    B. 告知王奶奶有关机构可以提供庇护服务

    C. 找王奶奶子女谈话,对其警告

    D. 向王奶奶子女的单位反映情况,对其施压

二、判断题

1. 老年个案社会工作是采用一对一的个别化的工作方法,也是一个完整的工作过程。( )

2. 服务过程中若涉及老年人个人的隐私,无论如何都要坚守保密原则。( )

三、简答题

1. 老年个案社会工作的概念是什么?如何深层次地理解这一概念?

2. 老年个案社会工作的特点有哪些?

四、案例分析题

1. 在对彭老伯开展个案工作的过程中,社会工作者很耐心地倾听老年人诉说自己的情况,不评价其言行和价值观,并根据彭老伯的实际情况探讨解决问题的方案。上述做法体现了老年个案社会工作的哪些原则?

2. 某医院社工小徐发现服务对象老秦正在收集安眠药,有轻生的想法,了解情况得知老秦觉得自己无药可救,既不想遭受病痛的折磨,也不想耗费家里的钱财。老秦希望小徐能够为他做好保密工作。你对老年个案社会工作当中保密的原则如何理解?

任务二　老年个案社会工作的模式

个案工作的服务模式是社会工作者针对某个服务对象开展专业服务、设计专业服务程序和方法的重要依据。个案工作的服务模式纷繁多样,在老年社会工作服务领域,常用的个案社会工作的服务模式有:心理社会治疗模式、认知行为治疗模式、理性情绪治疗模式、危机介入模式等。

一、心理社会治疗模式

心理社会治疗模式是一种历史最悠久、最具影响力的模式。1930年美国史密斯学院的汉金斯(Frank Hankins)首次使用"心理社会"这个概念。1937年,美国哥伦比亚大学的汉密尔顿(Gordon Hamilton)系统地阐述了心理社会治疗模式的有关理论。1964年,美国哥伦比亚大学的霍利斯(F. Hollis)正式出版了心理社会治疗模式的代表作《个案工作:一种心理社会理论》一书,把心理社会作为这种治疗模式的概括。

(一) 心理社会治疗模式的内容

1. 心理社会治疗模式的理论假设

心理社会治疗模式的理论围绕一个核心:心理因素和社会因素之间的关联,包括内部的心理、外部的环境以及两者之间的相互影响三个方面。其中的心理是指个人内在的心理体系,以人格发展、自我功能为主体;环境是指个人生活的社会支持网络及物质资源;人与环境的互动影响是指任何一个部分的变化,都会引起另一部分的相应变动,经过不断的影响变化而最终达到一种相对平衡的状态。

该模式是将系统论中"人在情境中"的基本观点运用到个案工作的过程中,强调人、环境以及人与环境的互动影响三个方面的要素。要求社会工作者既需要深入个人的内心,了解他的感受、想法和需求,还需要仔细观察周围环境对他施加的影响,分析个人适应环境的具体过程。

2. 心理社会治疗模式的理论假设主要包括以下4个方面

(1) 对人的成长发展的假设

心理社会治疗模式认为人生活在特定的社会环境中,生理、心理和社会三个方面的因素相互作用,共同推动个人的成长和发展。

(2) 对服务对象问题的假设

心理社会治疗模式假设,服务对象问题产生的原因可以概括为3个方面:不良的现实生活环境、不成熟或者有缺陷的自我和超我功能以及过分严厉的自我防卫机制和超我功能。

不良的现实生活环境主要表现为过大的现实生活压力或者缺乏个人社会功能发挥的机会,如人口老龄化的社会现实、小型化的家庭规模等。

不成熟或者有缺陷的自我和超我功能是指自我和超我功能没有充分发展或者发展不

平衡,以至于服务对象在与他人的交往中,内心没有建立起必要的"对"与"错"的价值标准或者缺乏对自己情绪和行为的控制和调整能力。

过分严厉的自我防卫机制和超我功能与不成熟或者有缺陷的自我和超我功能相反,是自我和超我功能发展过度。自我防卫机制和超我功能过分严厉的服务对象在面对来自外部环境或者周围他人的挑战时,会一味地要求自己,过度地压制自己。如老年人面对自我能力退化的不甘心。

(3) 对人际沟通的假设

心理社会治疗模式十分重视人际沟通交流的状况,认为它是保证人与人之间进行有效沟通交流的基础,也是形成个人健康人格的重要条件。

(4) 对人的价值的假设

心理社会治疗模式坚持认为每个人都是有价值的,即使是暂时面临困扰的服务对象,也具有自身有待开发的潜能。心理社会治疗模式的目标就是帮助服务对象发掘自己的潜在能力,解决自身问题。

2. 心理社会治疗模式的治疗技巧

对于老年人而言,晚年后个人应付危机、维持平衡的心理、生理的能力越来越弱化,失落与改变则接踵而至。心理社会治疗模式认为,老年人的问题就是如何应对生理功能的衰退及经济、社会地位的下降带来的心理失落和由此产生的巨大的情绪反应。社会工作者的职责在于尽量减少老年人的依赖,恢复老年人的自信以及老年人自立的能力。

心理社会治疗模式可以运用的技巧包括直接治疗技巧和间接治疗技巧两大类。直接治疗技巧,是指直接对服务对象进行辅导、治疗的具体技巧。间接治疗技巧是指通过辅导第三者或者改善环境间接影响服务对象的具体技巧。在实际服务治疗活动中社会工作者既要运用直接介入的个案治疗方式帮助服务对象对外部环境作出积极的回应,同时也要运用间接介入的个案治疗方式改善外部环境条件,为服务对象的成长和发展提供有力的支持。

(1) 直接治疗技巧

在直接治疗技巧中,可以根据社会工作者与服务对象的沟通交流状况,以及反映服务对象内在想法和感受的状况分为非反思性(non-reflective)直接治疗技巧和反思性(reflective)直接治疗技巧。

非反思性直接治疗技巧是指社会工作者不关注服务对象内心的想法和感受而直接向服务对象提供各种服务的技巧,包括支持、直接影响和探索—描述—宣泄等具体的技巧。支持是指通过社会工作者的了解、接纳和同感等方式减轻服务对象的不安,给予服务对象必要的肯定和认可,如社会工作者以非评判的态度倾听老年服务对象的描述,表达对他们不幸处境的理解。直接影响则是社会工作者通过直接表达自己的态度和意见促使服务对象发生改变,如社会工作者直接表达自己不同的看法、直接指出老年服务对象某种行为可能带来的不良后果等。探索—描述—宣泄是指社会工作者通过让服务对象解释和描述自己困扰产生的原因和发展过程,为老年服务对象提供必要的情绪宣泄的机会,以减轻他们内心的冲突,从而改善不良行为。

反思性直接治疗技巧是指社会工作者通过与服务对象的沟通交流,引导服务对象分析和理解自己的问题的技巧。这种辅导技巧比较关注及反映服务对象内心的感受和想法，包括现实情况反思、心理动力反思和人格发展反思。现实情况反思指社会工作者帮助老年服务对象对自己所处的实际状况作出正确的理解和分析的技巧；心理动力反思是指社会工作者协助老年服务对象正确理解和分析自己内心的反应方式的技巧，如协助老年服务对象了解自己的情绪反映方式、认识事情的方式和动机的模式等，从中了解老年人过去的经验；人格发展反思则是社会工作者通过与老年服务对象探索往事，把他们过去的经验与现实的感受、行为联系起来进行分析，帮助他们认识和了解生命历程中的重要事件对自己的影响。

知识拓展

人格发展反思的运用

在心理社会治疗模式中，运用"回忆"也是老年社会工作实务不可缺失的一个重要组成部分，其中缅怀往事和生命回顾就是辅导老年人过程中常用的方法。缅怀往事是老年人回顾他们过去岁月中最重要、最难忘、最令人骄傲的事件或时刻，通过回忆让老年人重新体验快乐、成就、尊严等多种有利身心健康的情绪，帮助老年人找回自尊和荣耀。通常对帮助老年人提升自尊感和自信很有效。生命回顾是指通过生动地回顾过去一生中成功和失败的经历，让老年人重建完整的自我。生命回顾既注重老年人一生中的正面事件，也注意负面事件。因此，社会工作者要适当加以控制，既要充分发挥其正面的效应，又要适当抑制其负面的影响。社会工作者鼓励老年人将整个人生的经历尽可能详尽的叙述出来，通过回顾，老年人可能再次体验过往岁月中不愉快的事件，但老年人对不愉快事件的追述在一定程度上缓解了他们的自责和内疚，减轻焦虑不安的感受。它更加系统详细，也更能让老年人面对自己的人生境遇，体味人生的价值和意义。在回顾的过程中，要特别留意老年人没有提及的在特定人生阶段一般会有的事。要弄清楚老年人是记不得了还是刻意回避。若是刻意回避，表明很可能还存在没有解决的冲突。可以放慢节奏，帮助老年人仔细回忆，对一些事情赋予新的意义。通过生命回顾，很多老年人减轻了自责内疚的焦虑心理，开始认同过去、重塑自我，达到了自省的目的。生命回顾的方法已被成功运用到老年轻度抑郁症的治疗中。当然，运用这种技巧时，也存在引起老年人的惊慌、罪恶感、沮丧情绪等方面的风险，这就需要我们在进行回忆性治疗时准确评估老年服务对象的自我形象、目前所经历的压力、所期待的关系等影响因素。

(2) 间接治疗技巧

在间接治疗技巧中，把个人和环境视为一个相互影响、相互转化的整体，社会工作的介入焦点既不是服务对象，也不是外部环境，而是个人与环境之间的适应程度，包括维持、直接影响、探索—描述—宣泄和现实情况反思等四种常见的辅导技巧。由于间接介入的目的是帮助周围他人了解服务对象的要求，增加对服务对象的理解，因此在间接介入中很少运用直接介入中的心理动力反思和人格发展反思这两种辅导技巧。

这四种间接介入的辅导技巧与直接介入的辅导技巧相同,只是针对的服务对象不同。间接介入辅导技巧的服务对象包括老年服务对象的家人、朋友、邻里、社区管理人员、养老机构服务人员等,强调整合这些力量为老年服务对象搭建社会支持网络。

(二) 心理社会治疗模式的一般步骤

心理社会治疗模式把个案服务的过程分为研究、诊断和治疗三个紧密关联的步骤:

1. 研究阶段

研究工作贯穿个案工作的始终,它不止停留在对服务对象问题的有关资料的收集上,也伴随着之后的诊断和治疗过程。社会工作者需要将服务对象的问题放到问题产生的环境中综合加以考量,探寻造成问题的生理、心理及社会因素。

2. 诊断阶段

诊断是指通过整理和分析服务对象的有关资料,对其问题的性质、产生的原因以及发展的过程做出评估和推理的过程。如服务对象的困扰是什么时候产生的、有什么重要的影响事件、在服务对象的成长过程中有什么样的变化等。

3. 治疗阶段

根据服务介入的目标,可以把心理社会治疗模式的治疗阶段分为5个层面:一是减轻服务对象的不安;二是减轻服务对象系统功能的失调;三是增强服务对象的适应能力;四是开发服务对象的潜在能力;五是改善服务对象的人际交往关系。

二、认知行为治疗模式

认知行为治疗模式的思想来源于行为治疗原理,可以追溯到俄国心理学家巴甫洛夫(Pavlov)总结的经典条件作用理论、美国著名的心理学家斯金纳(B. K. Skinner)提出的操作性条件作用理论以及另一位美国心理学家班杜拉(A. Bandura)创立的社会学习理论。20 世纪 60 年代,美国著名的心理学家贝克(A. T. Beck)根据自己的临床实践总结出了认知治疗理论,强调认知因素对人的行为和情绪的影响,成为认知行为治疗模式的重要思想来源。为了扩展服务的效果,20 世纪七八十年代人们开始寻求和探索将认知和行为因素结合起来的服务模式,形成认知行为治疗模式。

(一) 认知行为治疗模式的内容

1. 认知行为治疗模式的理论假设

认知行为治疗模式,是以人的认知和行为作为关注焦点的治疗模式。该模式通过改变服务对象的思维和行为的方法来改变不良认知,从而达到消除服务对象的不良情绪和行为的目的。

认知行为治疗模式的理论假设主要包括以下两个方面:

(1) 认知对人的情绪和行为有着重要的影响

认知行为治疗模式假设人们在日常生活中对日常发生的事情进行评估,这样的评估会影响到人们的情绪和行为。

（2）人的行为能够影响人的思维方式和情绪

认知行为治疗模式假设人们的行为又会反过来影响人们的情绪和认知。

2. 认知行为治疗模式的治疗技巧

认知行为治疗模式认为人的认知、情绪和行为会围绕着日常生活中的事件形成相互影响的循环圈。认知行为治疗模式基于的信念是：人对于事物的认知以及行为上的反应，是可以从学习中获取的。因此，在重新学习的过程中，人能够改变对事物和环境的看法，以调整自己情绪以及行为反应。

该模式认为治疗的主要目标是服务对象的行为改变，而导致老年服务对象行为出现问题的原因就在于当事人不适当的学习，即老年服务对象没有能够学习到和掌握好在不同的情境下所应该采取的行为模式。因此，在工作中，社会工作者应该通过各种强化的技巧，引导老年服务对象在各种情形中掌握和采用适当的行为模式。

认知行为治疗模式可以运用的技巧包括合作式治疗关系、苏格拉底式的提问、结构化治疗和认知重塑等。

（1）合作式的治疗关系

社会工作者依据尊重、信任等原则与服务对象建立信任、平等的合作治疗关系，一起观察、建立问题的假设，一起设计和执行服务治疗计划等。在认知行为治疗模式中，服务对象可以参加治疗计划的讨论，也可以自由地表达自己的意见和想法。

对于老年服务对象而言，在合作式的治疗关系的建立中，意愿和能力缺一不可。首先，老年人要愿意对自己和社会工作者抱着一个自我开放的态度，要愿意参与了解思想和感受的过程。不论社会工作者如何明白错误的思维方式是构成不良情绪和不适行为的主因，都需要老年人愿意运用自己的洞识能力去改变感受；其次，能够懂得思考、了解且能表达情绪和分析行为，是认知行为治疗模式取得良好效果的基础。因此，在应用的过程中，老年人要有能力明白自己的思想和分析自己的行为。

（2）苏格拉底式的提问

通过采用对话式的提问方式调动服务对象的好奇心和探索能力，揭示服务对象的无效的思维方式和行为方式。认知行为治疗模式强调让服务对象参与具体的学习过程，而不是强迫服务对象接受所谓的治疗理论和概念。

（3）结构化治疗

通过让服务对象设计日程安排和提供反馈的方式，帮助服务对象规划自己的生活安排，提高服务对象的学习能力，最充分地发挥治疗效果。

（4）认知重塑

通过认知中错误的辨认、理性选择方式的列举以及认知排演等方法，帮助服务对象认识和改变在实际处境中快速流动的自动念头和由核心信念组成的、处于意识状态的最深层次且影响最基本认知的图式，加强服务对象的理性认知的能力。

（二）认知行为治疗模式的一般步骤

认知行为治疗模式包括准备、合作、改变和巩固治疗四个独特的阶段：

1. 准备阶段

在开始帮助老年人之前,社工必须了解老年人的思想和感受,与老年人建立融洽的关系。老年人需要清楚知道他们期望通过参与过程而达到何种改变。

在准备阶段,社会工作者会了解老年服务对象的问题,包括引起问题的常见原因、如何影响老年人的功能等,和老年人分析探讨他们在这一过程中的角色,并明确他们的期望。社会工作者可以利用这个机会介绍认知行为治疗方法,了解老年人是否有能力和兴趣投入这个自我了解的过程,展开与老年人建立关系的基础。

2. 合作阶段

社工和老年人一旦决定继续认知行为治疗的过程,两人必须愿意互相协调和合作。为老年人提供服务时,社工要比处理一般的个案抱着一个更加开放的态度。老年人若能多了解社工,可能会更感到安心,继而产生信任感。

在这阶段的认知行为治疗,社工要引导老年人找寻和认同情境与感受之间的关系。引导老年人想象在情绪未做反应之前,他的想法是什么?事件又有何意义?帮助老年人发掘让其感到忧虑的情境,从而协助老年人明白感受是如何随着某些情境而出现的,明白情境、事件、认知、情绪反应、感受等之间的联系。

3. 改变阶段

当老年人认识到事件、想法和感受的关联,他们可以觉察和纠正自己扭曲的思想方式。其中一些问题包括:我的想法有哪些是有错误的?我的反应是否合情合理?我有曲解别人的意思吗?

认知行为治疗模式的目的,是要帮助老年人认识这些扭曲的思想方式以及检视他们的思维过程。老年人不单可以在情绪受影响前察觉被扭曲的想法,他们更可以及早利用纠正行为让情况得以控制。如住在养老机构的老年人周末没有等到子女的探望,便认为子女不关心自己,产生被抛弃感,因而情绪低落,甚至影响正常的作息、饮食和活动的参与。此时,社会工作者可以帮助老年人考虑子女没有按时探望的其他原因,甚至主动打电话给子女了解真实原因,避免不当认知带来的情绪低落和消极行为。老年人主动打电话给子女了解情况的行为也是积极和主动的做法,有利于培养老年人的掌控力,这样的行为也会让老年人在应对问题时保持积极的心态。

4. 巩固治疗和终止辅导阶段

认知行为治疗的最后阶段是巩固治疗效果,然后终止辅导服务。在治疗的最后阶段,社工要巩固治疗中出现的转变,与老年人重温这段日子。他们要讨论所学到的,包括如何应用和了解认知和思维模式对他个人的意义,并肯定将来能够处理类似的困难与挑战。

老年人要确信他已学到了应对消极情绪和不良行为的技巧。如果能够列出一些老年人能应用的策略,以应付将来有可能会重现的问题,则可以帮助减少老年人在处理自己的问题时所经历的恐惧和担忧。

这阶段最后的工作是让老年人和社工分开,包括减少会面次数,改为用电话联络等。社工需要与老年人讨论这段关系的意义,有助于终止专业关系。

三、理性情绪治疗模式

理性情绪治疗模式也被称为"ABC"理论,由美国心理学家埃里斯于1955年创立,经过10年的努力,理性情绪治疗模式逐渐被人们接受,成为个案辅导的一种重要的治疗模式。

(一)理性情绪治疗模式的内容

1. 理性情绪治疗模式的理论假设

理性情绪治疗模式对人的心理失调的原因和机制进行了深入的分析,提出比较有影响的ABC理论。A代表引发事件(Activating Events),是指服务对象所遇到的当前发生的事件;B代表服务对象的信念(Beliefs),是指服务对象对当前所遭遇事件的认识和评价。这些认识和评价可能是理性的,也可能是非理性的;C代表引发事件之后出现的各种认知、情绪和行为(Consequences)。通常认为,服务对象的认知、情绪和行为都是由引发事件直接导致的,但理性情绪治疗模式指出,服务对象的认知、情绪和行为的反应受到服务对象的信念的影响。如果服务对象用一些非理性的信念看待引发事件,这种非理性的信念就会促使服务对象情绪和行为上出现困扰。

理性情绪治疗模式的理论假设主要包括以下两个方面:

(1)非理性的信念是服务对象问题产生的根本原因。

人从出生起就慢慢形成理性和非理性的思想,而非理性的思想是导致老年案主的痛苦情绪和伤害性行为的根本原因。

(2)改变服务对象的非理性信念是帮助服务对象克服情绪和行为困扰的最有效的方法。

人有能力了解自己的限制,改变基本观念和基本价值,并且有能力挑战个人的自我毁灭行为,从而有可能出现新的合理的观念和价值来取代原来的非理性信念,最终导致新的行为的出现。

2. 理性情绪治疗模式的治疗技巧

理性情绪治疗模式注重综合运用各种服务介入技巧,主要包括非理性信念的检查和非理性信念的辩论。

(1)非理性信念的检查技巧

非理性信念的检查技巧是对服务对象情绪、行为困扰背后的非理性信念的原因进行探寻和识别的具体方法。它主要包括:一是反应感受,让服务对象具体描述自己的情绪、行为和各种感受,从而识别出背后的非理性;二是角色扮演,让服务对象扮演特定的角色,重新体会当时场景中的情绪和行为,了解情绪和行为背后的非理性信念;三是冒险,让服务对象从事自己所担心害怕的事,从而使情绪、行为背后的非理性信念呈现出来;四是识别,根据非理性信念的抽象、普遍和绝对等不符合实际的具体特征分析,了解服务对象情绪、行为背后的非理性信念。

(2) 非理性信念的辩论技巧

非理性信念的辩论技巧是对产生服务对象情绪、行为困扰的非理性信念进行质疑和辨析的具体方法。它主要包括：一是辩论，让服务对象对自己的非理性信念的不合理的地方进行质疑，动摇非理性信念的基础；二是理性功课，通过训练帮助服务对象改变"必须……""应该……"等非理性信念的语言模式，帮助服务对象修正非理性信念，形成理性的思维方式，建立科学的理性信念系统；三是放弃自我评价，鼓励服务对象放弃用外在的标准评价自己，逐渐消除非理性信念的影响；四是自我表露，借助社会工作者表露自己感受的方式，让服务对象观察和学习理性的生活方式；五是示范，通过社会工作者的具体的示范行为，让服务对象理解和掌握理性的行为方式；六是替代性选择，借助替代性方法的寻找，帮助服务对象逐渐克服喜欢极端化的非理性信念；七是去灾难化，让服务对象尽可能设想最坏的结果，直接面对原来担心害怕的事件（灾难），从而使服务对象担心害怕中的非理性信念显现出来；八是想象，让服务对象想象自己处于困扰的处境中，并通过设法克服不合理的情绪和行为的反应方式学习和建立理性的生活方式。

(二) 理性情绪治疗模式的一般步骤

理性情绪治疗模式在老年个案社会工作中的应用一般包括以下五个步骤：

1. 了解和认识非理性信念

帮助老年人认识到自身在情绪及行为方面的困扰并非由诱发事件所产生的，而是来源于自身的非理性认知。

2. 检查老年人的非理性认知

鼓励老年人探讨自身情绪和行为困扰背后的非理性认知，发现其与情绪和行为困扰之间的关系，梳理出存在的非理性信念。

3. 与老年人的非理性认知开展辩论

帮助老年人与自身的非理性认知进行辩论，明确这些认知的不合理之处及危害，鼓励老年人积极采取行动改变目前的生活状况。

4. 建立理性生活方式

在清晰辨别非理性认知的基础上，帮助老年人找出理性的认知来替代非理性认知，逐渐形成理性的生活方式。

5. 巩固工作效果

帮助老年人将建立起来的理性认知积极运用到自己的日常生活中，巩固该模式的治疗效果。

四、危机介入模式

1946年，林德曼(E. Lindermann)与卡普兰(G. Caplan)合作提出"危机调适"的概念，认为压力、紧张和情绪的调适与危机有紧密的关系。20世纪50年代，美国开始从事预防自杀的研究，并且成立了预防自杀的危机介入中心。1974年，美国正式将危机介入模式列入社会服务的重要项目，之后逐渐在社会工作领域推广开来。

(一) 危机介入模式的内容

1. 危机介入模式的理论假设

危机是指一个人的正常生活受到意外危险事件的破坏而产生的身心混乱的状态。危机介入模式就是针对服务对象的危机状态而开展的调适和治疗的工作方法。通常涉及两个方面:一是减轻危机事件的负面影响;二是帮助服务对象应对目前面临的危机事件,同时提升服务对象适应环境的能力。

危机通常可以划分为两类:普通生活经历的危机和特殊生活经历的危机。普通生活经历的危机是指每个人在成长过程中必然遭遇的困难,如老年人退休后的生活适应和老年人面临的正常养老问题。特殊生活经历的危机是指人们经历特殊事件而陷入的危机状态,如老年人遭遇丧失性的事件,特别是突发性的,如丧偶、失独、罹患重病、身体突然丧失原有的功能等情况导致其陷入的危机状态。

危机介入模式的理论假设为:个体在成长与发展的过程中都会遭遇到压力性事件,这些压力事件破坏了个体原有的平衡状态,导致个体失衡,从而产生危机。这就需要有关人员予以重视并及时采取应对措施。

2. 危机介入模式的治疗技巧

老年个案社会工作危机介入过程中使用的技术主要包括沟通技术、支持性技术和干预技术。

(1) 沟通技术

良好的沟通有助于与老年人专业关系的建立。在沟通的过程中,要给老年人以足够的关注度,准确传递肢体语言及非肢体语言信息。避免使用说教、批评式的语气,以免引起老年人的反感,破坏双方的专业关系。

(2) 支持性技术

这里的支持主要指针对老年人的情感性支持。如果社会工作者能够为老年人提供充分的情感宣泄、释放的平台,将无疑有助于老年人应对突发的危机状况。

(3) 干预技术

老年人危机干预的常用技术包括:主动关注、积极倾听,鼓励老年人勇于表达、宣泄自己的真实情感;为老年人解释危机的发展过程,帮助老年人了解自己目前的困境;为老年人注入希望,鼓励老年人尝试解决问题、积极主动地适应各种变化;关注老年人的社会支持情况,鼓励老年人维系原有的社会支持网络,减少社会隔离的情况;对有可能危及生命安全的老年人,要重点关注、积极应对,必要时采取派专人看护的措施。

(二) 危机介入模式的一般步骤

危机介入模式在老年个案社会工作中的应用一般包括明确问题、列举并选择方案、实施方案以及总结评估四个步骤:

1. 明确问题

由于危机的意外性强、造成的危害性大,社会工作者需要迅速了解老年服务对象的主要问题,明确需要干预的问题。注意问题的界定需要服务对象的积极参与,切不可仅凭社会工作者主观判断来确定。

由于老年服务对象在危机面前通常表现出迷茫和不安,而且时间又非常紧迫,社会工作者需要将自己的注意力集中在老年服务对象最近的生活状况上,采用开放式的提问方式引导他们整理自己的想法和感受,迅速了解和分析他们面临的主要问题。

2. 列举并选择方案

列举出尽可能多的解决危机的方案,并明确各种方案的利弊与可行性。以对老年人可能产生的消极作用最小、输入希望以及恢复自尊为依据,选择方案。

3. 实施方案

社会工作者协助老年服务对象选择好合适的介入计划,充分利用老年服务对象拥有的子女、亲友等周围他人的资源,为他们提供必要的支持。同时也注重培养老年服务对象的自主能力,帮助他们增强自主面对和克服危机的能力以克服危机的影响,解决当前面临的亟须解决的问题。

4. 总结评估

当工作目标得以实现后,社会工作者要和老年服务对象一起巩固并强化已经取得的积极效果。在此基础上,鼓励老年服务对象尽可能地拓展生活内容,扩大支持网络。

课堂练习

一、单选题

1. 张爷爷 60 岁,刚刚退休。不久前,老伴因病去世,张爷爷很难过。尤其是周末,他会想起和老伴难得的休闲时光以及对退休后生活的畅想。社工小王在"关注丧偶老年人的晚年生活"的服务项目中采用个案工作方法介入张爷爷案例时,安排张爷爷周末探访朋友、参加活动,尽量避免独自留在家中回忆往事。通过学习和训练一些新的行为模式,来应对经常出现的问题情境。这是个案工作中(　　)模式的技巧。

　　A. 心理社会治疗模式　　　　B. 认知行为治疗模式
　　C. 理性情绪治疗模式　　　　D. 危机介入模式

2. 下列关于心理社会治疗模式的描述中,错误的是(　　)。

　　A. 服务对象受到生理、心理和社会三个方面因素的影响
　　B. 服务对象的问题与其早年的生活经历有关
　　C. 注重从人际交往的场景中了解服务对象
　　D. 只是强调工作关系,认为专业技巧无足轻重

3. 社会工作者协助服务对象分析、了解自己的情绪反应方式、认识事情的方式等各种内心反应方式的工作技巧被称为(　　)。

　　A. 现实情况反映　　　　　　B. 心理动力反应
　　C. 人格发展反映　　　　　　D. 探索—描述—宣泄

4. 下列表述中,能体现认知行为治疗模式特点的是(　　)。

A. 强调以服务对象认知改变为主,并通过对其内部意识加工过程的了解把握其行为变化
B. 依据认知行为治疗模式的原理,直接安排服务对象的治疗活动
C. 治疗中社会工作者承担主要责任,服务对象只需接受治疗理念
D. 社会工作者设计"生活日程",让服务对象依照此进行行为矫正

5. 李奶奶身体一直很好,突发脑梗后生活无法自理,靠老伴和子女照顾。为此,李奶奶一直心情郁闷,认为自己成了家里的累赘,不如死掉算了。如果运用理性情绪治疗模式进行分析,李奶奶的非理性信念是（　　）。
A. 自己身体应该永远健康　　　B. 不想麻烦别人照顾自己
C. 不希望自己拖累了家庭　　　D. 生老病死是无法抗拒的

6. 美国心理学家艾利斯提出的理性情绪治疗模式的核心是"ABC 理论"。其中,A 是环境中的引发事件;B 代表信念,是对事件的认识和评价;C 是情绪和行为结果。关于该理论的说法,正确的是（　　）。
A. C 是由 B 决定的,不会受到周围环境的影响
B. 如果 B 是理性的,会导致失控的情绪与行为
C. 事件直接引发情绪,对事件的想法并不重要
D. ABC 模式多用于分析心理失调的机制和原因

二、名词解释
1. 非反思性直接治疗技巧
2. ABC 理论

三、简答题
1. 心理社会治疗模式的反思性直接治疗技巧有哪些?
2. 认知行为治疗模式的治疗技巧有哪些?
3. 理性情绪治疗模式的核心理念是什么?
4. 什么是危机?危机介入模式应用于老年个案社会工作的一般步骤有哪些?

四、案例分析题
75 岁的王大爷是一位离休干部,曾经自信、开朗、通情达理。两年前,因为老伴的去世王大爷受到了很大打击,性格开始发生变化,而且还被医院诊断为患有冠心病和高血压。王大爷的儿子工作忙碌,无法时刻照顾他,尤其担心王大爷疾病突发时家中无人而得不到及时的救治,考虑再三后,将王大爷送到了养老院。

王大爷自入院以后情绪更加低落,每天只是独自静坐,不思饮食。眼看着王大爷迅速消瘦,身体状况一天比一天差,院方请来了王大爷的儿子进行说服。王大爷的儿子在听完院方的说明后情绪非常激动,训斥了老年人并强行给王大爷喂饭,事后对自己的行为感到后悔,希望得到专业人士的帮助。

请运用认知行为治疗模式谈谈社会工作者应该从哪些方面进行介入。

任务三　老年个案社会工作的基本程序和技巧

一、老年个案社会工作的基本程序

老年个案社会工作包括接案、预估、制定服务计划、介入、评估和结案六个阶段。

（一）接案

接案是社会工作者通过接触老年人，了解其问题、需要，并决定是否建立专业关系的过程，是老年个案社会工作服务的开端和起点。如果老年人求助的问题不属于机构的服务范围，经过必要的程序，可将老年人转介至能够提供服务的机构，使老年人的问题能够得到适当的解决。

1. 接案阶段的主要任务

（1）了解老年服务对象的来源

① 服务对象主动求助

② 社会工作者在工作中发现的潜在服务对象

③ 服务对象由其他机构转介而来

（2）了解老年人的求助意愿，促使有求助意愿的老年人成为服务对象

对以咨询信息为主的老年人来说，社会工作者要尽可能地多提供一些有关信息。对有求助意愿者，要鼓励其成为服务对象。

（3）了解老年人的处境及问题

社会工作者通过会谈倾听老年人的自述，了解情况，明确待解决的问题。

（4）推动老年人成为机构的服务对象

根据服务机构所拥有的资源或社会工作者自己的能力判断是否能为老年人提供必要的服务，对于能解决的问题明确说明，表达愿意协助的态度，推动建立服务关系。

2. 接案工作的开展

（1）准备面谈

① 准备资料

研读关于老年人的资料，包括个人信息、身体状况、特点、能力、所处环境等，了解其是否有特殊注意情况，不清楚的地方做标记。

② 拟定面谈提纲

面谈提纲通常涉及：工作者自我介绍，对机构服务范围、政策的介绍，陈述会谈的目的及双方的角色和责任，服务对象的问题及对机构和工作者的要求、期望等。

（2）进行面谈

面谈中的注意事项有：

① 准备辅助工具，如录音笔、摄像机等记录设备。

② 交流时表示尊重老年人，关注老年人的问题。

③ 注意说话的节奏、语气,要有耐心。
④ 关注老年人的心理变化和情绪反应,注意运用同理心、鼓励、支持等会谈的技巧。

(3) 初步判断并商定工作进程

通过面谈,判断是否能够提供服务,若能提供,和老年人商讨工作进程,使老年人清楚大致服务过程、内容、期限等。

如果老年人求助的问题不属于机构的服务范围,或者老年人所在区域不归属机构提供服务的范围,社会工作者需要为其办理转介。

表4-1 个案工作接案记录表

服务对象姓名		社会工作者姓名	
日期、时段	年 月 日 时 分 —— 时 分	地 点	
服务对象来源及接受服务意愿			
来源:□案主主动求助　□工作者主动接触　□转介 说明: 接受服务意愿:□愿意接受服务　□不愿意接受服务　□不适用 说明:(不愿意接受服务或不适用请说明)			
服务对象情况			
服务对象基本信息(包括但不限于姓名、性别、年龄、联系方式等基本要素)			
服务对象困境及需要			
社会工作者建议			
危机程度	□低　　□中　　□高 说明:		
紧急服务	□需要　说明: □不需要		
社会工作者(签名)		日期	
督导者(签名)		日期	

表 4-2 个案工作转介记录表

案主姓名：	性别：	年龄：
社会工作者姓名：	接案日期：	转介日期：

个案来源：□本人申请　　□家属/亲朋申请　　□其他(请注明)：

转介原因说明

案主基本资料

曾从事职业：	籍贯：	宗教信仰：
爱好/习惯：		与家人关系：

主要照顾者资料

姓名	关系	年龄	性别	职业	是否同住	联系方式	备注

疾病：□健康状况良好　□血压高/低　□眼疾(如白内障)　□帕金森症　□气管病　□心脏病　□关节炎　□糖尿病　□中风　□肾病　□老年痴呆　□癌症　□失明/部分失明　□失聪/部分失聪　□肢体残疾　□精神病,请注明：　　□疼痛症状,请注明：　□其他,请注明：

自理能力：□完全自理,能行走　□半自理,能行走　□半自理,不能行走　□完全不能自理

近期身体状况：□转好　□与往常比无改变　□有下降　有没有特殊状况(请注明)：

最近六个月有没有以下事件发生：□自己健康有转变　□家人健康有转变　□自己及家人经济状况转变　□亲人去世　□婚姻状况转变　□同住的室友有变化　□搬家　□其他：

个案性质：□危机介入　□一般事件

介入范畴：□情绪困扰　□经济困难　□健康问题　□生活适应　□跌倒危机　□长者被虐　□护老者支援服务　□人际关系及支援　□善别/善终服务　□行为及精神问题　□自我照顾问题　□记忆及认知问题　□居住环境危机　□服务申请及支援　□其他：

督导意见：

（二）预估

预估是在老年人成为个案工作的服务对象之后，社会工作者对服务对象面临的困境或问题进行分析，形成初步的判断的过程。预估是对所收集的信息进行逻辑推断的过程，可以为接下来服务方案的制订做准备。

1. 预估的目的

（1）识别老年人问题的原因

① 客观原因：政策不落实、所处环境不良

② 主观原因：态度不积极、非理性的观念

（2）识别老年人及其所处环境中的积极因素

2. 预估的步骤

（1）分析资料

（2）认定问题

（3）撰写预估报告

3. 预估的内容

（1）服务对象系统预估

重点关注服务对象的个人基本信息、家庭情况、教育及工作经历、家庭之外的重要关系、服务对象的需求和问题、服务对象的优势和限制等。

（2）家庭系统预估

重点关注服务对象的生活环境、家庭构成、家庭资源、家庭沟通模式、家庭规则、家庭价值观等。

（3）社区系统预估

社会工作者要尽量探寻社区带给服务对象的压力、资源和潜在影响等。

（4）生态系统预估

重点关注服务对象所处的生态系统结构、生命周期、家庭系统构成及互动情况等。家庭结构图和生态系统图是生态系统预估的重要工具。

4. 预估的注意事项

（1）社会工作者在预估问题的过程中，要鼓励老年人积极参与。

（2）社会工作者在预估的过程中，要尽可能保持个人价值观的中立。

（3）对问题成因的判断要多从系统化角度出发，不能简单归因，草率了事。

（4）老年人遇到的问题有时并非只有一个，而是一系列的问题。这时，要求社会工作者根据时间、机构资源等因素与老年人共同选择一个问题作为突破口。不要眉毛胡子一把抓，什么都想解决，最终却哪一个都没有解决好。究竟该选择哪一个问题作为切入点，参考的标准有：目前对老年人来说急需解决的问题；带来系列问题的核心问题；最容易解决的问题等。

表4-3 个案工作预估表

服务对象姓名		个案编号		社会工作者姓名	
一、背景资料					
（一）服务对象个人的生理、心理及社会等方面的资料					
（二）服务对象社会环境的微观、中观、宏观系统等资料					
（三）服务对象对自己及处境的感受、观念和看法					
二、服务对象问题及需要分析					
（一）以需求为导向，与服务对象讨论其需要、困境或问题					
（二）以资源为导向，识别服务对象及其所处环境中的资源、优势与障碍					
三、服务目标					
四、服务内容					
社会工作者（签名）			日期		
督导者（签名）			日期		

注：此表格请在个案工作首次接触后5个工作日内完成。

（三）计划

计划是一个理性思考及决策的过程，它是对预估结果的发展，也是下一步介入行动的蓝图。计划是在对服务对象的问题深入理解的基础上通过预估阶段的探索获得的。

1. 计划的构成

老年个案社会工作计划的构成包括：

(1) 老年人的基本情况，包括姓名、性别、年龄、婚姻状况、职业和受教育情况等；

(2) 老年人面临的主要问题的描述；

(3) 服务计划的目标,包括总目标和每一阶段的子目标;

(4) 服务开展的基本阶段和采取的主要方法,包括各阶段需要解决的问题、采用的主要方法、预计达到的成效以及发掘和运用的资源;

(5) 工作时间表,包括每一次和每一阶段的时间安排以及总的时间期限;

(6) 机构及老年人的联系方式。

2. 制定服务计划的原则

(1) 要有老年服务对象的参与;

(2) 制定的目标要明确具体,使老年人能够清楚地知道自己与社会工作者接下来努力的方向;

(3) 制定的目标是可以实现的,目标可以分为近期目标、中期目标和终期目标,根据老年人的实际情况、机构拥有的资源以及社会工作者的能力来逐层推进目标的实现;

(4) 计划要尽可能详尽,且与介入目标、宗旨相符合;

(5) 计划要能总结和度量,为后期的量化评估打下基础,以便能够清晰地呈现改变的成果。

3. 制定服务计划的方法

(1) 设定服务最终要达到的总目标和多个现实可行的、可测量的具体目标;

(2) 选择介入系统和资源整合、经济援助、安置服务、危机介入、专业咨询等合适的行动类型及行动内容,构建行动计划;

(3) 签订服务协议。

服务协议是社会工作者和服务对象经过讨论协商达成的满足服务对象需要和解决他们问题的方案,是双方对解决问题的承诺,是计划能够顺利执行的保障。

服务协议包含了双方共同认可的工作目标、基本的权利和义务以及基本的服务安排,可以是书面的,也可以是口头的。为了更好地对双方起到督促作用,最好签订书面协议,但是在实际个案工作中,通常采用口头的服务协议方式,它的要求并不像书面服务协议那样严格,只要服务双方具有共同认可的工作目标,就可以开展具体的个案服务活动。

表 4-4　个案工作计划表

服务对象姓名		个案编号		社会工作者姓名	
概述问题呈现及原因分析					
目的(与服务对象商议后制定)					

(续表)

服务模式
目标、介入策略、工作进度
评估方法

社会工作者 （签名）		日期	
督导者 （签名）		日期	

表4-5 个案工作服务协议

甲方(委托方)：
乙方(社会工作服务机构/社会工作者)：
在自愿、平等、协商一致的情况下，就甲方委托乙方提供社会工作个案服务事项订立本协议。
第一条　服务目的
……
第二条　服务内容
……
第三条　服务监督与评估
……
第四条　附则
……

甲方签字(盖章/签字)：　　　　　　　　乙方(盖章/签字)：

日期：　年　月　日　　　　　　　　　日期：　年　月　日

（四）介入

介入是社会工作计划的具体实施，是社会工作者和服务对象采取行动，按照服务协议，落实社会工作计划的目标，帮助服务对象改变，解决预估中确认的问题，从而实现助人计划的重要环节。介入过程也存在转介。介入过程中，若老年人出现社会工作者无法解决的新的需求或问题，则应将其转介至其他专业人员或者机构。

1. 介入的原则

（1）个别化；

（2）注重服务对象的参与和自我决定；

（3）考虑老年服务对象的生命发展阶段和该阶段的特殊任务及特点；

（4）与老年服务对象互相依赖，社会工作者与老年服务对象双方紧密配合、合力参与；

（5）介入行动应瞄准服务目标，围绕目标进行。

2. 介入的方式

（1）直接介入

直接介入是社会工作者以老年人个人以及他们的家庭为关注对象，针对老年人及其家庭采取的行动。

直接介入的手段包括：

① 鼓励老年人运用自身资源、挖掘自身潜能；

② 协助老年人运用现有的家庭、亲朋、邻里、各类服务机构等外在资源；

③ 进行危机介入；

④ 发挥工作者自身的影响力，有意识地运用奖励、惩罚、劝导、利用关系、改变环境等能够影响服务对象改变的力量。

（2）间接介入

间接介入是以老年人个人、家庭、小组、组织、社区以及更大的社会系统为关注对象，由社会工作者代表老年人采取行动，通过介入老年服务对象以外的其他系统、为其争取必要的资源以间接帮助老年服务对象的行动。

间接介入的手段包括：

① 挖掘并运用社区人力资源

识别社区中"有影响力"的人，与"有影响力"的人建立关系，能将"有影响力"的人团结起来；

② 协调和联结各种服务资源与系统

将能够为老年服务对象提供服务的多个机构、组织以及专业人员协调起来；

③ 创新服务资源

社会工作者可以通过富有创造性的服务计划，开发出具有创造性的满足社区需要的资源。

④ 改变机构的政策、工作程序和工作方式

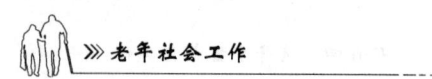

每个社会工作服务机构都有自己明确的目标、政策、组织架构和工作程序,当组织或机构不能满足服务对象的需要、阻碍服务对象功能发挥时,要尝试去改变组织的结构和功能,来满足服务对象系统的需要。

表4-6 个案工作过程记录表

服务对象姓名		社会工作者姓名	
日 期		地 点	
次 数	第___次	时 段	
服务形式			
介入目标			
介入过程(概述)			
介入小结			
下次介入计划与建议			
督导者意见			
社会工作者 (签名)		日期	
督导者 (签名)		日期	

（五）评估

评估是指运用科学的研究方法和技术，系统的评价社会工作的介入结果，总结整个介入过程，考查社会工作介入是否有效、是否达到了预期目的和目标的过程。老年个案社会工作的评估是对为老年人提供的服务的有效性的评定。

评估有助于社会工作者积累经验，作为今后工作的借鉴，同时可以作为机构评价社会工作者工作成效、提升机构服务质量的依据。

1. 评估的目的

（1）考查社会工作的介入效果、服务对象的进步情况及介入目标的实现程度；
（2）总结工作经验、改善工作技巧、提升服务水平；
（3）验证社会工作方法的有效性；
（4）进行社会工作研究。

2. 评估的内容

（1）评估目标是否定的恰当，是否有效地达到了既定目标；
（2）评估工作方法和技巧是否运用得当；
（3）评估社会工作者运用的角色是否有效；
（4）评估老年服务对象的改变状况；
（5）评估介入服务中的人力、物力和其他资源的投入情况。

3. 评估的类型

评估工作并非是在个案工作结束后才做。根据评估开展的时间段，评估可分为过程评估和结果评估两种类型。

（1）过程评估

过程评估是对整个介入过程的监测，包括社会工作介入进行中的评估。它对工作过程的每个步骤、每个阶段分别做出评估，关心的重点是工作中的各个步骤和程序怎样促成了最终的介入结果。在介入初期和中期，过程评估的重点是对服务对象的表现以及社会工作者的工作和技巧进行评估，以此了解服务对象的改变进展，实时修正介入方案，改善工作技巧；在介入的结束阶段，过程评估的重点是关注什么因素导致了服务对象的改变，通过详细分析服务过程中有影响力的事件，探索促使服务对象转变的内在动力和来源。

（2）结果评估

结果评估是在工作过程的最终阶段进行的评估，是检测计划介入的目标结果以及这些结果实现的程度及其影响。

4. 评估的方式

主要有社会工作者自我评估、服务对象评估、同行评估、外请专家评估等方式。

表4-7 个案工作评估表

服务对象姓名		个案编码		社会工作者姓名	
接案日期			结案日期		

以下内容由服务对象填写
您接受了社会工作者的哪些服务？
接受了社会工作者的服务后,您应对困难、解决问题的能力是否获得提升？
□是　　　说明： □否
您对社会工作者的表现满意吗？（请在答案处打钩）
□非常满意　　□满意　　□一般　　□不满意　　□非常不满意
四、自接受本机构服务后,您的情况有否改善？（请在答案处打钩）
完全没有改善　　　　　　　　　　　　　　　　　　完全解决 　　1　　2　　3　　4　　5　　6　　7　　8　　9　　10
五、本服务结束之时,您与社会工作者商定的目标达成情况如何？（请在答案处打钩）
完全达成(　　)原因说明： 部分达成(　　)原因说明： 未能达成(　　)原因说明：
六、其他评价及建议

服务对象 （签名）		日期	

以下内容由社会工作者填写
一、目标达成情况（重点描述服务对象转变,如情绪改善、行为改变以及能力提升等）

(续表)

二、总结与反思			
社会工作者（签名）		日期	
以下内容由督导者填写			
对服务评价			
社会工作者表现评价			
督导者建议			
督导者（签名）		日期	

（六）结案

结案是当介入计划已经完成，介入目标已经实现，服务对象的问题已经得到解决，或者服务对象已有能力自己应付和解决问题时，社会工作者和服务对象双方根据工作协议逐步结束工作关系所采取的行动。

1. 结案的类型

（1）目标实现的结案

工作目标完全或者部分实现了，社会工作者与老年人均同意结束个案服务。

（2）服务对象能力提升的结案

经过专业帮助，老年人自己解决问题的能力得到了提升，可以独立解决问题了，主动提出结案。

（3）服务对象不愿继续接受服务而必须终止关系的结案

社会工作者与老年人之间的专业关系不顺畅，导致老年服务对象强烈抗拒服务，甚至影响了工作的开展。这种情况下，双方或者某一方提出提前结案。

（4）存在不能实现目标的客观原因的结案

社会工作者在服务的过程中发现，老年人又遇到了一些新的问题，超出了自己和机构的能力，需要其他机构或者社会工作者的加入。

（5）社会工作者或服务对象身份发生变化时的结案

因为一些不可预期的因素，如社会工作者调离机构、服务对象搬离机构的服务区域或者服务对象突发疾病等，使得个案工作无法继续，此时，即使目标没有实现也需要结案。

上述的第三、四、五种类型，结案可以以转介或转案的方式结束。第三种结案类型中，工作者和服务对象关系不顺畅，可以将服务对象转给同一机构内的其他社会工作者，由另一位社会工作者为其提供服务。此时不涉及机构的转变，是转案而非转介。

知识拓展

转介发生的阶段

在老年个案社会工作的服务过程中，转介可以发生在早期的接案阶段，也可以发生在中期的介入阶段和后期的结案阶段。

转介前，社会工作者应在征询老年人意见并解释原因后，由老年人自主决定是否进行转介。转介时，社会工作者应向老年人提供其他专业人员或者机构的信息供他选择，并协助其联系其他专业人员或者机构。转介后，原先的社会工作者及机构应不定期回访老年人，询问转介的效果。

2. 结案阶段的主要任务

（1）总结服务工作

（2）巩固已有的改变

（3）结束专业关系

（4）做好结案记录

（5）跟进服务

个案工作结束后，社会工作者应在三个月到半年内采用电话回访、上门回访等方式不定期回访老年人，给予老年人持续的支持。回访目的在于了解老年人是否能够继续保持个案工作的效果，有无反复，同时也起到检查社会工作者服务效果的目的。

3. 结案反应的处理

老年人在个案工作即将结束之际可能出现的反应往往有：矛盾心理、行为退化、否认。

矛盾心理常表现为既为自己的问题得到解决而高兴,又对专业关系的结束而不舍,同时也担心未来会遇到同样的问题;有的老年人在行为方面表现为退化到个案工作初期的状态;有的则为直接拒绝结案,指责社会工作者。

因此社会工作者在结案之前,需要做好充分的准备以应对老年人出现的各种状况。主要有:

(1)提前告知老年人结案的时间和安排,使之有一定的心理准备,并关注老年人的情绪变化;

(2)巩固老年人在服务中获得的改变和进步;

(3)征求老年人对结案工作的意见;

(4)适当延长服务后期与老年人接触的间隔期,减少他们对社会工作者的依赖,提醒他们自立;

(5)与老年人一起探讨个案结束之后影响个案服务效果的可能因素及应对措施,预计老年服务对象可能出现的问题,并提前予以准备;

(6)必要时可以安排正式的结案活动,让老年人分享自己的收获,表达感受,给予其一定的仪式感;

(7)与老年人一起探讨结案后的跟进服务。

表 4-8 个案工作结案表

服务对象姓名		个案编码		社会工作者姓名	
接案日期			结案日期		
介入过程及现状总结					
服务时间跨度、服务次数、服务方式 服务对象的情况变化,问题解决程度 目前服务对象的意愿、情绪、期望等 社会工作者观察、总结					
目标达成情况					
结案原因					
□目标达到　　　　　　　　　□超出服务范围 □社会工作者认为不适合继续跟进　说明: □服务对象不愿意继续接受服务　说明: □其他情况　说明:					
服务对象知道个案已结束并知道在有需要时如何得到服务　　□是　□否					

(续表)

结案后回访跟进计划				
社会工作者 （签名）		日期		
服务对象 （签名）		日期		
督导者 （签名）		日期		

二、老年个案社会工作的技巧

（一）老年个案社会工作建立专业关系的技巧

1. 同理心

同理心指的是社会工作者在为老年服务对象服务的过程中，面对老年人对自己困境的表达，社会工作者要设身处地、感同身受，能够像老年人那样去理解问题，能够体会对方的情绪和想法、理解对方的立场和感受，并站在对方的角度思考和处理问题。同理心主要体现在情绪自控、换位思考、倾听能力以及表达尊重等方面。社会工作者具有同理心，才能获得服务对象的信任，顺利建立起专业关系，能够实现与服务对象的深度沟通，也是老年个案社会工作的重要技巧。

同理心技巧的重点在于：正确了解服务对象，敏锐地觉察服务对象内心的感受，并能恰当地表达出社工对服务对象当时感受和处境的理解。

2. 诚恳

社会工作者要在专业关系中始终保持诚恳的、开放的、真实的态度。向老年服务对象实事求是地介绍机构的政策和社会工作者的角色，而不加以任何修饰；完全以服务对象的需要作为自己工作的出发点，接纳服务对象，全神贯注于服务对象的处境。

3. 尊重

社会工作者要关心、关注老年服务对象的一切，并能够向他们传达这种情感，包括：对老年服务对象的责任感，关心、尊重、了解、希望促进服务对象提升生活的愿望，以及愿意为此提供协助的意愿。

4. 积极主动

社会工作者积极主动的态度有助于与老年服务对象成功地建立关系。积极主动的态度表明你对他们有兴趣，关心他们。研究显示，积极主动的态度会促进双方的沟通，减少对方的紧张情绪。但积极主动并不意味着社会工作者对老年服务对象的控制和支配，而是要在适当的时间给老年服务对象适当的回应。

良好、准确地运用以上的技巧,就能够帮助社会工作者与老年服务对象建立起良好的工作关系。

(二)老年个案社会工作的会谈技巧

1. 支持性技巧

支持性技巧是社会工作者借助口头和身体语言,让服务对象感受到被理解、被接纳的一系列技术,包括专注、倾听、鼓励等技巧。

(1)专注

专注是指社会工作者借助友好的视线接触、开放的姿势以及专心的态度观察老年服务对象,同时也要用言语及非语言方式把这种对他的关注传达给老年服务对象,使他能够感受到社会工作者的尊重和接纳。例如社会工作者在和老年服务对象交流的过程中,眼睛看着对方,保持视线的交流,眼神亲切、面部表情松弛、身体适当前倾,保持开放轻松的坐姿。

(2)倾听

倾听是指社会工作者用心聆听老年服务对象传达的信息,细致观察服务对象的表情动作,及时思考整合信息,理解服务对象的感受并作出积极的回应。倾听首先要向对方传达"我正在很有兴趣的听你的叙述,尝试理解你"的信息;其次倾听需要理解对方传达的内容和情感,不但要听懂对方通过语言、行为表达出来的东西,还要听懂对方省略和没有表达出来的内容;最后倾听还要有参与,要有与服务对象的互动,可以通过点头、微笑、身体前倾、注视等非语言的行为和"嗯、是的、然后呢"等言语传达你的关注。

(3)鼓励

鼓励是社会工作者运用声音、姿势等口头语言和身体语言肯定老年服务对象的积极表现,如点头、微笑等,使老年服务对象继续表达自身的感受和看法,培养其表达的能力和勇气,支持老年服务对象面对并超越心理障碍。

2. 引导性技巧

引导性技巧是社会工作者引导老年服务对象探讨自己的经验、处境、问题以及对人对事的感受等的一系列技巧,包括:澄清、聚焦、摘要等技巧。

(1)澄清

澄清是社会工作者引导老年服务对象对模糊不清的信息、经验和感受做更详细、更清楚、更准确地表达和解说。如:你刚才说的意思是……吗?你刚才的话我的理解是……对吗?

基本要领和技巧

① 可以用封闭式的问题来获取简单、明确的答案;

② 可以用开放式的问题引导老年人做更多的表达;

③ 可以请老年服务对象举例说明或对其陈述予以补充;

④ 对于某些字句所表达的蕴意,可以直接询问老年案主。

(2) 聚焦

聚焦是社会工作者使老年服务对象能明确问题的中心所在,并继续进行会谈。其目的在于:将问题集中在某一方向上,在相关问题上做具体的讨论,以使会谈更深入。

基本要领和技巧

① 当老年人的陈述出现内容散乱、偏离话题、失去方向等情况时,社会工作者及时将之带回主题;

② 聚焦时,社会工作者不宜强行打断或阻止老年人说话,而应先对老年人的话语做适当的回应,再重申会谈的主题;

③ 社会工作者应避免自己将话题带离或不经意间被案主带离。

(3) 摘要

摘要是社会工作者把老年服务对象的长段谈话内容或不同部分的话题进行整理、概括和归纳其中的要点。如:"您刚才讲的是不是包含……方面的要求?"或者"你刚才讲的,我的理解是……你有什么补充吗?"

基本要领和技巧:

① 将老年人所谈及的内容与感受串联起来;

② 在辅导过程中将了解到的老年服务对象的主要事情、意念和感受进行综合归纳;

③ 不宜过多重复老年人所说内容,只需将有关要点摘要即可;

④ 可向老年人查证所做摘要是否准确。

3. 影响性技巧

影响性技巧是社会工作者为老年服务对象提供必要的信息或建议,让服务对象采取不同的理解和解决方法的一系列技巧,包括:信息提供、自我披露、建议、忠告、对质等技巧。

(1) 信息提供

信息提供是社会工作者向老年服务对象提供相关的新知识、新观念或纠正服务对象已知的错误信息。

(2) 自我披露

自我披露是社会工作者有选择地向老年服务对象披露自己的亲身经验、处事方法和态度等,并秉持着"案主自决"的原则,供服务对象参考。

(3) 建议

建议是社会工作者对老年服务对象的情况、需要或问题了解和评估后,提出客观、中肯、有助于解决问题的建议。其目的在于:协助老年人了解处理问题的方式和方法,增加老年人做决定时可以选择的范围,鼓励或劝阻老年人的某些行为,促使老年人采取合适的具有建设性的行动。为了避免服务对象的反感,社会工作者在提供建设性意见时,需要避免使用"必须""一定"的词语,以尊重服务对象自己的选择,如:社会工作者可以建议"这样的情况也有几种不同的解决方法,它们是……你可以根据自己的情况选择适合你的解决方法"。

基本要领和技巧

① 给出清楚的建议,并说明其原因或依据;

② 留意老年服务对象是否明白这些建议;

③ 不宜过早提出建议,以免使老年服务对象产生依赖性或失去探究问题的机会;

④ 坚持"案主自决"原则,不将个人建议强加于老年服务对象。

(4) 忠告

忠告是社会工作者向老年服务对象指出其行为的危害性或必须采取的行动。在提出忠告时,社会工作者可以用一种强调的语气直接指出面临的危害和必须采取的行为,但需要避免强迫服务对象。

(5) 对质

对质是当社会工作者发现老年服务对象出现行为、情感、认识不一致的情况时,直接发问或提出质疑。其目的在于:协助老年案主去审视自己在认知、感受和行为上的矛盾,协助老年人检查、反思自己,从而认识到自己的期望和现实存在的差距。如:社会工作者可以向服务对象提出自己的疑问"您的想法与行动有一定的差距,你对此有什么打算吗?"

基本要领和技巧

① 一定要在社会工作者和老年服务对象建立起信任关系后才可以使用;

② 进行对质时一定要表示出对老年人的尊重和真诚的协助态度;

③ 对质不意味着批判和责怪,应注意坚持非批判的原则;

④ 不要期望对质后老年对象会很快转变,因为他们需要时间去思考、去突破。

(三) 老年个案社会工作的访视技巧

1. 社会工作者在访视前应熟悉老年服务对象的相关资料,事先约定探访的时间、时长及会面地点;

2. 社会工作者访视时应着装整洁、得体,主动进行自我介绍,告知姓名、工作单位以及此行的目的;

3. 社会工作者在访视中应多观察、多倾听,拍照、录音、录像都要征得被探访的老年服务对象的同意;

4. 社会工作者在访视结束前应总结访视的内容,向老年服务对象反馈其在访视中的良好表现,并倾听老年人对这次访视的感受、意见及对下次访视的期待。

一、单选题

1. 社会工作者说:"王奶奶,刚才您说了好多,包括您和子女的关系、您目前的身体状况和精神状态、您的人际关系……看起来这些问题都很重要,其中您最想谈的问题是什么?"社会工作者采用的会谈技术是(   )。

　　A. 摘要　　　　B. 聚焦　　　　C. 澄清　　　　D. 坦诚

2. 社工小王来到养老机构,听了张大爷诉说的种种压力之后说:"看来您的情绪都和子女对您的态度有关啊!"此时社工小王采用的会谈技巧是(　　)。

  A. 同理   B. 倾听   C. 鼓励   D. 摘要

3. 服务对象:"我工作很忙,平时婆婆帮忙带孩子。你也知道隔代亲,老年人家比较宠孩子,小孩子现在说话就没大没小的,管了婆婆就不高兴,不管我又怕孩子越大越不好管,跟我也不亲了……"

社会工作者:"您刚才讲的,我的理解是您希望孩子懂规矩,但是找不到让婆婆接受、孩子又不逆反的方法,是吗?"

上述对话中,社会工作者采用的技巧是(　　)。

  A. 忠告   B. 澄清   C. 聚焦   D. 对质

4. 在个案会谈中,社会工作者经常会使用摘要技巧。下列回应中,属于摘要技巧的是(　　)。

  A. "您女儿大老远地跑过来,就只为了跟您吵架?"
  B. "您一下子要处理这么多事情,一定觉得手足无措吧?"
  C. "您刚才说了不少往事,我的感觉是你很怀念童年的无忧无虑。"
  D. "听起来,您希望找一个既方便社交、又能保护隐私的居住环境。"

二、名词解释

1. 对质
2. 自我披露

三、简答题

1. 老年个案社会工作接案阶段社会工作者的任务有哪些?
2. 老年个案社会工作中社会工作者从哪些方面开展预估?预估中要注意什么?
3. 老年个案社会工作中直接介入和间接介入的手段分别是什么?
4. 老年个案社会工作中哪些情况下可以结案?转介是结案的一种形式吗?
5. 老年个案社会工作会谈的技巧有哪些?

四、案例分析题

一位女士前来求助社工。她的妈妈两年前曾因脑出血住院,因救治及时而脱险,但在此后几乎每个月老人都会因为身体不舒服而要求入院检查,每次检查结果都是高血压,其他指标正常,所以在医院住三四天,血压恢复正常之后就回家了。她的母亲一方面担心自己脑出血再犯,另一方面却不遵守医嘱,偷偷吸烟且不注意饮食。女儿对妈妈的行为感到很苦恼,也因为工作忙碌还要操心妈妈而烦心。

请说明该老年个案处理的步骤并思考可以用于该案例的技巧。

延伸阅读

比较专业的为老年人服务的工作最早可以追溯20世纪初,当时英国颁布的《养老金法》、1935年美国历史上著名的《社会保障法案》以及20世纪40年代英国发布的《贝弗里奇报告》等，都以法律的形式规定了老年人的权利和义务以及规定了政府和社会应该承担的为老年人服务的责任。不过，老年社会工作的蓬勃发展则是在第二次世界大战以后，直至今日，老年社会工作的重要性不仅体现在补救性和预防性的功能上，而且也越来越表现在诸如挖掘老年人的潜能、协助老年人体现晚年人生价值和倡导老年人互助等发展性的功能。

2016年2月23日，民政部网站对外发布了《老年社会工作服务指南》。《指南》提出老年社会工作服务的内容主要包括救助服务、照顾安排、适老化环境改造、家庭辅导、精神慰藉、危机干预、社会支持网络建设、社区参与、老年教育、咨询服务、权益保障、政策倡导、老年临终关怀等。

《指南》强调，老年社会工作服务应致力于实现老有所养、老有所医、老有所为、老有所学、老有所乐。老年社会工作服务应遵循独立、参与、照顾、自我实现、尊严的原则，促进老年人角色转换和社会适应，增强其社会支持网络，提升其晚年的生活和生命质量。

老年社会工作者可以根据实际情况综合运用个案工作、小组工作、社区工作等社会工作直接服务方法及社会工作行政、社会工作研究等间接服务方法。

项目五
老年小组社会工作

 项目导学

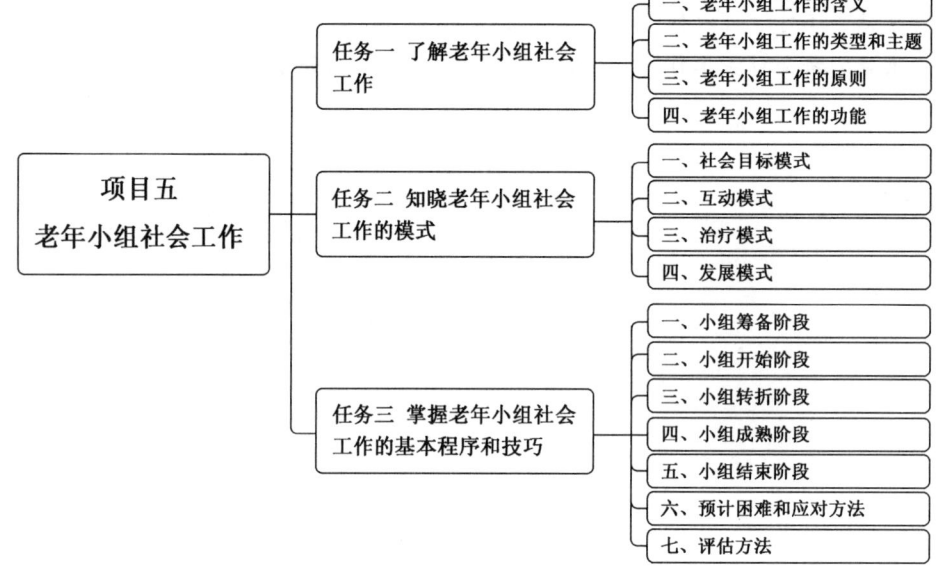

 知识目标

1. 掌握老年小组工作的基本程序及技巧;熟悉老年小组工作的含义和类型;理解老年小组工作的模式。
2. 掌握组建老年小组的能力;策划老年小组工作方案的能力;组织实施老年小组的能力;以及评估老年小组的能力。

 学习重难点

重点:老年小组工作的含义和类型;老年小组工作的常用模式;老年小组工作的基本

程序。

难点:老年小组工作的原则;老年小组工作的模式在实际工作中的应用;老年小组工作的技巧。

 情景导入

一、案例描述

相关统计数据显示,中国15岁至30岁的独生子女总人数约有1.9亿人,这一年龄段的年死亡率为万分之四,因此每年约产生7.6万个失独家庭,按此统计,中国的失独家庭至少已超百万。对于失独老年人来说,养老问题、精神慰藉问题都是迫在眉睫、亟待社会解决的难题。失独老年人互助小组围绕丰富老年人精神生活和帮助老年人建立人际支持网络开展,协助他们面对丧失唯一子女后的心理危机以及社会融入障碍,社会养老服务体系对接困难等问题。

二、分析案例

由以上案例可以看出,老年人因为家庭中的独生子女不幸离世,成为特殊的"失独老年人",在进入晚年后成为"空巢老年人"。这些老年人面临着失去独生子女的心理压力,以及长期心理压抑造成的生理疾病,社会交往的范围收缩。因此老年小组对于建立老年人互动支持网络,维护老年人身心健康、促进老年人社会功能的恢复以及能力的提升方面都尤为重要。首先要链接老年小组工作的相关概念以及社会工作者如何开展老年小组工作为老年人提供服务。

任务一　老年小组社会工作

一、老年小组工作的含义

老年小组工作是指在社会工作者的协助和指导下,利用老年组员之间的互动和小组凝聚力,帮助老年组员学习他人的经验,改善其态度、人际关系,恢复其社会功能和促进其成长的专业服务活动。

可以从以下几个层次来深入了解这个含义:

1. 老年小组既是一个过程,也是一种直接的助人方法和手段。
2. 老年小组工作的对象包括由健康老年人所组成的群体,以及面对问题和困扰的老年人或其家属组成的群体。
3. 小组工作过程是社工与小组成员、小组成员之间进行的面对面的互动过程。
4. 通过小组帮助老年人进行社会康复、能力建设、社会化、解决问题和自我价值实现等方面的功能。

二、老年小组工作的类型和主题

(一) 老年小组工作的类型

老年小组有不同的分类标准,常见的是根据老年小组的性质分为老年社交康乐小组、老年支持小组、老年治疗小组、老年服务小组、护老者小组等,以及对于一些年纪较大、行动不便、生理器官逐渐退化的老年人可以开展的特殊小组,即现实辨识小组和动机激发小组。

1. 老年社交康乐小组

老年社交康乐小组的目的是帮助组员关系改善和互动,适用于社会功能退化或丧失的老年人,他们想与社会保持接触、想与他人分享自己的乐趣,通过积极参加互助活动,达到身心健康和丰富晚年生活的目的,例如歌唱小组、书画小组等。

2. 老年支持小组

老年支持小组的目的是通过支持性的干预策略帮助老年人培养互助,增强老年人的社会适应能力,应对未来生活中的压力事件。老年支持小组主要适用于身心遭遇短时间突发事件的影响而受到困扰的老年人,如丧偶、患慢性病等,主要有老年人互助小组、老年人支持小组、癌症支持小组等。

3. 老年治疗小组

治疗性小组的目的是用小组具有的解决问题的力量,来帮老年人改变不良的或功能失调的行为形态。与前面的一些小组有意避免痛苦的或令人不愉快的情绪不同,治疗性小组要直面问题,并引导成员找出解决问题的方法。比如,应付抑郁症复发的老年人可以加入一个小组,目的是帮助他们识别引发抑郁症的因素,并找到能帮助自己缓解强烈悲哀感的方法。

4. 老年服务小组

服务小组是通过小组为老年人开展义务服务工作,培养和发掘公民的服务意识和潜能。例如发动青年人或低龄老年人组成小组为高龄老年人提供服务。

5. 护老者小组

护老者小组的服务对象是老年人的家庭成员或其他照顾者,社会工作者将这些人组织在一起,一方面帮助其学习护老的知识和技巧,另一方面帮助其缓解护老照顾中带来的压力。

这些小组的成立都有各自不同的目的、工作重点、沟通方式以及运作模式,表5-1对不同的老年人小组类型以及特性做了一番比较,可以为我们开展老年人小组工作提供借鉴,见表5-1。

表 5-1 老年小组类型比较

小组特性	老年小组类别				
	老年支持小组	老年治疗小组	老年社交康乐小组	老年服务小组	护老者小组
目的	帮助组员应付日常生活压力	帮助组员改变行为及康复	帮助组员与同辈积极参与身心健康的活动	帮助组员共同合作为他人提供服务	帮助家庭成员扮演及发挥护老者功能
老年社工角色	促使相互间的支持和帮助	专家,权威人物,改变者,促使者	促进活动程序,提供架构协调者	帮助组织行动计划	教育者,支持者,使能者,倡导者
重点	组员分享和共同关注	组员的问题、关注及目标	小组程序称为活动参与、学习等的媒介	完成任务	护老者需要及老年人的需要
维系的因素	共同困难和相同经历	组员之间的相互关系	对活动、学习、技巧发展上的共同兴趣	相同的目的和关注	护老者角色
组合	曾经遭遇相同困难的组员	可以是有不同背景或拥有共同点的组员	不同人士或类似技能水平,有能力参与活动者	人数多,背景不一,鼓励分工	不同人士但都是护老者,正在承受护老压力
沟通	高度互动公开沟通	社工或小组领袖对组员或相反	在活动上通过语言及非语言相互沟通	因任务及角色而不同	组员之间以及与小组领袖或社工的沟通
自我披露程度	中度及高度,主要分享适应技巧	高度	低度	低度	中度及高度,主要分享适应技巧
运作	非正式,平等参与共同讨论	组员互相解决问题	决定于程序活动性质、团队精神及语言和非语言参与	形式化程序	一般非正式及平等参与,也可包括正式的演讲

6. 动机激发小组

长期的缺乏社会接触会让老年人的交往能力受损,变得淡漠和了无生气,强化退缩倾向。动机激发小组的目的就是要激发那些不再对眼前或将来感兴趣的老年人,把老年人记得的过去的事情和经验与一些活动结合在一起,把老年人拉进现在的生活,刺激小组成员之间的沟通,帮助老年人重新与他人建立联系,提升老年人对将来的兴趣,激发老年人的生活热情。

组员和适用范围:小组成员人数一般控制在 6 至 10 人,有一定的听力和语言表达能力,能积极参与小组活动。一般常用于老年护理院中,主要针对患有长期慢性疾病或有逃避行为的老年人。

主要步骤:接纳,建立团体内成员间温暖的友谊;与现实的连接,念一首诗、读一段时事新闻等;分享世界,从随意的闲谈到特定主题的讨论等;刺激案主思考与其工作有关的世界;赞赏,表达与案主相处的愉悦。

社工角色：引导组员通过回忆往事而相互分享内心对现实生活及问题的感受；营造一个相对愉悦和组员相互尊重的团体氛围，如热烈欢迎、鼓励成员参与小组的活动中来，并鼓励组员积极分享；利用一些短文、报纸或幻灯片等多媒体方式再把老年成员带回现实中；及时对组员在小组中的表现给予赞美和反馈。

活动建议：园艺活动；节日活动；为组员准备饭菜的小建议；艺术和手工制作；演示目前的计算机技术；化妆和时装表演（用于老年妇女小组）；简单的花费不多的装饰家的点子；宠物见面会；按章节大声朗读一部小说；教育性的电视节目；充当志愿者的机会等。

7. 现实辨识小组

现实辨识小组的目的是通过环境中的一些提示，刺激老年人的视觉、听觉、味觉等，帮助他们重新发出认知能力，减缓记忆力衰退。在这个小组中，老年人会被反复学习有关社会生活最基本的信息，如年、月、日、气候、时间、地点、人物等，以此来强化老年人对现实生活的认知，尽可能地保持老年人在心智能力方面的主动性。

组员和适用范围：小组成员人数一般控制在5至7人，工作者选择成员时一定要注意老年人的残障程度，成员之间的身体状况不能有太大的差距。现实辨识小组一般是在护理院、医院或者是日间照料中心开展，其成员一般是有轻度到中度认知障碍的老年人。

社工角色：与老年人交谈时要真诚、尊重；适时地赞美和称赞老年人，着重在记忆力能力方面；及时地关注老年人的身体状况，发现老年人对治疗缺乏反应时，要根据实际情况适时地中止治疗活动，等情况好转再做调整；与老年人交谈时，工作者需要尽可能地语速缓慢、重复，并且语言清晰，还可以通过借助一些诸如白板、日历、时钟、照片等辅助工具来帮助老年人进行学习。

活动建议：用应季水果和蔬菜做菜；讨论时事新闻，如即将到来的选举、重要的本地新闻故事、重要的历史事件、纪念活动等；玩简单的互动性游戏；听音乐；用一次性成像胶片、录像机或数码相机拍照，让老年人马上看到结果（体验科学的魅力）；为节日开办主题晚会；在不同的季节外出散步，或者是寻找大自然留下的痕迹；放映老年人喜爱的老电影；在国庆节或新年观看焰火；坐车去本地社区游览，观看节日装饰；由健康照护人员或外请的专家做教育演讲。

（二）老年小组工作的常见主题

确定老年小组工作的主题是开展小组工作的前提，而不同目的的小组，其主题也不尽相同，并且主题的确定要综合考虑老年人生理、心理、情感、社交等方面的需要。老年小组工作的常见主题如下：

1. 生理和心理变化

老年期由于生理机能的退化、社会参与的减少带来的生理、心理和精神方面的需求，因此可通过组织社会心理、健康知识和照顾等教育活动的相互学习和谈论，来帮助克服身体和精神疾病所带来的忧虑，加强自我照顾的技巧；成员间的经验分享来缓解彼此间的内心抑郁，通过互相支持和鼓励加强彼此康复的动机与持久性。

2. 缅怀过去,生命历程回顾

通过让老年人缅怀过去,对过往生命中最重要的事件进行回顾,例如过去的成功的成就、生活经历等,引起老年人的共鸣,帮助老年人正视自己的过去,重新评估自己人生的成功与失败,调整自我认知,重新体会人生的意义。

3. 现代社会知识和技巧

社会日新月异的变化,科技的快速发展,老年人需要学习现代社会中的知识和技巧,如手机的使用,乘坐地铁、高铁等公共交通,以及电脑等电子设备;也可以通过与同伴的交往与他人交换观点,老年人可以保留他们的文化与价值观点,并能够融合那些与他们对现实社会生活看法相一致的现代社会观点。

4. 处理家庭关系

家庭是社会的一个基本单位,对于老年人来说,家庭成为他们最主要也是最重要的情感和精神寄托。老年人由于生理和心理功能的退化,往往会产生一些负面情绪,长此以往,家庭的和睦关系就会遭到破坏,给老年人本人及其家庭成员都会造成困扰。工作者应该协助老年人理解子女的工作压力,帮助家庭成员了解老年人由于生理和心理功能退化导致的情绪变化,鼓励家庭成员积极沟通,共同解决生活中遇到的问题。

5. 社区资源的利用

在老年人的服务中,社区资源的有效利用对工作者尤为重要。工作者可以通过小组活动,引导老年人认识社区中可利用的资源、服务,帮助老年人克服服务使用时的顾虑和恐惧。

6. 适应环境

老年人因身体机能的下降、社会参与的减少以及传统的安土重迁的思想,会害怕晚年生活环境发生变故,另外陌生的环境也会令老年人们感到自己控制环境的能力下降而无助。因此,老年人的生活需要随时进行调整和适应,包括日常生活、婚姻生活、家庭生活和社会生活。工作者需要为这些老年人建立和扩大其社会支援网络系统,减少不安感,帮助新进入社区的成员尽快融入社区,适应社区生活。

7. 闲暇与文化娱乐活动

老年人参加社会性和康乐性的团体交流和活动,可以帮助其重新定位自己的社会角色,并带来极大的满足感和成就感,重新找到适应社会生活的新方法。如参加根据不同的兴趣、爱好、生活习惯等特征自发组建的老年团体,以丰富老年人晚年生活为目的的老年娱乐团体,以及以增加老年人晚年生活知识和生活情趣为目的的老年大学等。工作者应根据老年人的兴趣、爱好为老年人组织丰富多彩的文娱活动。

8. 死亡

随着生命终期的到来,老年人会不自觉地对死亡有一种恐惧的心理,由于身体的衰弱、疾病的疼痛、对自己人生的遗憾和对亲属的留恋等,焦虑和不安也随之增加。在老年小组活动中,社工通过开展死亡教育,让老年成员们认识和讨论死亡,思考如何面对死亡前后的问题,也可以让老年成员互相交流自己对死亡的看法,鼓励他们说出自己的忧虑和不安,以摆脱对死亡的恐惧心理。工作者帮助老年成员们建立对死亡的正确观念与态度,即明白死亡是人类必然的经历，还可以帮助老年人总结自己一生的贡献，肯定自己存在的价值，积极地对待自己的余生，建立积极度过晚年的态度。

三、老年小组工作的原则

（一）与老年人建立相互信任的专业关系

与老年人建立相互信任的专业关系是小组活动顺利开展的前提和保证。因此，社会工作者在工作中必须设法取得老年人足够的信任，并辅之以必要的、适度的情感投入，充分理解老年人的独特感受，从而能够有效地协助老年人解决生活问题或提高生活质量。但值得注意的是，在开展服务活动过程中，助人的专业关系是一种融情感性和工具性于一体的混合关系，关系的建立是有目的的、专业的。社会工作者要始终以解决老年人的苦恼和促使老年人成长为中心，要避免出现移情或反移情现象。因此，社会工作者的情感介入要有一定限度，从而更有效地开展助人活动。

（二）在价值观上充分地尊重和接纳老年人

尊重和接纳老年人是小组工作的前提，包括尊重老年人的价值观、价值选择，承认老年人对社会的价值，接纳老年人独特的生理、心理及社会特点。要求老年社会工作者提供专业服务能够尊重老年人的价值，坚定助老信心，保持足够的耐心、积极倾听，主动开展服务。

（三）保障老年人自立和自决的权利

在老年小组工作中，老年社会工作者不能大包大揽替老年人做出决策，要尊重老年人的自立和自决的权利。"能够自己做决定"这个认知能有效地提升老年人对生活的满意度和对小组的认同。老年社会工作者应该相信老年人自身的能力，并通过增强老年人的自立能力，提高老年人的自信心，积极鼓励他们在可能的情况下自行做出选择和决定。

（四）坚持保密原则

在老年小组工作中须特别注意保密原则的重要性，特别是涉及老年人隐私的问题（例如慢性病、丧偶、生活不能自理等），要做好保密工作，以免给老年社会工作者、老年人以及组员的关系带来负面影响，并且要求组员要"小组中说的事留在小组中"，不能泄露其他老年人的个人隐私。

四、老年小组工作的功能

小组是一个社会的缩影，老年人参加小组活动，在小组中通过互相学习交往的方式解决问题、促进个人和社会的发展，主要体现在以下几点：

（一）传播信息，获得学习机会

小组通过老年人之间的交流和分享，传递信息，满足老年人的求知欲，了解信息的同时丰富了生活,激发老年人的生活热情。

(二) 灌输、植入希望,获得生活动力

老年社会工作者面临的最困难的任务之一就是让老年人参加个人和群体的活动。长期缺少社会接触会让老年人的交往能力受损,变得淡漠和了无生气,强化退缩倾向。通过老年小组活动,灌输和植入希望,激发老年人的生活热情,老年人通过小组组员的分享,习得有益经验,找到生活的乐趣和意义。

(三) 发现相同处境的人,分享经验,缓解情绪困扰,反思人生经历

相同处境的人分享生活中面临某些特定事件的经验,可以提供社会支持,帮助老年人更好地度过一些困境。负面人生经验的交流,可以使其他老年成员获得适应或应付的经验与方法并帮助具有负面人生经验的老年成员疏解情绪的困扰、反思自己的人生经历、调适未解决的问题;正向人生经验的交流可以使老年人建立新的自尊,重温人生的价值,从而获得积极人生的动力。

(四) 提供社会参与机会,扩展社会支持网络

通过参加小组活动,老年人不仅能够获得参与社会的机会,也可以获得心理上的支持以及其他资源的支持,这对于老年人适应晚年生活是非常重要的。

(五) 练习社交技巧,促进晚年生活更和谐健康

老年人在小组中,可以观察他人的交往表现,可以发现自己认同的交际风格,可以学习人际交往的知识和技巧。这些无疑能够发展老年人的社会交往能力,能够缓解老年人在人际交往中的困境,以便更好地和家人和朋友相处。

(六) 行为的改变和重塑

通过小组活动的展开,一方面可以是老年成员在一种安全的团体、支持性的环境中学习新的适应行为,以解决和处理在晚年生活中所遇到的各种新问题;另一方面可以学习其他组员积极乐观的生活态度,进而改变自己的行为。

(七) 获得归属感、满足感和角色感

老年人通过小组活动的开展,可以获得一种归属感、满足感和有意义的角色;通过小组活动,提供各种参与机会,帮助老年成员抵御由退休而带来的孤独感和失落感,扩展老年人的社会交际范围。

课堂练习

一、单项选择题

1. 针对某些老年人恐惧死亡、害怕死亡的心理状态,社会工作者可以为老年人开办( )主题的小组活动。
   A. 缅怀过去　　　　　　　　B. 学习现代社会知识
   C. 死亡教育　　　　　　　　D. 适应环境
2. 针对社区中患有慢性病的老年人,适合开展的小组类型是( )。
   A. 支持小组　　　　　　　　B. 治疗小组
   C. 现实辨识小组　　　　　　D. 社交和娱乐小组

二、多项选择题

1. 老年小组工作的功能包括( )。
   A. 让老年人发现相同处境的人　　B. 给老年人灌输希望
   C. 让老年人体验归属感　　　　　D. 为老年人传播信息
   E. 行为的改变和重塑
2. 老年小组工作的类型可以分为( )。
   A. 护老者小组　　　B. 社交康乐小组　　　C. 支持小组
   D. 服务小组　　　　E. 治疗小组

三、简答题

1. 简述老年小组工作的分类。
2. 简述老年小组工作的原则。
3. 简述老年小组工作的功能。

任务二　老年小组社会工作的模式

小组工作作为一种工作方法,由于不同类型的小组工作目标不同,介入领域、理论背景、实施原则和方法不同,小组工作在长期实践过程中形成了各种不同的实施模式。实施模式包括工作目标、实施原则和方式等,目前小组工作主要有四种实施模式,即社会目标模式、互动模式、治疗模式和发展模式,掌握这四个模式也能更好地引导老年社会工作者根据老年小组的不同情况,有针对性地采取不同的小组工作模式,解决实际问题。

一、社会目标模式

(一) 基本概述

社会目标模式源于小组工作的早期实践而逐步发展起来的。早期的社会工作学者柯义尔、凯瑟、克那普克、克根等人最早提出了这一模式的概念框架和主张。该模式认为老年人能够通过小组的力量达成社会目标,培养老年人的社会责任和认知,进而推动整个社会的变迁。

(二) 宗旨

注重的是小组社会责任和社会意识,强调培养公民的社会参与和社会行动。

(三) 理论假设

小组是一个具有共同发展目标的共同体。组员与小组之间、组员与组员之间的互动具有改变和发展的积极功能,通过小组的活动可以培养组员的社会责任、社会意识,提升他们的社会参与、社会行动的能力。

(四) 实施原则

(1) 注重培养提升组员的社会意识和社会责任。老年人都具有社会参与的动力和潜能,关键是通过小组与组员、组员之间的互动来激发这种动力和潜能,从而提升其社会意识和社会责任。特别关注特殊困难老年人,提升困难群体成员的社会意识、社会责任和社会参与能力。

(2) 发展组员的自我发展能力。帮助老年人提升他们建立和扩大社会资本、整合社会资源、参与和改变社会环境的能力。

(3) 培养小组领袖。培育有利于社区各方面发展所需的老年领袖人物,提升他们推动社区和社会变迁的意识与能力。

(4) 致力于小组工作目标与社区发展目标的一致性。针对社区老年人具体的需求和问题,吸引和选择合适的老年人参加小组活动,并结合上述需求和问题制定小组工作目标,设计小组工作计划。

(五) 社会工作者的角色

在该模式中,社会工作者的角色是使能者、促进者、影响者。工作者凭借自身的社会意识和社会责任感,鼓励小组内每一位老年人都承担起公民的责任,促进社会发展和社会变迁。

二、互动模式

(一) 基本概述

互动模式又称互惠模式,代表人物有施瓦茨、特罗普、克莱恩和戈罗夫等。该模式认为人与人之间、人与环境之间存在着一种有机的、系统的关系,小组与组员及社会环境之间也存在着一种相互影响的关系,通过小组的互动产生动力,来实现小组目标。这一模式在减轻老年人的孤独感、适应老年生活方面都有重要作用。

（二）宗旨

组员在互动中发掘自身潜能，增强社会功能、提升发展能力。

（三）理论假设

（1）个人与个人之间、个人与社会环境之间存在相互依赖的互动关系；

（2）小组能够帮助组员通过小组的互动，发掘组员的自身潜能，恢复和发展社会功能。

（四）实施原则

1. 开放性互动

互动模式下，老年人组员之间、组员与小组和社会系统之间是开放的、良性的互动。社会工作者采用示范、激励、开放性讨论、催化等工作技巧来促进小组的互动，提高互动质量。

2. 平等性互动

互动模式下，老年人和社会工作者是平等的关系，每个老年人都是独立的个体，通过与其他组员的沟通、理解、互动达成共识，共同实现小组的目标并由此获得老年人个人的发展。

3. 面对面互动

老年人之间、老年人和社会工作者之间通过面对面的沟通、协商、讨论，挖掘小组的正向动力，帮助老年人思考和解决自己的问题，并且整合小组自愿，实现老年个人和小组的发展目标。

（五）社会工作者的角色

在该模式中，小组工作者的角色是协调者，协调老年人组员之间、组员与小组以及工作者之间的互动关系，促进彼此的适应。

三、治疗模式

（一）概述

治疗模式也称成为康复模式，旨在治疗和解决个人的社会问题，改变个人的社会行为，代表人物有雷德尔和文特等。该模式认为小组工作的目标是通过小组经验来治疗个人心理、社会与文化的适应不良问题。该模式主要适用于亚健康老年人或者社会功能不全的老年人开展心理健康指导、行为偏差治疗等。

（二）宗旨

运用小组工作来改变个人的功能丧失和行为偏差，个人社会功能的恢复和行为的矫治。

(三) 理论假设

个人的社会适应不良和偏差行为可以通过小组的方式得到治疗和康复,习得适应社会生活的经验,获得自我的成长和发展,恢复和发展其社会功能,更好地融入社会生活。

(四) 实施原则

1. 综合性原则

社会工作者综合运用精神病学、心理学、社会工作方面的知识和实务技巧,明确治疗的方向,设计和开展特定老年小组治疗的计划并控制小组的发展。

2. 建构性原则

社会工作者带领老年人建构和发展社会性的治疗关系,并运用各种治疗方法,帮助老年人学习新的行为,适应新的社会关系网络。

3. 个别性与共同性相结合的原则

尊重老年人个体的差异性,为老年人制定个别性治疗计划,并寻找小组共同成长的目标,实施整体性的小组治疗计划。

(五) 社会工作者的角色

治疗模式中,社会工作者是中心位置,往往以专家、指导者的身份出现,主要是根据老年人的身心特点和困境来制定具体恰当的治疗方案,并控制小组的发展方向和进度。

四、发展模式

(一) 基本概述

发展模式也称过程模式,自 20 世纪 60 年代以来被小组工作广泛采用,代表人物有柯义尔、菲利普斯、伯恩斯坦、威尔逊和赖兰等。该模式强调的是如何挖掘老年人的潜力和能力,以及解决问题的方式。

(二) 宗旨

解决和预防服务对象社会功能的衰减问题,恢复和发展服务对象的社会功能。

(三) 理论假设

(1) 个人具有成长的可能性和潜能,个人有潜力做到自我意识、自我评价和自我实现;
(2) 个人能够意识到他人的价值、评价他人,并与他人形成互动;
(3) 个人能够意识到小组的情境,并在小组中采取行动。

(四) 实施原则

发展模式下的老年小组工作,鼓励老年人积极参与小组活动,积极表达自己并找出小组共同的兴趣和目标,形成积极的小组互助关系,促进组员和小组的共同成长。

1. 积极参与原则

鼓励老年人积极参与小组活动,并主动表达自己的困惑或者发展的建议,积极分享和学习自我发展的经验。

2. "使能者"原则

支持和帮助老年人通过各种活动相互关心、相互帮助和相互分享,发展认知,激发潜能,寻求解决问题的办法,整合社会资源及自我发展能力。

(五)社会工作者的角色

该模式中,社会工作者的角色是指导者、建议者,需要根据小组发展阶段的特点指导小组工作,根据新的情况修正小组的目标,理解老年人与小组的关系,并及时提出各种意见和建议。

课堂练习

一、单项选择题

1. 鼓励组员积极参与小组活动,积极表达自己并找出小组共同的兴趣和目标,形成积极的小组互助关系,促进组员和小组的共同成长。这是(　　)小组工作的特点。

  A. 社会目标模式　　　　　　B. 治疗模式

  C. 互动模式　　　　　　　　D. 发展模式

2. 关于小组工作互动模式的说法,正确的是(　　)。

  A. 聚集人的潜能,提升组员的社会功能

  B. 注重社会变迁,培养组员的社会责任

  C. 聚焦解决个人的社会适应问题,改变个人的社会行为

  D. 强调人与环境和人与人之间的关系,增强组员的社会交往能力

二、多项选择题

1. 常见的小组工作模式有(　　)。

  A. 社会目标模式　　　B. 治疗模式　　　　C. 互动模式

  D. 社会策划模式　　　E. 人本治疗模式

2. 社会工作者采用互动模式开展小组工作时,应遵循的实施原则包括(　　)。

  A. 开放性的互动　　　B. 平等性的互动　　　C. 选择性的互动

  D. 综合性的互动　　　E. "面对面"的互动

三、简答题

1. 简述社会目标模式的概念和应用。
2. 简述小组互动模式的概念和应用。

任务三　老年小组社会工作的基本程序和技巧

小组工作是一个动态的发展过程,依据其发展阶段,一般分为小组筹备阶段、小组开始阶段、小组转折阶段、小组成熟阶段、小组结束阶段五个阶段,下面分别对这几个阶段进行介绍和分析各阶段的基本程序和工作技巧。

一、小组筹备阶段

小组开始前的工作准备称为小组筹备阶段,此时社会工作者是初级角色,处于中心位置,小组筹备阶段要做的工作有很多,最重要的就是需求评估、目标确定、小组组合、成员的选择以及小组工作计划书等几个环节。

(一) 需求评估

1. 需求评估的含义

需求评估是小组工作的第一步,服务计划、服务方案、服务执行、服务成效都源于此,需求评估做不好,后续的服务就不可能做好。所以无论我们在哪种情况下开展小组工作,需求评估是第一步。需求评估就是对所要服务的老年人的情况进行资料收集、分析,确定其需求满足情况及其成因,并发现这些成因的可变性和可控性,形成暂时性评估结论,从而为后续老年小组工作计划的制订提供基础材料。

2. 需求评估的种类

需求评估分为对服务领域的宏观需求评估(服务对象群)和微观的服务对象个体的需求评估,宏观评估一般由老年社会工作者为老年人提供服务前完成;微观案主需求评估则由社会工作者在服务的过程完成,其中开展老年小组工作服务之前的需求评估属于宏观需求评估。

3. 需求评估的对象

需求评估首先要明确老年人是"社会人",多元身份、多维度多角度的需求,以及需求的复杂性和变动性。用"人在情境中"的视角下进行评估,既要评估老年人本身的需求,也要评估老年人所处的服务场域的状况。

4. 需求评估的范围

服务场域的需求评估:人口构成、地理位置、历史沿革、硬件资源、机关团体和社会组织、服务开展需要调动的各种资源等;老年人的需求的评估:包括一般需求(身体健康、个人发展、情感成熟、智力发展等),不同层次的需求(马斯洛的需求层次论),整体需求(生理、心理、社会综合考虑),特殊需求,社会需求等。

5. 需求评估的成效

标准需求:这种需求指的是社会工作者、主要信息提供者或社区专家都明白的状态、条件或环境,他们能够发现在现存服务和老年人群体需求之间存在的差异;感受到的需求:当老年人感觉到某些需要感受,也可能是基于客观事实而产生的感受,它反映了老年

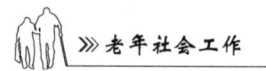

人接受服务的意愿;表达需求:老年人不仅仅感受到了自己存在着某方面的需求和期望,而且还将这种需求和期望表达出来;比较需求:这种需求的产生是基于与某种事物所作的比较。如果一些老年人获得了服务,但其他相似的老年人却没有得到同样的服务,后者知道了这些情况便会产生新的需要。

6. 需求评估的方法

小组需求评估实际上由资料收集、资料分析、介入干预计划三个步骤完成的,老年工作者可以运用多种方法来收集相关的资料,通过对这些资料的分析,明确什么是问题,什么是资源,什么是任务。以下介绍几种常用的需求评估的方法。

(1) 问卷调查法

问卷调查法就是以问卷的形式,有计划地选择调查对象,或者可以把总体作为一个调查单位。问题的结构形式多种多样,可以是开放式的、封闭式、强制性选择或优先性排列。

在实际的问卷调查实施工作中,面临着一个非常重要的问题,即怎样设计一份科学的调查问卷。因此,对于社会工作者来说,在设计问卷之前,必须明确要获得什么信息,并要将需要了解的信息细化为不同的维度和指标,变成问卷上的问题,帮助工作者了解想知道的信息。

(2) 访谈法

访谈法可以是正式的或非正式的,结构化的或非结构化的;可以在特定群体中使用,也可以在关注的人群中使用。在小组工作中,可以访问一些主要的人物,谈论他们对一些重要问题的认识和对各方面的需求。比如我们准备了解一下夕阳红老年院的老年人需求,可以问他们:

a. 您来老年院以后心情怎么样?
b. 老年院哪些地方让您觉得还算满意?哪些方面不满意?
c. 在老年院内有结交新朋友吗?认识了谈得来的朋友吗?
d. 您对哪些活动比较感兴趣,您自己的兴趣爱好有哪些?
e. 愿意和其他老年人一起交流分享吗?愿意帮助其他需要帮助的老年人吗?
f. 入住老年院后,你遇到哪些困难?需要工作人员或其他老年人来帮助吗?

(二) 目标确定

社会工作者找到服务对象的真实需求后,就必须将小组的目标加以概念化,也就是思考小组将协助组员达到什么目标,机构的目标是什么,工作者的目标是什么,三者之间有无矛盾。

社会工作者要将目标转化为明确的目的。何洁云指出:"目标往往是不明确和难以定义的描述,所以需要将小组目标转变为明确的目的,从而使每个人都有一个共同的理解。"

在此过程中需要遵循下列规则:

(1) 应内容明确,以使小组的成员能够清楚理解小组的目的;
(2) 应可度量,以促进对变化的测量以及此类的评估;
(3) 应明确时间,以使小组成员知道他们什么时候实现小组的目的;

(4) 应切合实际,以使其处于每个人的能力范围内;
(5) 应是相融的,以使目的之间没有冲突;
(6) 应是独立的,以使目的之间没有重复。

此外,根据伊根(Egan,1970)的理论,小组目标可以分为五大类:

(1) 协议目标:小组的总目标,是组员希望参与小组中能够达到个人目标的基本要求,不是具体目标。

(2) 沟通目标:小组的次目标,强调相互沟通,透过组员的自我剖析和彼此分享提供支持,为总目标服务。

(3) 过程目标:小组各个阶段的分目标。

(4) 实质目标:小组目标的范围和内容。实质目标是限制小组的功能,小组必须在这些目标范围内工作,不能超越范围。

(5) 需求目标:个别组员的特殊需求和个人想达到的目的。

确定目标的原则:

小组目标要具有弹性,因为小组是一个动态的发展过程,所以小组目标要随着小组的发展而不断进行修正;小组的目标要具体明确;小组的目标要连贯和可测量;小组目标要实际可行,要根据社会工作者的能力和小组成员的具体情况以及内外环境的情况而定;小组目标要符合成员的最终需要,即以老年人的需要为本。

(三) 小组组合

1. 小组的性质

(1) 同质性与异质性

小组的同质性与异质性是指小组成员在性格、教育程度、需求、成长经历、文化价值、经济社会地位等方面的差异程度。选择同质性或者异质性基于老年小组的类型、主题和目标。

同质性小组的优势在于成员能较快地认同他人,尤其在小组初期,能增强小组发展凝聚力,使成员可以较快地进入工作阶段,特别是对老年人来说,同质性高、需求层次相当,更利于活动的开展,一般老年兴趣小组、老年活动小组等都属于同质性较高的。但是,高度的同质性也有自己的弊端,小组成员认为他们彼此了解,从而缺乏挑战,易使治疗停留在表面的层次。

异质性小组的优势在于具有不同生活经验专业层次和适应模式的人参加小组,会增加小组的趣味性和创造性,促进小组过程;也可以提供不同角度的观点,还可以挑战成员从不同的角度去检查问题,做更积极的反思,一般老年学习小组、老年成长小组等、老年支持小组都属于异质性较高的。但异质性使成员一开始彼此缺乏了解,因而具有较多的防卫性,难以建立信任关系,一些老年人还可能因为早期挫折离开小组。

(2) 开放性和封闭性

所谓开放性小组,是指小组中的组员可以变动,为维持小组的大小,成员离开时,小组工作者可以安排其他成员来取代。开放性小组具有一些优势,它确保了小组在一个成员离开时,可以有另一个新成员取代,从而使小组能够长期存在,节约了重组小组的一些经济费用与筹划时间。其不足在于由于成员不断进出,小组的新成员与老成员之间必须不断建立新的人际关系,形成的新情境使老成员必须重新适应。但是很多情况下,开放式小组是主要的选择,特别是老年人基于身体、心理、场地等因素,例如在社区综合养老服务中心开展的小组工作往往都是采用的开放式小组。

所谓封闭性小组,是指小组从开始到结束都是相同的成员在一起。其优势在于成员之间的凝聚力、认同性和连续性、信任感均比开放性小组强,其缺点在于可能会因为成员的离开而使小组提前结束。一般在养老机构开展的老年治疗性小组、老年支持小组都是封闭性的。

(3) 志愿性和非志愿性

如果老年人自愿加入小组,其动机就是高的,认同小组目标的可能性也会大。反之,如是被迫加入小组,其动机就低,抗拒性较大,社会工作者必须付出很多的努力,鼓励老年人参加小组活动。老年人小组多采用志愿小组,以组员的需求和兴趣入手,招募组员开展活动。但是在活动中也要注意在小组中组员是相对自由的,要明确告知他们什么是能做的,什么是不能做的。

2. 小组的规模

小组的规模一般应依据小组目标、小组类型、探讨问题的性质、组员的成熟度、工作的经验、有无协同领导者等。有效的小组成员人数,以能帮助成员之间的足够互动,同时又不会多到让讨论无法有效开展,太过沉闷为极限。小组越大,则越困难、分享频率越低、组员的参与程度会降低;意见较易分歧,沟通也较不容易;往往会出现分化现象;小组的组织性较差,且较容易缺乏协调性。但是成员间互动关系相对会增加、紧张度变小、资源较为丰富、意见也越多;个人的匿名性增加,会感觉比较安全。小组越小,则会出现相反的状况,沟通品质与沟通量都会提高,组员较有满足感,也较易于达成共识且信息能够较自由地传递。但是组员过多的互动会导致冲突的发生,在容忍冲突方面会碰到困难,参考范围较为有限。

在确定小组规模时,应遵循以下几个原则:(1) 小组要能够围坐且成员之间能够看得到对方并能听得到对方的声音;(2) 小组大到使成员均能得到刺激,小到足够保证每位组员都能够参与和促进;(3) 小组小到能产生工作效果,大到被社会工作者掌握;(4) 当小组必须增大时,要将其结构分化,使每一个次结构仍有足够的参与,且小组成员必须容忍领导者取向;(5) 开放性小组可以不大重视小组成员的多少,但是封闭性小组的大小却一定要重视,以免因成员的流失而解散。

因此,小组不要太大,这样有利于实现目标,也不能太小,从而有利于组员获得足够的令人满意的经历。一般来说,小组规模在5~12人比较理想。5人的小组比较适合讨论,8人的小组最容易完成任务。治疗小组一般在5~7人;活动性、辅导性或教育性的小组规模则可稍大,保证每位组员都能够参与到小组活动中来。

3. 小组的时间

小组工作的时间一般包含4个方面的内容:

一是小组工作的期限。小组的期限受小组目标、类型、主题、成员的参与性、项目的性质、机构资源等多种因素而定。一般来讲,治疗小组的时间较长,而任务小组的时间较短。

二是小组聚会的频率。聚会的频率影响小组的互动深度,较高的聚会频率会增加组员的交往,增强组员之间的感情联系和对小组的归属感,但如果聚会过度也会引起组员的厌烦,导致组员流失及小组结构松散。较低的互动频率不利于组员之间深度交往和小组目标的实现。原则上讲,小组聚会频率以一周一次为宜。

三是聚会期的长短。每次聚会的时间以每个成员都能分享为原则,考虑到老年人的生理和心理状况,老年活动的时间不宜过长,一般以 40~60 分钟为宜,大型的社区活动也不宜超过 2 小时。

四是聚会的时间。选择聚会的时间段也很重要,一般要视小组组员的空闲时间而定,老年小组选择上午 9 点或者下午 2 点以后效果最好,要充分地考虑老年人的生活习惯,让老年人在安全舒适的环境下参加小组活动,效果更好。

4. 小组的空间

小组的空间是指小组的活动场地。在老年小组工作的筹备期,一些前期性的物资准备事宜也是很重要的,主要有以下三点:

(1) 小组活动场地的选择。活动场地及其环境的布置要有助于促进组员对小组的认同感,最好选择安全、安静、舒适的活动场地和环境,场地的大小要适宜,室内的场地要考虑大小、私密性、温度和湿度等因素,一般温度在 15°左右最合适。室外的场地要考虑安全、开放、无台阶的场地,防止老年人受伤。

(2) 活动所需的座位安排。为了方便小组组员之间的互动,座位安排最好是圆形的或者面对面的。

(3) 提前准备活动所需的其他设施和辅助材料,如纸、笔、黑板、游戏器材、道具、音响、张贴画、奖品等。

此外对小组过程中可能出现的意外情况要有充分估计,并做好完善的应急预案。

(四) 小组成员的确定

社会工作者选择何种类型小组开展工作,取决于即将参加小组的成员的问题和需求。因此在小组筹备期,社会工作者对课程参加小组的成员进行招募和遴选,并对他们的需求和问题进行全面的评估和考察。

1. 招募组员

一般小组组员的来源有通过互联网、社区宣传栏等宣传手段得知信息而主动报名参加的老年人,主动向机构求助的老年人,本机构服务的老年人,其他机构转介来的老年人等。

一般来说,社会工作者可以通过这样几种方式进行招募:通过大众传媒介绍,在社区张贴海报,或将介绍本小组的宣传材料放于老年人流量比较大的地方,由公众自由取阅等方式。如果是机构的话也可以直接推荐,社会工作者也可自己寻找。在进行宣传后,如果发现招募不到足够的参与者,社会工作者可以采取其他的方案,如直接致电招募对象,邀

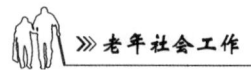

请他们参加,或者由同事、朋友帮忙寻找一些符合本小组要求的人来参加小组。不论通过哪种招募方式,招募书的内容应包含下面几个主要内容:

(1) 小组名称;
(2) 小组目标;
(3) 小组聚会的时间、地点、次数、频率、每次的持续时间;
(4) 招募对象、招募人数;
(5) 参加小组的费用及相关开支;
(6) 负责招募的机构名称、公章以及联络方式;
(7) 有关小组工作者资格与背景的说明;
(8) 其他相关注意事项。

2. 遴选组员

遴选组员的目的是为了澄清老年人对小组的认识,了解其人格特质及自我概念;协助社会工作者确定以后要探讨的主题和方向,帮助他们做更有益的选择。通过观察、面谈、电话会谈、与成员家属等相关人员见面等方法进行遴选和评估。

遴选的标准有:共同或相似的问题,共同的兴趣和期望,文化水平及对某些问题的认识,家庭状况,职业状况,对参加小组的要求以及其他需要了解的问题。

3. 确定组员

社会工作者按照老年小组的类型、特点及人数要求等,确定参加本小组的成员。帮助成员了解小组工作的目的和类型、小组工作的具体程序和项目以及须注意的事项。同时,社会工作者要鼓励他们将自己对于小组的期望表达出来。

(五) 小组工作计划书

在策划小组活动前,需要一份详细的书面小组工作计划书。一份可行的小组工作计划书能够清晰地展示小组的目标、步骤,明确小组的时间、费用、相关政策、效果评估等方面,并获得相应的批准和支持。

何云洁指出,小组工作计划书应该包括以下内容。

1. 小组名称以及主题
2. 小组的理念
(1) 小组的背景;
(2) 小组的理论或者框架概念。
3. 小组的目标,包括小组的总体目标、参加小组的老年人或其家属的目标、小组带领者的目标、服务机构的目标。
4. 组员
(1) 组员的特征(性别、年龄、教育背景等);
(2) 需要处理问题的范围(组员的问题、需要等)。
5. 小组的特征
(1) 性质(结构式或非结构式、开放式或封闭式、志愿性或非志愿性);

(2) 时间（持续时期、聚会频率、聚会的时间）；
(3) 小组规模、组合。
6. 明确的目的
7. 初拟的程序计划及日程（可采用表格的形式）
(1) 每次小组活动的计划草案；
(2) 程序活动；
(3) 日期、时间、活动地点；
(4) 活动的具体目的；
(5) 工作者的责任；
(6) 活动的准备；
(7) 所需器材；
(8) 每次聚会所需的资金。
8. 组员的招募计划
(1) 小组成员的来源；
(2) 宣传、招募方法；
(3) 招募时间。
9. 需要的资源（除资金外）
(1) 器材；
(2) 地点和设备；
(3) 人力资源；
(4) 特别项目；
(5) 有关人员。
10. 预料中的问题和应变计划
(1) 小组成员的问题；
(2) 小组工作者或机构的问题；
(3) 其他来源的问题。
11. 预算
(1) 程序、器材、交通等费用的总和；
(2) 是否对成员收费，费用多少。
12. 小组评估
(1) 评估范围；
(2) 评估方法和标准。

二、小组开始阶段

经过前期紧张的筹备，从小组第一次聚会开始，就进入了小组工作的开始阶段，这一阶段是小组组员之间、组员与社会工作者之间的关系建构，组员对小组产生认同的阶段，也是小组规范形成的阶段，尤为重要。

（一）小组的特点

在小组的开始阶段，老年人初入小组，这一阶段的组员具有明显心理和行为的矛盾，容易出现困惑和焦虑等情况。

1. 两极矛盾的心理与行为特征

组员新加入小组，既对小组充满好奇和期待，也希望与其他组员或社会工作者有良好的互动，但又有疑惑和焦虑。这种矛盾使得不少组员陷入对小组活动既投入又逃避的情感困境之中。

2. 谨慎与试探

大多数成员的行为相对拘谨，说话做事显得小心谨慎、客气、礼貌。他们会试探性的询问组员的姓名、居所、职业之类的，试探性地进行寒暄。

3. 沉默与被动

刚加入小组，组员不懂规范，怕出错，一般都会希望在别人说或做之后再被动跟进。由此，整个小组显得相对沉闷，不少组员会表现为沉默、进程缓慢、缺乏自发性和流畅性。

4. 对社会工作者的依赖性

初入小组，组员非常容易产生对社会工作者较强的遵从倾向。他们往往依赖社会工作者，视其为权威，以其为中心，和其他组员的交流不多。

（二）社会工作者的任务

在老年小组开始阶段，社会工作者的重点在于帮助小组组员之间建立信任关系。因此，社会工作者应重点做好下列几项工作。

1. 协助小组组员相互认识

在开始阶段，社会工作者可以根据组员的个性特征以及小组的类型，设计出有创意的打破僵局的各种破冰活动，使用一些游戏方法，帮助小组组员互相介绍，例如自己的名字、家乡、兴趣爱好、想在小组中收获什么，催化相互之间的互动。

2. 明确小组组员对小组目标的认识和互相期望。

小组一开始，社会工作者需要对小组的目标以及工作者在小组中的角色进行说明，要使大家清楚小组能够帮助他们实现什么样的目标，可以促进小组组员认识和互相接纳。

3. 保密原则和建立小组契约和规范

在小组开始阶段，社会工作者要与小组组员就保守秘密的问题进行讨论，这对小组组员与社会工作者之间建立专业关系都极为重要。通过讨论达成共识，设定保密标准。小组契约和规范则是社会工作者与组员之间共同协商小组程序和组员目标的过程，双方就具体的期望、责任和职责达成共识，可以采用书面或口头承诺的形式。

4. 营造良好小组信任氛围

小组组员的相互认识、订立小组契约和规范都是增加小组安全感和信任感的重要手段。社会工作者通过主动与组员沟通、创造机会让组员表达自己的真实想法、寻找组员间的相似性、无条件地接纳组员、认真倾听其他组员、帮助组员澄清期待等方式来营造良好的小组信任氛围。

(三) 社会工作者的角色

老年小组开始阶段,社会工作者处于中心位置,扮演了非常重要的角色,主要有以下3个角色。

1. 领导者

小组开始阶段,社会工作者处于核心位置,主要负责指导小组发展、制订小组活动计划、统筹小组活动具体程序。

2. 鼓励者

社会工作者要鼓励组员主动表达自己对小组和其他组员的各种期望,尽快适应小组。

3. 组织者

社会工作者要组织一些能够有助于组员之间相互了解的活动,促进组员之间尽快建立信任的专业关系。

(四) 工作技巧

小组开始阶段,社会工作者要运用一些工作技巧来帮助老年人相互认识、相互熟悉,尽快地融入小组中来,这些技巧也将贯穿小组工作的各个阶段。

1. 专注与倾听

专注与倾听能有效地传达对组员的尊重和接纳的信息。社会工作者要通过语言的和非语言的专注,鼓励组员自由、放松地表达自己的感受。社会工作者在倾听时,既要注意组员所说的重点,也要读懂其言语背后的信息。表达专注和倾听时,多使用一些肢体、面部表情等非语言沟通,既表明其对说话者的尊重、接纳与鼓励,也使说话者的注意力从社会工作者的身上移开,转而面向其他组员。社会工作者还可以使用眼睛来进行邀请和控制。

2. 适当自我表露

刚加入小组的老年人对小组是有怀疑和不信任的,社会工作者可以有选择地将亲身的经历、体会、态度和感受向组员坦白,向组员传递真诚,让组员感受到社会工作者的信任。通过这种信任关系情境的建构,促使组员也能够坦诚自己的问题和需要,从而使得社会工作者和组员双方在组员的问题及需求上达成共识,初步建立起好的信任关系。

3. 积极回应

社会工作者在组员介绍或者表达自己之后,要站在同理心的角度,向发言者表达对其发言的高度重视,认真了解和把握发言者的用意与感受,并伴以积极的回应。可以通过复述组员讲述的内容,让发言者感受到被理解和被重视。

4. 示范引导

在小组开始阶段,社会工作者可以采用自身示范的方式,引导组员了解小组的游戏或者活动,例如破冰游戏前为组员示范游戏的操作,以及提问的技巧和给予回馈的方式等。

三、小组转折阶段

小组经历了建立专业关系的开始阶段,接下来就进入小组的转折阶段,这一阶段老年小组成员的关系更加亲密,对小组有一定的认同感,小组规范形成,但是这一阶段小组的问题也逐渐呈现出来,小组内部的权力竞争也成为焦点。因此,社会工作者这一阶段的工作重点是,通过专业指导,协助组员处理组内的竞争和冲突关系,保持组员对小组整体目标的认识,促进小组内部的良性竞争,推动小组关系走向成熟。

(一) 小组的特点

1. 抗拒与防卫

这一阶段小组向前发展,老年人的关系逐渐亲密。一些组员既想表露真实的自己,又怕遭到伤害,用抗拒的方式来保护自己,如用缺席或者迟到的方式来保护自己。

2. 冲突

经过第一阶段的寒暄,老年人更希望表达真实的自己,相互表达不同的意见和看法,有时也会对别人批评和指责。一些组员可能会通过权力竞争来争取自己在小组中的位置。可能会产生批评与竞争,从而产生组员与工作者或组员之间的冲突。

3. 争夺权力与控制权

这一阶段,部分组员开始角逐组内地位,寻找自己的角色和位置,进行权力的斗争。有的组员专注于争取统治与控制权,甚至会与社会工作者产生权力上的矛盾。有些组员可能会因不能取得权力或在组内的焦虑太过强烈而要求变成替罪羔羊或者退出小组。

(二) 社会工作者的任务

社会工作者要清楚小组转换阶段组员的特点,谨慎处理自己的行为与言语,运用一些技术,恰当处理冲突与矛盾,促进彼此间信任关系的建立,使小组可以安稳迅速地经历转换阶段。

1. 处理抗拒和防卫行为

抗拒是老年小组过程中不可避免的现象,因此,社会工作者要帮助组员了解小组是分享和表达感受的重要场所。同时营造一种轻松开放的气氛,鼓励组员认识自己的焦虑、矛盾与挣扎,并协助其表达出来,并将之转化为建设性行为。

2. 协调和处理冲突

社会工作者要学习如何面对和处理小组的冲突,并协助组员让冲突成为他们正向成长的经验。帮助组员澄清冲突、增进小组组员对自我的理解,协助组员面对和解决由冲突带来的紧张情绪,重新调整小组规范和契约。

3. 保持组员对整体目标的意识

在转折阶段,老年人围绕个人目标的摩擦、争执和冲突,会取代小组的整体目标。因此,社会工作者需要经常以各种方式提醒组员保持对小组目标的意识,使得小组组员的个人目标与整体小组目标能保持一致。

4. 协助组员重新建构小组

在转折阶段，为了协助组员向着小组目标和既定方向改变，社会工作者需要协助组员重新建构小组，以组员为主导，社会工作者引导、协助和鼓励组员重构小组。

（三）社会工作者的角色

在小组转换阶段，社会工作者权力与地位逐渐向边缘位置转移，扮演的角色小组主要是协助者和引导者。在处理冲突过程中，社会工作者的角色不仅是充当工作者、辅导者，而且是调解人、支持者。

（四）工作技巧

1. 同理、接纳组员的抗拒心理

社会工作者要了解老年人负面情绪产生的背景、原因，给予足够的尊重、同理和接纳，鼓励组员认识自己的抗拒和焦虑心理，并协助其表达出来。

2. 处理和转化冲突

社会工作者要善于利用冲突，澄清冲突的本质。采用温暖和尊重，澄清、分享、公正规范、磋商来修正组员的价值观或者少数服从多数等工作者技巧来处理和转化冲突，使之转化成建设性行为。

四、小组成熟阶段

小组的成熟阶段也是小组的后期工作阶段。这个阶段，小组的关系结构稳定，小组活动运作状态良好，组员之间更愿意了解和被了解，更愿意接纳他人，更愿意相互合作、相互支持、相互肯定，提出的建议或计划也更加现实。所有这些都标志着小组进入了良性的成熟阶段。

（一）小组的特点

小组成熟阶段是老年小组工作的理想阶段。这一阶段。组员紧密地联合与互动，达成共识，能更顺畅和更有效地开展活动。小组的特点主要如下：

1. 小组的凝聚力增强

小组凝聚力包括小组的吸引力、归属感等。在小组成熟阶段，组员对小组有较高的归属感，组员间善于接纳和沟通，小组的沟通更加顺畅，组员愿意承担更多的职责和任务，小组凝聚力达到最高点。

2. 小组组员的亲密程度更高

在小组成熟阶段，组员之间、组员与小组之间的关系更亲密，对社会工作者的依赖降到最低，组员间自由地自我表露，分享各自的经验、知识与技能，彼此交流与合作，小组互助网络形成。小组内部也会出现次小组，在大多情况下，这类次小组仅仅表现为互动和相互关怀的差异。

3. 小组的关系结构比较稳定

这一阶段,小组的关系结构已经形成,小组的决策机制基本成型,小组的权力结构基本稳定,小组的领导、次小组的领导已被组员认同,不会再有权力与控制之争。

(二) 社会工作者的任务

这一阶段,老年小组工作的主要目的是保持小组凝聚力,协助组员解决问题。

1. 促进老年人积极沟通,维持小组的良好互动

这一阶段,老年人通过积极的沟通,形成一套良好的互动模式。社会工作者应该协助维持这一良好的互动模式,并使组员的行为与互动更为有效。

2. 协助老年人从小组中获得认知和行为的改变,达到小组的共同目标

社会工作者要协助和鼓励老年人进一步地自我表露,更深地自我探索,以获得更深的自我认识,并将这种认知转化为实际的行动,解决个人的问题,最终实现小组的共同目标。

(三) 社会工作者的角色

这一阶段,社会工作者的地位降到最低,组员与社会工作者的地位逐渐接近甚至成为一个"同行者"或者"旁观者"。社会工作者在此阶段的责任和角色主要如下。

1. 资源协调者

社会工作者要根据老年小组活动及组员的需要,做好资源的提供及协调工作,以便老年人自己整合和运用好这些资源。

2. 促进者

社会工作者促使老年人发挥他们自身的能力,并通过自己的努力满足组员的需要,达到老年人要实现的目标。

3. 引导、支持者

社会工作者需要引导和协助老年人进一步认识自己、重建认知,引导组员把获得的领悟和认知具体化为行为。

(四) 工作技巧

1. 增权

这一阶段,社会工作者可以帮助老年人增权,让老年人全身心地投入小组工作。让组员明白,社会工作者相信他们是有能力的,以增强组员实现小组目标的决心。

2. 引导

这一阶段,老年人是小组的核心,社会工作者引导老年小组讨论的重点、程序和方向,向组员提出原则性的建议,帮助他们揭开困惑和疑问。

3. 支持

这一阶段,社会工作者要鼓励组员大胆发言和表达自我,特别是对不善于表达的老年人,鼓励其表达自己的看法。同时,社会工作者也应鼓励小组自我管理和自我约束。

五、小组结束阶段

小组结束阶段是小组的完结期,也是小组的最后阶段。不过这个阶段既是指小组最后结束的动态时期及过程,如最后一次聚会或活动,也包括社会工作者在小组结束后对一些组员的跟进服务。

(一) 小组的特点

在老年小组结束阶段,组员会经历一系列的情绪和感觉的变化,小组结构也随之发生变化,主要有以下几个特点:

1. 离别情绪

经过前几个阶段,老年人相互之间已建立起密切的、支持性的组内人际关系。组员会产生正面或者负面的离别情绪,如在小组中实现目标则会产生一种能力感和有用感。反之则有可能会产生焦虑、逃避和退化等行为。

2. 小组关系结构的弱化

由于老年人知道小组即将结束,小组规范对一些组员的约束力、影响力开始减弱,呈现出松散状态,互动频率和强度相对降低。这时有些组员开始情绪转移,向外寻找新资源以适应实际生活;有的组员则因害怕小组结束对自己的伤害,提早离组或减少对小组的感情投入。

(二) 社会工作者的任务

在结束阶段,社会工作者的任务主要是处理好组员的离别情绪,帮助组员整合学习效果,并把小组经验用到组员的日常生活中,以及评估项目的效果。

1. 处理组员的离别情绪

社会工作者要在小组结束前的几次聚会中告知组员小组结束的日期,让组员做好心理准备,逐渐接受离开小组的事实。处理好组员离别的情绪,帮助组员继续保持他们在小组中获得的经验和改变,帮助组员认识到分离带来的正面感受,让他们看到小组给予他们的经验的重要意义。

2. 巩固和保持小组经验

在老年小组结束的阶段,社会工作者应该让组员树立信心并鼓励其独立,协助组员制订将来的计划,以适应现实的生活。必要时,社会工作者可以帮助老年人寻求进一步的帮助和支持,如家庭成员或其他照顾者给予的支持和帮助。

3. 做好小组评估

小组评估贯穿于老年小组工作的整个过程。结束阶段对小组的评估主要为了检验社会工作者所付出的努力和整体工作效果。包括社会工作者自评、组员自评和观察人员或督导的评估。

(三) 社会工作者的角色

在小组结束阶段,社会工作者的角色又回到了小组的中心位置。帮助小组组员更好地离开,以及评估小组工作的成效。因此,这一阶段社会工作者的责任和角色主要如下。

1. 引导者

在小组结束阶段,社会工作者要帮助老年人处理好组员的离别情绪,给予适当的接纳与支持,引导他们做好情绪表达和学习如何处理离别方面的问题。

2. 领导者

社会工作者要领导和规划好小组结束期的活动,协助小组组员完成理想的结束过程。

3. 评估者

小组结束阶段,社会工作者要担当小组评估者的角色,评估小组工作的成效、小组的改变情况和不足之处。

(四) 工作技巧

老年小组结束阶段是小组的最后一个阶段,小组工作的核心就是巩固小组工作成果,强化小组经验,处理离别情绪,主要用到以下工作技巧:

1. 讨论结束的技巧

小组工作进入最后阶段,社会工作者要提前告知并和组员商议小组工作者的技术,帮助组员回顾和梳理他们在小组中获得的成长和收获,并通过小组评估的方法巩固,对目标完成的情况进行总结和评估。

2. 处理离别情绪的技巧

对于在小组结束阶段组员的离别情绪,如愤怒、否定、讨价还价、沮丧和行为倒退。社会工作者要理解和尊重组员的负面感受,协助组员尽情抒发离别情绪和感受,处理离别带来的心理冲突,学会正确面对亲密关系的分离。

3. 强化组员的经验,为走进现实生活准备

社会工作者通过角色模拟、讨论等技巧帮助组员巩固小组学习的经验成果,并且帮助组员制定离组后的计划、鼓励组员建立个人社会支持网络,保持个人的持续成长。

4. 小组评估的技巧

社会工作者采用问卷、量表等效果评估的方式对老年小组进行全面客观的评估。既能了解小组目标的达成情况,又能为以后的小组工作提供经验。常用的方法有:小组满意度表、小组感受卡、小组工作技巧记录表、组员自评报告、小组结束后的跟进访谈等。

 课堂练习

一、单项选择题

1. 在小组成熟期应该形成的沟通状态模式是( )。
   A. 理想的沟通 B. 控制的领导者
   C. 刻板的沟通 D. 无反应沟通

2. 社会工作者小王组建了一个面向独居老年人的支持小组。在小组活动中,小王发现刘大爷因受到其他组员的言语攻击而烦躁不安。此时,小王首先应该做的是( )。

A. 由刘大爷决定小组是否继续

B. 请刘大爷想想不被组员接纳的原因

C. 要求所有组员遵守保密原则,对组外保密

D. 调节组员间的冲突,保护刘大爷免受伤害

3. 在小组工作的结束阶段,社会工作者的任务主要是( )。

A. 促使认知转化为行动　　　　B. 深度剖析、探索自我

C. 处理离别情绪、保持小组经验　D. 确立合理目标、解决问题

二、多项选择题

1. 小组的组成应该考虑的因素包括( )。

A. 年龄　　　　B. 性别　　　　C. 成员行为

D. 问题性质　　E. 机构目标

2. 在制定小组规范时,需要遵循的原则主要有( )。

A. 开放　　　　B. 平等　　　　C. 尊重

D. 保密　　　　E. 非批评和团结合作

3. 安排和设计小组活动是小组工作的一个重要环节,社会工作者根据报名对象的年龄、性别、教育、职业等特点,设计具有针对性的活动。在老年小组工作开始阶段,社会工作者设计活动的重点是引导组员( )。

A. 相互介绍　　B. 学会容忍　　C. 换位思考

D. 消除紧张情绪　E. 对整体的目标意识

4. 在小组工作成熟阶段,社会工作者介入的焦点在于( )。

A. 了解潜在组员的需求

B. 增进组员的自我了解

C. 处理小组目标与组员个人期望之间的差异

D. 解决组员之间的冲突

E. 巩固组员在小组中获得的转变

三、简答题

1. 老年小组工作的基本程序是什么?
2. 在带领老年康乐小组时,社会工作者应该采取怎样的工作技巧?

延伸阅读

"岁月如歌"——老年缅怀小组

一、小组的背景

通过调查了解,某社区现有60岁以上老年人300人,其中很大一部分老年人丧偶,儿孙忙于工作大都不在身边,老年人大都情绪低落。一位老人告诉社会工作者,老伴过世后,自己就不高兴了,经常想念老伴。另外,社会工作者还了解到,这些老年人有一个共同

特征,就是老伴过世后自己一人就不愿意出门了,经常自己把自己关在家里,他们知道这样不好,但没有办法。

根据世界卫生组织的定义,全人健康的定义包括三方面:生理、社交及心理。该社区的老年人在生理方面的问题是部分老年人整天坐在沙发上看电视,除了上厕所及午膳外,基本不会离开沙发,显然,他们没有足够的运动量;社交方面,有些老年人的社交圈子狭窄,不愿意结识新的朋友;心理方面,部分老年人存有较负面的情绪,例如他们会认为自己年纪大了,一无是处。

正因如此,社会工作者拟建立老年缅怀小组,邀请此类老年人群体,通过缅怀往事增强老年人的幸福感、扩大其社交网络。

二、小组理论

(一)埃里克森的生命周期理论

埃里克森的生命周期理论将人格的发展分为八个时期,认为每个时期都有一个独特的发展任务。如果外在环境有利于个体顺利实现这一发展任务,则人格就会健康发展。反之,如果外在环境妨碍了个体实现这一发展任务,则个体就会出现发展"危机",形成不良人格,并妨碍后来各时期人格的健康发展。老年期(60岁以后)的发展任务是力求对一生的回顾有满意之感,这一个阶段的任务是解决自我整合与自我绝望的问题。要解决这一问题,老年人需要回顾自己的生活,重新面对和整理自己的人生经历,得出成就感和人生意义,提升个人价值。通过有目的、有引导的治疗性质的缅怀往事,可以给老年人的情绪、自我形象、认知能力带来正面的影响,也可以促进老年人社交积极性、增强自信心、提升生活满意度、疏解忧伤等,从而避免老年人感到自我绝望。

(二)马斯洛需求理论

马斯洛认为,人类的需要是分层次的,由低到高。它们是生理需求、安全需求、社交需求、尊重需求、自我实现需求。根据马斯洛的需求层次论,如果个人生理和安全的需要都得到满足了。那么就会出现感情、友谊和归宿的需要,如渴望父母、朋友、同学等对其表现爱护和关怀、温暖、信任、友谊等。他们还渴望自己有所归属,被人认同和承认,成为集体中的一员。老年人也不例外,他们同样也需要这些。开展小组就是希望老年人能够通过小组的形式使他们获得社交需要和尊重需要的满足,并通过组员间的信任支援和相互学习,使他们获得发掘潜能的契机,积极与他人接触,建立社会支持网络。

本次缅怀治疗小组旨在帮助老年人重整生活经验,改善当前的情绪状态,提升应对困难的能力和信心,建立同龄支持网络。

三、小组目标

(一)总体目标

为有需要的老年人提供一个沟通交流的平台,使得他们在小组内得以释放自己内心的不愉快情绪,树立正确看待生活的信心。通过缅怀往事,重建老年人对生活的希望,拥有一个健康多彩的晚年生活。

（二）具体目标

1. 协助老年人缓解情绪上的困扰，重拾自我的观念。
2. 通过缅怀往事，让组员认同其成就，建立自尊和自信。
3. 鼓励老年人开放自己，积极与他人接触，建立社会支持网络，以积极心态度过晚年生活。

四、小组特征

1. 小组成员：该社区 10 位退休老年人，生活能自理，健康状况尚可。
2. 小组性质：治疗性小组。
3. 聚会时间及次数：每周六下午 14：30～16：00，共 6 次。
4. 地点：社区老年活动中心、户外等。

五、招募及宣传

1. 主动拜访社区老年人；
2. 在社区内张贴海报；
3. 社区居委会的推荐。

六、具体活动安排

第一次活动：初相见

时间	目的	内容	所需物资
10 分钟	让组员及工作者相互认识	社会工作者自我介绍，欢迎致辞	
15 分钟	让组员了解小组活动的内容和形式	再播放一段活跃气氛的搞笑短片后，主持人澄清介绍小组目的、形式、内容	
30 分钟	让组员间相互认识，打破初期的沉默	老年人围坐成圈，采用"名字接龙"的方式，第一个组员介绍自己"我是XX"，下一个组员介绍"我是XX后面的YY"，依次类推	
25 分钟	增进小组的凝聚力与个体归属感。鼓励组员讨论出有益于小组的共同约定，并承诺遵守小组订的契约	介绍小组规范原则并邀请组员说出自己的意见建议，通过讨论后，工作者收集活动规范意见，待活动结束后整理，在下次活动之时公布整体的活动规范	笔、纸
10 分钟	对本次活动进行总结，并进行下次活动的安排	评估小组成效，工作者总结这次活动的成果，各小组成员分享在这一次活动中的感受，决定下一次的聚会时间	

第二次活动：忆童趣

时间	目的	内容	所需物资
5分钟	承上启下	回顾上次小组活动的内容，并介绍这次活动的目的及内容	
20分钟	分享童年及青少年时期的美好回忆	"百宝箱"：工作者拿出旧时玩具和物品，引起组员兴趣，激发组员对往事的回忆	"百宝箱"老年人旧时玩具和物品
20分钟	提高组员之间的交往与沟通水平，缓解不快情绪，重拾快乐与激情	每人可介绍一些自己童年时玩的游戏。缓解组员对童年不愉快经历回忆的伤感，组员们互相鼓励	
35分钟	通过老年人的手工制作，让组员充分体验孩提的快乐	手工制作：组员一起制作"沙包"强调组员的合作	布料、针线、玉米粒（沙包里材料）
10分钟	对本次活动进行总结，并进行下次活动的安排	评估小组成效，工作者总结这次活动的成果，各小组成员分享在这一次活动中的感受，决定下一次的聚会时间	

第三次活动：唱响晚年

时间	目的	内容	所需物资
10分钟	承上启下	回顾上次小组活动的内容，并介绍这次活动的目的及内容	
40分钟	让老年人回忆年轻时喜欢听的时歌曲	游戏规则：事先准备好20首老歌。把老年人分成两个组，主持人播放一小段时歌曲，以抢答的方式让各组成员抢答说出歌曲名。十首歌放完，计算成绩，答对最多组获胜，输的组为大家唱一首歌	音响设备
30分钟	通过前面的游戏，让老年人回忆曾经最喜欢的歌曲	每主持人对刚才的游戏做一个小总结。让成员轮流发言，每人限两分钟。说说曾陪伴他（她）度过一段岁月的老歌，并聊聊那首歌曲的小故事。（没有故事的可以只说歌曲，并给大家唱一小段）	
10分钟	对本次活动进行总结，并进行下次活动的安排	评估小组成效，工作者总结这次活动的成果，各小组成员分享在这一次活动中的感受，决定下一次的聚会时间	

第四次活动:新城旧貌

时间	目的	内容	所需物资
5分钟	承上启下	回顾上次小组活动的内容,并介绍这次活动的目的及内容	
75分钟	重温自己生活的历史背景和对自己的人生历程的影响。加强小组的讨论和分享	参观本地历史博物馆,重温老年人的时代	车辆、相机
10分钟	对本次活动进行总结,并进行下次活动的安排	评估小组成效,工作者总结这次活动的成果,各小组成员分享在这一次活动中的感受,决定下一次的聚会时间	

第五次活动:最美夕阳红

时间	目的	内容	所需物资
5分钟	承上启下	回顾上次小组活动的内容,并介绍这次活动的目的及内容	
35分钟	协助组员面对老年生活,增强自尊感;协助组员抒发自己晚年的生活需要,不压抑自己	"我的一天":组员介绍自己一天的生活安排,并讨论老年生活的需要	
40分钟	组员之间相互支持和鼓励	"优点轰炸":组员之间就这段时间的相处和了解,为其他组员找到一个优点,并告诉对方	
10分钟	对本次活动进行总结,并进行下次活动的安排	评估小组成效,工作者总结这次活动的成果,各小组成员分享在这一次活动中的感受,决定下一次的聚会时间	

第六次活动:老有所为

时间	目的	内容	所需物资
10分钟	处理离别情绪	总结整个小组过程,讨论个人变化和离别情绪	
35分钟	提高小组凝聚力,让组员意识到支持网络的重要性	游戏:请组员围坐一圈,双手与面前交叉,左手拿一个橘子,放在右手边组员的面前,右手配合左手边的组员剥开橘子,直至所有橘子被剥开。请组员分享自己的感想	橘子
40分钟	协助组员重整经验,计划未来,积极面对晚年生活	"我的愿望":每位组员写出自己在将来想做的几件事、自己未来计划并分享	纸、笔

(续表)

时间	目的	内容	所需物资
10分钟	让组员重温各节小组重点内容,巩固小组效果	与组员总结分享小组内容并分享参与小组的感受	
10分钟	处理离别情绪;评估小组成效	派发合影照片,引导组员自由交流;发放评估表	相机、评估表

七、预计困难和应对方法

(1) 实际招募的人数不够。社工可以发动社区居委会的力量,邀请社区居委会的工作人员帮助社工招募组员。

(2) 由于小组活动要进行几次,老年人如果参与度比较低的话,可能会影响小组的连贯性和完整性。可以送给老年人一些小礼物,以吸引他们继续参与活动。小组中可能有的老年人性格较内向,不爱说话,工作员要善于观察,给予积极的引导和鼓励。

(3) 使小组中的每个成员都能积极参与小组活动。同时对那些中途无故退出的组员要寻找原因,尽量让其参加,而那些中途要求参加的组员则耐心说服他们下次再来参加,并解释原因,望其理解。

八、评估方法

(1) 在小组进行过程中的观察及分析;

(2) 对出席率及参与、投入程度等做评估;

(3) 通过与组员的倾谈来知道他们对小组的感受和意见;

(4) 每次活动结束后都要填写小组记录表,进行自我评估;

(5) 制定评估量表,对服务对象进行评估调查(见附表)。

附表:"岁月如歌"——老年缅怀小组评估表

请回忆参与小组活动的情形,然后回答下列问题,并在相应的选项中划"√",您的答案将完全保密,谢谢合作!	非常同意	同意	一般	不同意	非常不同意
通过参加小组活动,我的自信心明显提高					
通过参加小组活动,我感受到了与别人分享带来的快乐					
通过参加小组活动,我的不愉快情绪消除了					
我很喜欢这个小组活动					
我很喜欢社工的工作方式					
你认为此次小组活动的哪些方面还需要改进?					

项目六
老年社区社会工作

  项目导学

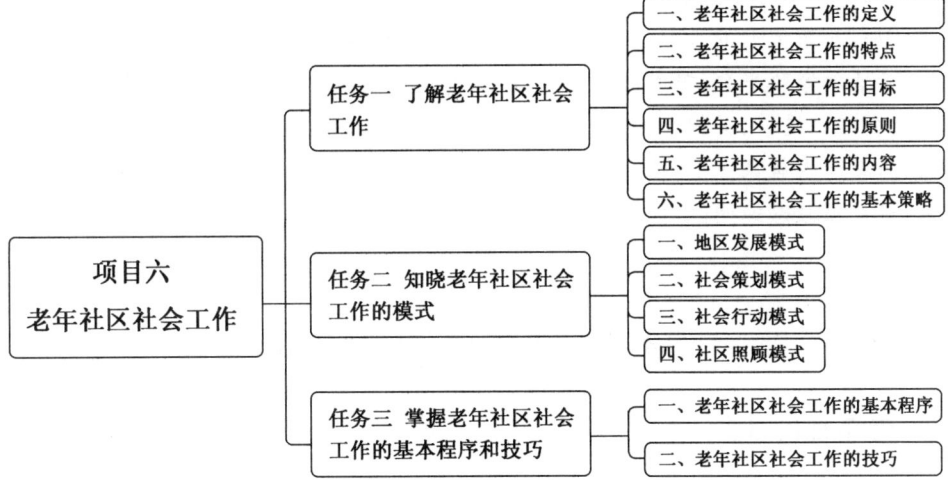

 **知识目标**

1. 了解老年社区社会工作的概念、特点、目标、原则；
2. 理解老年社区社会工作的内容和基本策略；
3. 掌握老年社区社会工作的四种模式的含义、基本假设、实施策略和适用的社区情境等；
4. 掌握老年社区社会工作的程序和技巧。

 **学习重难点**

重点：掌握老年社区社会工作的程序。
难点：根据社区情境，选择适用的社区工作模式。

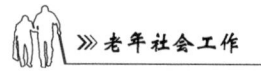

 情景导入

一、案例描述

2023年中国老年人数量已近3亿,与此同时独居孤寡空巢老人的数量正在以前所未有的速度迅速增长。目前数量已经超过1.3亿,独居老人所要面临的是更为严酷的独自生活状态、安全隐患、身体健康隐患以及精神层面的缺失。面对越来越多的独居孤寡空巢等困境的长者,社工该如何开展老年社区社会工作呢?

二、案例分析

有研究证明:孤独危害健康。有强烈孤独感的老人,生命可能会受其影响而缩短。该案例中,独居孤寡空巢老人有独自生活照料、健康问题、安全隐患、与人交往排解孤独感等方面的需求。社工可以组建志愿服务队,开展入户探访和陪伴等关爱独居孤寡空巢老人的志愿活动,排解他们的孤独、消极情绪,增强他们生活的信心,提升自我价值观和认同感;依托专业的家政平台,提供放心家政服务,解决孤寡空巢老人的生活照料问题;整合社区党团员、社工、民警、医护人员等专业资源,并结合智慧健康养老等APP的应用,关注老人健康、保障老人居家安全;根据老年人的喜好,开设兴趣班或组建老人社团,帮助老人丰富生活、排解孤独感的同时,挖掘自我潜能、感悟自我价值、提升幸福指数。

任务一 老年社区社会工作

一、老年社区社会工作的定义

老年社区社会工作是在社会工作伦理价值的指导下,以社区中的老年人为工作对象,通过发动和组织社区内老年居民参与集体活动,确定老年人在社区中的问题和需求,动员社区资源来预防和解决老年人问题,促进老年人的社区参与,改善老年人和社区的关系,培养老年人的自助互助精神,建立老年人对社区的归属感,提高老年人的社会福利水平和晚年生活质量的一种宏观层面的社会工作方法。

我们可以从以下几个方面深入理解这个概念:

(1)老年社区社会工作强调以社区为介入点,重视老年人与社区的关系,强调发掘老年人的潜能,鼓励老年人参与社区事务,改善社区生活。

(2)老年社区社会工作通过加强老年人的社区参与,体现老年人的价值,使得老年人在参与的过程降低孤独感和丧失感,建立积极的人生观。

(3)老年社区社会工作有助于把老年人的参与带到社区层面,通过组织老年人的集体参与,让他们发挥能力贡献社区,建立和完善积极的晚年形象。

二、老年社区社会工作的特点

(一) 分析视角注重结构取向,非个人取向

老年人问题的产生不完全是个人自身的原因,还与社区周围的环境、社会制度及整个社会有密切的关系。因此,社会工作者重点考虑社区环境及制度如何影响老年人的社会功能,如何限制老年人的能力,它的视角是结构取向的。

(二) 介入问题的层面更为宏观

社区工作方法认为解决老年人问题的责任不完全在老年人身上,政府、社区都有责任提供资源、协助处理和解决问题。因此,老年社区社会工作比较多地涉及社会层面,牵涉社会政策分析以及社会制度的改变,注重资源和权利的分配。

(三) 富有批判和反思精神

社区工作善于从社会结构、社会政策、制度和资源分配角度分析和处理老年人的问题,维护急剧社会变迁中被忽视的老年人群体的权利,并且试图从根本上找出问题的症结,由此引发对现存社会制度、结构和政策的反思,有时候采取多种行动为老年人争取合理的资源分配,具有一定的政治性。

三、老年社区社会工作的目标

老年社区社会工作的任务目标是通过提供服务解决一些特定的老年人问题,过程目标是为完成总体目标而做的提升老年人能力的具体工作。满足老年人的需要是老年社区社会工作目标的核心内容。具体来说,老年社区社会工作的目标包括以下几点:

(一) 降低老年人与社会的疏离,推动老年人的社会参与,促进自助与互助,增强归属感

社区工作方法强调以社区为服务对象。老年社区社会工作比较重视老年人与社区的关系,鼓励老年人参与社区事务,在参与过程中解决老年人的问题,促进老年人自助和相互关怀,减弱孤独感和丧失感,消除自卑、无能及无助的心态,调整或改善社会关系,增强归属感。

(二) 发挥老年人的潜能,善用社区资源,满足社区需求,巩固老年人的权益

社区工作方法注重服务对象权益及资源的争取。老年社区社会工作强调发掘老年人的潜能,更强调在服务过程中开展"充权"实践,促进服务对象自身的觉醒,提高老年人的社会意识,发掘并培养老年人领袖,使老年人改变其无权、无力的感觉,维护和巩固老年人的权益。

(三)改变社会上对老年人的负面形象认识,扩大老年人对社会与政治的影响力

社区工作方法多以社会制度、服务对象所处的环境因素为介入重点。老年社区社会工作通过组织老年人的集体参与,让他们发挥能力去贡献社区,体现老年人的价值,使社会对老年人有一个正确的认识,建立和完善积极老年的形象。同时,通过促进老年人与社会的接触,加强老年人对社会与政治的影响力。

四、老年社区社会工作的原则

社会工作作为一种专业工作方法,在实施过程中有着特定的原则。加深对老年社区社会工作基本原则的理解,可以使我们更好地为老年人服务,提高效率,实现社会公正。作为老年社会工作者,应该坚持以下原则。

(一)注重以老年人为中心的发展目标,给予老年人亲身参与的机会

为协助老年人改善自身的生活状况,凝聚老年人的集体力量,就要对老年人有全面、深入的认识和分析,根据老年人的共性,也考虑老年人的个性、爱好及能力差异,使老年人在亲身参与和实践中得到学习和改变。

(二)有足够的耐心发展老年人,给予老年人适当的支持和鼓励

社会参与对老年人会有比较高的要求,要相信老年人是有潜能和价值的;要有计划地将老年人的参与度逐步提升,强调转变的程度多于完全的改变;要关注、重视每一位老年人,发掘他们的参与潜能。

(三)积极正面地看待老年人的形象,发掘更多的社区资源

要尊重和接纳老年人,对老年人抱有积极、正面的印象,要与老年人建立一个相互支持、信任及平等的关系;要在不同群体中建立桥梁,发掘更多社区资源,争取更多的社会支持。

五、老年社区社会工作的内容

老年社区社会工作会根据老年人的问题和需求提供服务,包括对于经济困难、高龄、空巢等困境老年人的生活照料、紧急援助等社会性服务,也包括以提高老年人的生活质量为目的文化娱乐和权益保护类服务。许多老年人在退休以后还会产生出一些新的需要,如受教育的需要、人际交往的需要、参加志愿者服务于他人的需要、科学地充实闲暇生活的需要等,老年社区社会工作可以通过社区活动的方法,为老年人各种需要的满足提供切实的服务。

(一)生活照料服务

随着年龄的增长,老年人生活自理能力下降,对于生活照料、护理等方面的需求增多,

老年社区社会工作应该为需要帮助的老年人提供日常生活方面的实际协助。

(二) 紧急援助服务

空巢老年人由于支持体系不足,缺乏突发疾病或意外发生时的救治保障。老年社区社会工作应该注重为该类困境老年人提供紧急援助服务或帮助其建立社会支持系统以增加其与他人和社会的联系。

(三) 休闲娱乐服务

老年社区社会工作通过社区的老年人活动中心或老年文艺社团,组织老年人开展丰富多彩的休闲娱乐活动,包括文艺、美术、棋牌、健身、游艺、观看影视、参观游览等。

(四) 权益保护服务

老年社区社会工作通过为权益受到侵害的老年人提供法律咨询、调解纠纷等服务,保护老年人的合法权益。

(五) 教育发展服务

老年社区社会工作通过开展讲座、老年大学等有教育作用的活动,让老年人获得新的知识与技能,增强个人能力,预防生理、心理和社会功能的迅速退化,发挥老年人的潜能。

(六) 自助互助服务

老年社区社会工作通过调动社区中的老年人资源,让老年人发挥余热,各展所长,参与社区公益活动,开展自助和互助服务。

六、老年社区社会工作的基本策略

(一) 加强老年人对社区的认识,鼓励老年人参与社区活动,实现老有所乐

要加强老年人与社区的联系,增进老年人的社区参与,首先要做的工作是让老年人对居住地有足够的认识。在社区活动中心、老年人之家的服务中,可安排老年人进行社区探访活动;可以策划一些认识社区及搜集社区资料的比赛活动,让老年人多关注身边的事物;在社区的宣传栏里,可以专门开辟一块"社区新闻栏"或"时事栏",将社区发生的最新新闻张贴,让老年人定期阅读;可以结合春节、元宵、端午、中秋等传统节日,多举办各种富有社区气氛的活动;可以主动邀请一些组织和单位到社区与老年人一起开展活动,也可以鼓励和带领老年人主动参加其他机构或团体的活动,即使有些活动不一定是专门为老年人组织的,工作人员也可以带动老年人作为普通居民去参加,让老年人多与社区人士接触,从而让大家认识到老年人是社区中的一个重要群体,社区活动不能忽略老年人参与的需要。工作人员鼓励老年人参与到这些活动中来,也可以发挥老年人各自的特长。

（二）促进老年人的自助及互助能力，提升老年人自信心

社区工作经常推行自助及互助计划，以加强居民的自助能力，鼓励居民的守望相助精神。老年人有丰富的人生经验和工作经验，是十分宝贵的人类资源。我们可以鼓励老年人参与活动的策划及组织工作，如活动的宣传、制作游戏物品、布置场地、准备节目，甚至活动的主持等，还应鼓励老年人善用闲暇，根据老年人各自的特点，发动老年人的互助服务，例如理发、教书法、唱歌、跳舞或乐器等。只要社会工作者能有意识地去引导和支持老年人们活动，老年人们的参与意识会更好地发挥出来。

（三）发展、培养老年志愿者，实现老有所为

发展、培养老年志愿者是社区社会工作者的一项重要的工作。志愿者可以参与社区内一些义务工作，可以协助老年人成立志愿者小组，协助维护社区的治安、社区活动的策划和组织、低龄老年人志愿服务高龄老年人等；志愿者还可以成为老年人群与社会工作者的沟通桥梁，使社会工作者能更多地了解老年人的需要及对服务的意见，也能加深老年人对社区的归属感，使他们感受到被尊重和有能力参与。第一，社会工作者应向老年人解释什么是志愿者，参加志愿者小组有什么好处，再主动邀请老年人成为志愿者；第二，社会工作者最好能身体力行，经常与老年人们一起工作，这样更有利于建立平等、合作的关系；第三，社会工作者对老年人的贡献和付出，要经常加以鼓励，利用媒体宣传、赞扬或颁发证书等方式给予认可；第四，社会工作者要建立起志愿者管理制度，加强对志愿者的培训，为志愿者提供更多的资源和良好的社会环境，鼓励老年人朝着自主自决的方向发展。

（四）成立老年人组织，发动老年人关注社区事务，建立积极的晚年形象

老年人对社区事务并不是完全冷漠的，他们对与其有切身关系的问题会有自己的看法，只是我们的社区社会工作者没有去重视他们的意见，甚至有的意见反映到社区以后，社区没有回应，挫伤了他们的积极性。在老年社区社会工作中，社会工作者可以引导社区的老年人成立老年人协会或小组，给老年人机会，鼓励及引导他们去关注社区事务。

（五）向老年人灌输权益的意识，使老年人权益深入人心

社区工作特别强调服务对象意识的提升。我们不能只为老年人解决问题，而忽略了老年人对自己权益的认识及觉醒。老年人自身权益意识的提高是维护老年人权益的关键。很多时候，老年人的权益意识十分淡薄，不知道自己应该有些什么权益，更不知道怎么样去维护自己的权益。政府、社会对老年人的一些免费、优先政策，一些老年人福利制度的实施，他们可能认为是决策者和社会的善心赐予，而不会认为这是他们应当拥有的权利。因此，社会工作者要不断地向老年人灌输权利意识。社会工作者也要让老年人明自争取更多话语权、参与权和决策权的重要性，要帮助老年人逐步消除消极的形象，让他们肯定自身的价值，提升自信心和权益意识。要多举办有关老年人权益的讲座、讨论等活动，进行老年人权益的宣传，使社会大众了解老年人曾经对社会做出的贡献，使大家明白

老年人应该得到社会的照顾,老年人所要求的是应得的权利,而不是乞求社会的怜悯,从而使全社会了解老年人权益,自觉维护老年人权益。

(六) 对社区老年人提供训练,培养社区老年领袖

社区工作最重要的精髓在于推动社区内居民的参与、培养社区领袖和发掘人力资源。老年人有条件去学习新事物,有领袖才能有待发挥。社区中培养老年人领袖往往更容易与社区中的其他老年人交流。老年人具备成为社区领袖的优势如下:大多数老年人有与他人特别是同辈的老年人交往的意愿,他们害怕孤独寂寞,热爱群体性活动;老年人们大多和蔼可亲,容易让人产生信赖感,易于与别人建立良好的关系;老年人辛勤忙碌了一辈子,也接受了各种各样的磨难,有一种坚韧不拔的精神;许多老年人比年轻人更热心,对于社区内有困难的人往往报以更大的热情;老年人有丰富的人生经验和工作经验,也有更多的闲暇时间在社区内度过。所以,老年人更具备一个好的社区领袖的多重特质,经过一定的培训,一些老年人将会成为优秀的社区领袖,成为社会工作者的得力助手。

课堂练习

一、单选题

1. 在社区工作过程中,社会工作者关注社会变迁中困难群体被忽视的权利,注重从现存社会结构、社会制度和社会政策等方面寻找问题的症结。这体现了社区工作的特点是(　　)。

　　A. 富有批判反思　　　　B. 推动社会行动
　　C. 提高社区意识　　　　D. 培养社区关怀

2. 社区工作的主要内容之一是动员群众。下列社会工作者动员群众的做法中正确的是(　　)。

　　A. 适当夸大参与的成效,以吸引群众参与
　　B. 热情邀请,使被动员群众难以拒绝
　　C. 了解群众的真实想法,创造适当的参与机会
　　D. 与意见不同的群众辩论,说服他们参与社区事务

3. 社会工作者小魏面向本社区的商户开展了一系列宣传工作,动员他们为社区内行动不便的老年居民提供上门服务。小魏的做法体现出的社区工作的具体目标是(　　)。

　　A. 培养民主精神　　　　B. 尊重社区自决
　　C. 善用社区资源　　　　D. 提高居民能力

二、判断题

1. 老年社区社会工作的分析视角注重个人取向。　　　　　　　　　　　(　　)

2. 老年社区社会工作会根据老年人的问题和需求提供服务,包括对于经济困难、高龄、空巢等困境老年人的生活照料、紧急援助等社会性服务,也包括以提高老年人的生活质量为目的的文化娱乐和权益保护类服务,还包括根据老年人受教育的需要、人际交往的

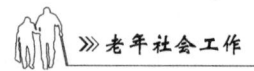

需要、参加志愿者服务于他人的需要等新的需求提供的服务。　　　　　　（　）

三、简答题

1. 老年社区社会工作的定义是什么？如何理解？
2. 老年社区社会工作的特点有哪些？

四、论述题

在老年社区社会工作中，培养老年人领袖的优势体现在哪些方面？

五、案例分析题

社会工作者小李在实施项目开展活动中发现，社区的很多老年人都乐意参与助人类的志愿服务，通过参与此类社区事务，老年人的成就感大大增强。如参与小区的治安保卫服务、环境维护服务、高龄空巢老年人探访服务、小学生托管服务等。

请归纳老年社区社会工作的目标和原则。

任务二　老年社区社会工作的模式

社区工作的基本模式是社会工作者在不同的社区情境中，通常采用的解决问题的基本方法。老年社区社会工作的常用模式有地区发展模式、社会策划模式、社会行动模式和社区照顾模式四种。在实际工作中，社会工作者往往根据实施的场合不同选择其中之一，或者混合使用几种模式为老年人服务。

一、地区发展模式

（一）含义

地区发展模式是一种强调居民的参与、合作，集体组织起来控制、利用社区资源、解决社区问题、满足社区福利需求，增强社区凝聚力和归属感的社区工作模式。

该模式强调在一个较大的社区范围内鼓励社区居民通过自助或互助的方式，广泛参与社区事务、解决社区问题、推动社区发展，包含三方面的意义：一是强调是一种以地区为基础的经济、社会、文化等实质内容的发展；二是强调是一种发展理念，促进当地居民的需求与当地的资源、环境和人口的协调和可持续发展；三是强调是一种社会工作的介入手法，推动社区居民自下而上的参与、合作。

1. 地区发展模式的假设

作为一种社会工作的社区工作介入手法，地区发展模式主要有以下基本假设：

（1）关于个人的假设

传统社区中的密切交往关系逐渐消失，个人渐渐陷入冷漠、孤立、封闭的状态，缺乏主动参与社会公共事务的热情和动机，但是在地区发展模式看来，社区居民具有丰富的潜能，愿意参与社区事务，仅仅是能力没有得到充分开发。

（2）关于社会构成的假设

社会正在变得越来越丧失传统的以血缘和业缘关系为基础的自然联系，变成一种现代正式的工具,理性的、制度化的组织关系和市场交换关系逐渐取代自然联系以实现人与人之间的交往。社区居民对社区公共事务缺乏关心,居民间关系淡漠,也缺乏解决问题的能力。

(3) 关于行为动机的假设

个人的行为动机倾向于团结、合作,愿意沟通交往,参与民主讨论。地区发展模式认为,虽然个人行动理性是追求个人利益最大化,但是只要能在集体行动中兼顾个人需求,个体会在价值和情感层面上有参与社区活动的动机。

2. 主要服务内容

这一模式假设老年人在社会发展中显得越来越无助和软弱,个人和社区公共问题难以得到解决,因此需要社会工作者通过发动老年人广泛的参与社区事务,关注共同问题,培养自主能力,共同来决定行动方案,以达成老年人自助与互助以及解决老年人问题的目的。用这一模式指导和开展老年社区社会工作,首先可以考虑的服务内容是:发动社区内的老年人自助和互助、扶持老年人的志愿性合作、培养社区内老年人领袖以及开展老年教育工作。社会工作者的角色是使能者、教育者和中介者。

(二) 实施策略

地区发展模式主要是以过程目标为导向的,是一种组织的过程和教育的过程,是在建设当地社区经济、社会、基础设施中,在具体的项目建设中注重培养居民的自助合作态度。

地区发展模式的策略是以内部资源的动员、参与、行动为主,注重居民的组织教育,培养居民的发展项目的能力,发动、动员居民,广泛讨论、协商一致,自下而上地民主决定社区公共发展事务。具体措施有:立足社区基层群众公共利益的扩大,通过沟通、对话和讨论促使成立不同的居民小组;社区组织之间协商、妥协、合作;争取、团结和支持社区精英;争取、包容社区大众,并使其参与到发展项目中来;促进老年人的个人发展、邻里团结、社区教育,提供服务和发展资源等。

这个模式的策略主要集中于推动老年人的参与和互助合作,改善沟通和合作的渠道,更好地运用地区资源,解决现存的老年人问题。

(三) 评价

1. 优点

(1) 着重于建立社区自我发展的良性机制;

(2) 采用和谐渐进的工作手法,并强调老年人团体间的互助合作,因此可以营造互相关怀的社区氛围,也可以使社区老年人对社区产生归属感和认同感,减少社区疏离;

(3) 地区发展模式注重沟通与合作,尤其在社区共同问题的解决过程中,强调充分表达、交流分享、协商合作。在这一参与过程中,培养了社区内的组织和老年人寻求共识和协商共治的民主意识;

(4) 目标和工作手法的运用比较符合中国人的文化传统,可以有效地达到推动社区自助和解决社区问题的目标。

2. 缺点

（1）地区发展模式强调通过调动社区内部资源和居民的自助互助解决问题,而随着社区面对的问题越来越复杂,地区发展模式的方法无法有效解决整体资源分配不均和制度不合理产生的社区问题;

（2）老年社区社会工作中,地区发展模式假设社区老年人的利益是相容的,他们之间的矛盾可以通过沟通和合作化解。而现实中,不同的利益群体间可能会因为资源分配和立场的不同产生难以化解的矛盾。地区发展模式只能触及一些影响较小、无足轻重的问题,对于由基本矛盾引起的问题或者对老年人不同利益的调解常常显得无能为力;

（3）地区发展模式认同的社区居民广泛参与会花费过多的资源和时间,导致成本过高。

（四）适用的社区情境

地区发展模式比较适用于简单的社区,其适用的社区情境如下:居民背景比较一致;居民关系状况不佳,对社区中的其他居民不关心,对社区共同面临的问题不关心;社区政治情况比较稳定,居民信任政府;社区变迁比较缓慢等。

二、社会策划模式

（一）含义

策划是一种普遍使用的工作方法,它是在没有采取实际行动前所进行的计划工作,是把目前的情况和将来的理想进行连接的工作。策划涉及一系列行动的决定,包括人力、物力投入,工作方法和组织结构的选择等。

社会策划模式是在了解社区问题的基础上,依靠专家的意见和知识,通过理性、客观和系统化的分析,动员和分配资源,对解决社区问题的过程和方法进行计划的工作模式。该模式注重社会工作者以专家和权威的角色通过自上而下的策划和推动达成任务目标的实现。

1. 社会策划模式的假设

（1）关于个人的假设

社会策划模式认为人都是理性的,人是理性追求自我利益最大化的,人际关系一般都是理性选择的工具性交换关系。因此,人具有认识能力和能动实践能力,人会在价值、利益的诱导下,理性的追求个人、社会利益的最大化增长。

（2）关于社会构成的假设

社会策划模式认为社区或社会系统是建立在个人之上,而又相对客观、独立的一个系统,有自己的边界,有自己的平衡机制。当面临外部冲击的时候,系统会通过调整渐渐恢复平衡。该模式假设社会问题可以通过渐进的方式解决,承认人类的能力是有限的,不可能完全客观的应付复杂的社会问题,所以强调渐进式的策划。

（3）关于行为动机的假设

社会策划模式认为人必须进行规范化管理,才能带来社会的秩序和合力,否则人的理性自私的动机会带来社会的混乱和人际的冲突,甚至过激行为。社会策划模式崇尚理性的力量,强调在选择和决定时要有清晰的目标,运用连贯一致的决策标准,用客观存在的缘由和逻辑分析各个可行方案并估量其后果,最终做出理想的决定。

(4) 关于社区发展和变迁的假设

社会策划模式假设在一个复杂的社会环境下,要达到社区的变迁,必须依靠专业人员和专业技术,即专门的计划者通过技术的运作导致复杂的社区变迁。计划者设计各种计划与政策,并通过有效的方式加以执行,将各种服务输送给有需要的人群。

2. 主要服务方式

这一模式强调以理性的、谨慎的计划去控制社区变迁和利用可行的技术去解决具体的实质性的老年人问题。用这一模式指导开展老年社区社会工作,就是依仗各类专家运用技术能力的合作,了解社区内老年人的真实需要和各类问题,制订详细的解决老年人问题的方案和为老年人服务的计划,并以最有效的方法予以实施,以把各种服务输送给有需要的老年人。社会工作者的角色是技术专家和方案实施者。

(二) 实施策略

1. 明确组织的使命和目标

社会工作者一般都是社会服务组织的成员,其所服务的组织或机构,各自都有一套服务信念和使命,用来表示其存在的价值和提供服务的意义。明确服务使命可以鼓励工作人员认同,并指引他们认清工作的方向、范围、重要性和意义,指导其建立工作目标;组织的目标则指出了组织要解决的社会问题和所要满足的社会需求。

2. 分析环境和形势

社会工作者要收集环境发展趋势资料,了解对计划有影响力的人士和团体,分析他们的利益和需要、他们与计划的关系及对计划的期望和要求。此外,还需要考虑如何获得财政支持和人力支持,并预测整体环境的改变和变化趋势,了解计划将会面对的机会、竞争和障碍。

3. 社会工作者的自我评估

社会工作者要客观地认识到自身的能力,评估所在的社会服务组织相对于将要开展的计划的优势和劣势,认清自身的优势和不足,从而清楚地确定目标、界限和范围。

4. 界定和分析问题

社会工作者要寻找出社区问题存在的现状、特点、成因以及目前解决这些问题的方法的不足之处,具体包括了解受问题影响的人数、人群特征及居住区域以及社区问题的严重性、它对整体社会和经济造成的损失和社会由此付出的代价,并据此确认问题的严重程度,明确是否必须通过社会干预来加以解决。

5. 确定老年人的需要

需要是解决问题的方案所依据的标准,只有通过对需要的界定和评估,才能够明确需要在哪些方面做出努力。

评估需要的主要方法有:一是参与性方法,即由老年人参与确定需要;二是社会指标

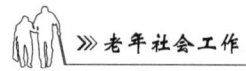

方法,即用社会或专业所认可的指标数字来推断出需要;三是服务使用情况方法,即通过目前使用的老年人的资料反映出需要的情况,如使用率等;四是社区调查方法,即通过问卷调查科学地了解老年人的需要。

6. 确定目标和达成目标的标准

目标代表了工作的方向和预期要达到理想效果。目标的建立要遵循以下原则:一是具体、可量度;二是有明确的服务对象;三是强调对服对象的改变;四是有达到目标的时间限制,有清楚的先后次序和重点效果目标;五是目标的建立应与社会工作者和社会服务组织的能力、资源、权利和责任相适应。

7. 比较并选择可行性方案

目标建立后,就需要列出所有能达到目标的可行性方案和策略,能够评估各个方案的收益与代价,掌握其效果和效率。在选择方案时,应充分考虑其可行性、效果和被接受的程度。可行性需要考虑经费来源、工作人员的能力等可能限制方案执行的因素;方案应大致可以保证目标的实现和达到预期的效果;其服务策略和技术是社会人士能够接纳并被认同为可以有效解决问题的方法。

8. 测试方案

可以通过推行一些实验性的工作,增强各界人士对服务的信心,在这一过程中计划也可能会因环境的变化进行修改。

9. 执行方案

在方案执行过程中经常会因为对问题了解的加深,而需要部分修改原来的目标和策略,所以方案也不是一成不变的,策划者和执行者之间的沟通是促使方案成功的重要因素。

10. 评估结果

评估和总结的工作并不一定要等到计划执行结束后才进行,评估设计也是策划的一部分工作。

(三) 评价

1. 优点

(1) 因为事先已经考虑清楚如何解决社区问题,加上社会工作者又拥有所需要的技术和能力,所以可以保证其所提供服务的质量;

(2) 社会策划模式比较注意专家的作用,因而使决策和行动都可以有更高的效率,可以满足老年人的即时需要。

2. 缺点

(1) 老年人的参与率低。首先,在服务目标方面,常常由社会工作者来确定什么是老年人的需要,可能不能真正代表老年人的心声;其次由于在决策过程中缺乏老年人的参与,专家提供的服务对老年人可能并不适用,降低了老年人对计划的兴趣和投入。

(2) 老年人对所提供的服务的依赖性上升,可能导致被动居民群体的出现。

(四) 适用的社区情境

社会策划模式适合于存在一种或多种严重问题且针对这些问题缺乏合理的方案和实

施能力的社区。

三、社会行动模式

(一) 含义

社会行动模式是组织社会上受到忽视、压迫或受政策不合理对待的低下层群体,通过集体行动,采用非正规的途径及较多运用冲突对峙的策略,争取第三者支持,以伸张居民权益,向当权者争取群体的本身利益,以期获得应得的资源,使社会权力、地位及资源得到合理的再分配,并在此过程中提升参与者的社会意识,改变他们的无能及无助感,形成更公平、更公正的社会氛围的社区社会工作模式。

1. 社会行动模式的假设

社会行动模式的基本假设是冲突假设。社会问题产生于冲突,利益被忽视及受到剥夺的弱势群体有权获得更符合社会公正和民主的资源及待遇,但是通过协商和正规途径不容易获得。社会行动模式的目的是达到制度的改变,是使权力、资源及决策权得到再分配,并影响基本政策的改变。

2. 主要服务方式

这一模式假设老年人群体处于无权无势的边缘地位,所以社会工作者就要把他们组织和动员起来,并根据社会正义和民主的理念,对整个社会提出正当的要求,如资源的增加和合理的对待。用这一模式指导和开展老年人社区社会工作,就是要充分地发动老年人,组织他们为寻求权力和资源的再分配而抗争,直至改变有关老年人的社会政策。社会工作者的角色是倡导者和行动者。

(二) 实施策略

社会行动的总目标是改变不公平的政策,实现一定程度的社会改革。其介入目标有时强调过程目标,有时强调任务目标。过程目标是提高自我意识和社会意识,认识团结的重要性;任务目标是争取权益及资源的重新分配。

老年人社会行动模式的介入策略包括以下几个阶段:酝酿期是工作者觉察老年人对某些问题特别关切;宣传组织期是以这些问题为中心,发动老年人参与及商讨对策;行动期是将老年人关注的问题向外宣传,引起社会人士及政府对问题的关注、同情和支持;总结期是问题得到解决,总结及检讨行动。

(三) 评价

1. 优点

(1) 广泛吸纳老年人;
(2) 易于培养老年人领袖;
(3) 可使问题迅速解决。

2. 缺点

（1）易被一些组织者、机会主义者、政党等操纵；

（2）直接行动和对抗会迫使对手处于防备状态，有时会导致对手的反抗、报复，可能激化矛盾甚至无法控制；

（3）善于挑战，却不善于建设。

（四）适用的社区情境

社会行动模式适用于社区内矛盾较多、政府部门官僚化趋向严重、部分老年居民处于劣势、老年群体利益缺乏保障的社区。

四、社区照顾模式

（一）含义

社区照顾模式是指在社区内对那些身体和精神有需要的人（如老年人、儿童、弱能者和残障者），通过正式和非正式的社会服务系统对其给予援助性的服务与支持，促进其过正常的生活，加强其在社区内的生活能力，达到与社区的融合的过程。

1. 社区照顾模式的假设

（1）服务对象生活的原生环境优于机构的环境

长期的院舍照顾会导致被照顾人士的个人的生活能力下降，而在自己生活的原生环境中得到社区适当的照顾与支持时，其个人生活可以保持高度的独立性，利于个人发挥最大的潜能和身心康复。

（2）社区可以有效地利用非正式资源对服务对象实现支持和照顾

社区中蕴含着丰富且能够提供支持和照顾的非正式资源。社区照顾模式可以将社区内疏离的网络连接起来，将松散的资源整合起来，并对其有效利用，实现正式服务和非正式照顾系统互补，建立理想和关怀的社区生活。

2. 主要服务方式

社区照顾模式假设大多数的老年人在自己的家中或类似家的环境内，尽可能地过着正常的生活，在有效地利用个人、家庭和社区蕴藏的丰富的支持和照顾资源来满足相应的服务需求的同时，保持个人能力和身心康复。用这一模式指导和开展老年人社区社会工作，就是要充分发动老年人个人、家庭和社区蕴藏着的对老年人可以提供支持和照顾的非正式资源。社会工作者的角色是治疗者、辅导者和教育者、经纪人及倡议者。

（二）实施策略

社区照顾模式的目标带有"以人为本"的社会意识，包含着新公民社会意识、政府与社区建立伙伴关系、帮助服务对象正常地融入社区、使服务对象参与表达他们的需要、建立理想和关怀社区的期望。

老年人社区照顾模式的策略是指：首先确定社区照顾的老年对象及居所，与之建立相互信任的关系,探索他们自身的潜能与资源,帮助他们建立自信心;然后建立直接服务的自助组织服务系统、同类型服务对象的互助组织的服务系统和社区危机处理的自助组织服务系统,从而形成社区层面老年人服务的照顾网络,满足社区老年人的需要。

(三) 评价

1. 优点

(1) 社区照顾模式注重在社区内解决个人及家庭困难,强调在社区内建立一个由社区居民组成的资源系统和网络,发挥照顾的功能,增强人性化的关怀,拉近社区居民之间的关系;

(2) 社区照顾模式动员普通社区居民参与社区照顾,鼓励社区居民对一些有特殊需要的服务对象加以接纳和关心,号召社区成员参与志愿服务,为有需要的人建立一个社区互助网络;

(3) 社区照顾模式是结合了不同对象、使用不同方法的服务模式,是倡导社区层面服务的综合化。

2. 缺点

(1) 社区照顾模式强调非正式网络和资源的运用,政府也有意识地将权力和资源从中央下放到地方乃至社区。资源及权力的下放,可能引发政府责任推卸和角色定位不准问题;

(2) 社区照顾模式重点强调家庭和社区资源的充分运用。核心家庭的增多、婚姻观念的变化等都使得我们不能奢望大部分老弱病残人士可以在家庭方面获得长期的照顾。社区也可能会出现服务和设施不足的现象。家庭及社区资源状况不符合社区照顾的要求;

(3) 社区照顾模式将传统责任和利他主义精神作为照顾行为的道德基础。当家庭、社区网络不可能对服务对象承担长期照顾责任时,服务对象的利益将被伤害;

(4) 社区照顾模式中服务提供者不再局限于受聘于政府或服务机构的专业社会工作者,而是尽量鼓励服务对象的亲人、邻居或志愿者提供照顾服务。由于非正规照顾者没有受过适当的专业训练,照顾知识、技巧以及专业伦理方面的缺陷难以保证服务质量。

(四) 适用的社区情境

社区照顾模式适用于街道一级的社区服务中心和社区居委会同时面对老年人的不同需求可以提供更为人性化服务的社区。政府有一定的补贴投入使志愿者及其社团能够形成稳定的参与机制的社区;有关部门建立健全相应的法规与政策,与现行的社会福利政策与社会保障制度配套的社区。

一、单选题

1. 发动社区内的不同人士和团体广泛参与,通过参与过程使他们达到自助和互助的目标,改善社区关系,增加社区归属感,被称为(　　)模式。

A. 社会行动　　B. 社区照顾　　C. 地区发展　　D. 社会策划

2. 某社区中,有些老年人在两棵树之间系上绳子,把被子放在上面晾晒,觉得这样能够有充足的光照射,可以杀菌。但其他居民对于他们这种做法很是不满,觉得影响小区的整体环境,还妨碍其他人遮阴纳凉,双方因此发生了争吵,针对社区中存在的问题,社会工作者运用地区发展模式是( )。

　　A. 撰写居民文明公约,交由社区大会讨论

　　B. 召集双方居民代表一起讨论协商解决问题

　　C. 建议在小区空地开辟一块专门晾晒衣服的地方

　　D. 制订多个解决方案,交由双方居民代表投票

3. 社会工作者小王在走访一个老旧小区时,发现某些邻居之间因为楼道卫生问题产生矛盾,互不来往。此外,小区内的居民很少参加社区活动。针对以上情况,小王发动和组织居民参与讨论楼道卫生问题并制定了楼道卫生公约,使邻里矛盾得到缓解。从地区发展模式看,小王的做法基于的假设是( )。

　　A. 现代社会居民不愿意参与社区事务

　　B. 社区问题的成因主要是经济水平不发达

　　C. 社区居民自身缺乏解决问题的能力和习惯

　　D. 社区不同人群的利益可以调和

4. 关于地区发展模式和社区照顾模式共同点的说法,正确的是( )。

　　A. 二者都关注多数居民的问题

　　B. 二者都动员居民参与

　　C. 二者都重视任务目标

　　D. 二者都可以帮助政府节约福利开支

5. 某社区采用社区照顾模式来满足社区老年人的多种需求。下列做法中,体现整体关怀的是( )。

　　A. 为老年人提供代购服务　　　　B. 为老年人发放生活补贴

　　C. 为老年人提供辅导服务　　　　D. 为老年人建立支持网络

6. 关于社会策划模式的说法,正确的是( )。

　　A. 相信社区居民能够通过讨论协商,互助合作解决社区问题

　　B. 强调运用专业知识和科学决策,自上而下地推动社区改变

　　C. 重视动员亲戚、朋友、邻里和志愿者等资源帮助社区困难群体

　　D. 致力于帮助居民认识参与的重要性,并愿意承担责任,贡献社区

二、判断题

1. 地区发展模式重视推动社区居民自下而上的参与和合作。　　　　　　( )

2. 社会策划模式中,社会工作者的角色是技术专家和方案实施者。　　　( )

三、简答题

1. 地区发展模式的假设是什么?

2. 老年人社会行动模式的介入策略包括哪几个阶段?

四、论述题

1. 如何评价社区照顾模式?
2. 比较并归纳四种老年社区社会工作模式适用的社区情境。

五、案例分析题

位于老城区的红旗社区是纺织厂家属区,初建于20世纪70年代末,现居住人口以老年人为主。近日来,因为在社区内建设新型垃圾压缩中转站,几位老年人强烈抗议,并要求纺织厂协助其抗议,阻止施工。在纺织厂和社区物业管理负责人与有关部门进行沟通协商期间,几位老年人到施工现场抗议,大声呵斥施工人员。施工人员为防止伤害到老年人,间歇性地停止工作,同时向老年人进行解释。

但是,部分老年人言语激动,多次到施工现场实施阻挠行为,夺走施工人员工具,用木板挡住施工场地,甚至对施工人员实施暴力行为。矛盾愈演愈烈,纺织厂领导委托社会工作者协助解决冲突。

请根据四种老年社区社会工作模式的特点,为该案例中的社会工作者选择恰当的社区社会工作模式。

任务三 老年社区社会工作的基本程序和技巧

一、老年社区社会工作的基本程序

老年社区社会工作包括需求评估、服务策划、服务执行、服务评估与改进四个阶段。

(一) 需求评估

1. 需求的类型

社区工作是因为社区有"需要"才开始,社会工作者常常因为社区存在迫切的需要而组织居民共同解决问题,社区居民也因共同解决社区需要和问题而建立了社区意识,对社区产生认同、归属和凝聚,居民因此也更愿意走出家门,为自己的社区贡献力量。关于需要的类型,英国学者布赖德·肖归纳总结出四种类型:

(1) 规范性需求

这种需求是专业人员、行政人员或专家学者依据专业知识和现有的规定或规范,指出在特定情况下所需求的标准。例如民政部颁布的《全国示范城区标准》规定,每个街道都要建有一个1000平方米左右的社区服务中心,同时规定了社区服务中心应配备的服务项目。当服务设施和服务项目不符合规定时,就存在规范性需要。

(2) 感觉性需求

当个人被问及是否需求某一种特定服务时,其反应就是感觉性需求。这个假定从个人受访的自我陈述中,可以反映出个人期望的需求和想要的服务。在社区中,大部分老年人感受到某些需求与期望不能满足,并把它们说出来时,那便是老年人的感觉性需求。感觉性需求有时可能是过高的,甚至是不切实际的。

（3）表达性需求

当个人把自身的感觉性需求通过行动来表达和展现时，即成为表达性需求。

（4）比较性需求

此类需求的认定是针对某种特征所做的比较，如果一些居民获得服务，但另一些条件相似的居民却没有得到同样的服务，后者便会产生新的需求。这种与其他人和社区比较而得出的需求被称为比较性需求。比较性需求可以由居民提出，也可以由专家提出。

2. 需求的评估

举办活动和开展服务时，要引起老年人的兴趣和投入，必须以老年人关心的事务、老年人的需求作为切入点。老年人关心什么？老年人的兴趣是什么？老年人的需求是什么？老年人有能力处理的是什么？这些都是社会工作者要了解和熟悉的，社会工作者可以运用访问法和社区调查等方法获得这些信息。

需求评估主要包括：

（1）在社区党组织和社区居民自治组织的指导和支持下，走访社区各类组织和社区骨干，调查、分析社区的地理环境、经济状况、人口结构、文化特色、资源优势等基本情况；

（2）描述和界定社区问题，对社区社会工作服务的介入层面和类型进行分析；

（3）分析社区内公共设施、教育机构、医疗单位、社区组织、商业场所等单位和组织的数量、位置、运作情况、对居民的影响、使用状况等，全面了解潜在社区服务资源状况；

（4）分析社区党组织和社区居民自治组织成员、社区专职工作者、社会组织工作人员以及社区志愿者、社区居民骨干、社区各类专业人员等社区服务人力资源状况。

（二）服务策划

社区工作计划是基于社区的实际情况，根据对社区需要和问题的分析，为实现社区工作目标而制订的行动方案。周密而完备的工作计划有利于保证社区工作的顺利进行，而明确的目标、合适的策略以及由此形成的具体工作方案是一份社区工作计划的重要组成部分。

1. 明确目标

（1）目标的构成

社区工作的目标是工作的方向和想要达到的目的，它可以是整个社区的改变，也可以是解决一个具体的社区问题，满足社区在某个方面的需求。无论工作目标的大小，通常都不能一蹴而就，需要分阶段、有步骤地推进。因此，在制订计划时，既要订立社区工作的整体目标，还要根据每一阶段的具体任务制订阶段性目标。

（2）制定目标的原则

在确定社区工作的目标时，社会工作者应遵循社区参与和社区自决的原则，充分考虑社区成员的愿望，共同分享对工作目标的期望。如果双方的目标不一致，就要进行讨论和协商，直至取得共识，达成一致意见。当双方难以对工作目标达成共识时，在可行的前提下，社会工作者应尊重社区成员的选择。

2. 制定策略

策略指的是为达到社区工作目标而采用的一系列行动方针,社会工作者在制定行动策略时也应与社区成员共同讨论,可以邀请社区代表参加策略规划小组。制定策略的主要步骤如下:

(1) 提出策略

采取"头脑风暴"方法让规划小组成员提出各种想到的策略。小组成员中任何人表达意见、观点时,都不被批判和嘲笑。与会人员每人都要提出意见,并尽情表达。鼓励从其他人的看法中衍生出自己的新意见。

(2) 评估策略

运用符合性、可接受性、可行性三个指标去评估上一阶段提出的每个策略。符合性考察的是策略是否符合机构的宗旨和目标,可接受性则关心策略是否为社区成员所接受,可行性指的是在现实中实现该策略的可能性以及资源是否能满足其需要。在评估之后,应删除那些明显不可能的策略,即不符合目标、不被人们接受、没有任何可行性的策略。

(3) 筛选策略

就保留下来的策略,运用SWOT分析法逐一分析实践该策略的可能性,选出一个或几个策略。SWOT分析法对策略实施的内部条件与外部环境进行综合考虑,其中S和W分别表示社会工作者及其机构自身在促使策略成功上所其有的优势(Strength)和弱点(Weak),而O和T则分别代表外部环境中存在的有利于策略施行的机会(Opportunity)和不利于实施该策略的威胁(Threat)。进行SWOT分析时,将实施策略的内部优势和弱点以及外部机会和威胁逐项列举出来,然后将内部因素与外部因素配对进行分析,找出能发挥优势因素、克服弱点因素、利用机会因素、化解威胁因素的对策,形成一项或几项社区工作的策略。

3. 设计方案

针对策略规划选出的一个或几个策略,需要进行更细致具体的方案设计。方案计划书是工作策略的具体呈现,必须做到内容充实,具体可行。方案计划书的文字风格应该简单明确。通常一份方案计划书应包括:工作目标、工作内容、工作时间、工作地点、工作人员、服务对象、工作方法和服务方式、预算、应急预案、评估等。

就老年社区社会工作而言,方案设计的思路如下:

(1) 明确界定老年社区社会工作服务项目的目标与任务,包括服务目标群体、主要问题、服务内容、服务方式、预期成效等;

(2) 掌握服务对象的特点、能力、兴趣、生活方式、社区关系状况等;

(3) 评估服务机构或社区社会工作者能力,设计切实可行的服务计划,明确服务内容;

(4) 制定工作进度表,明确各阶段工作任务及时间期限,合理安排每个阶段的服务内容;

(5) 根据服务流程和工作进度,安排服务场地(环境)、人员、财务等服务资源。

(三) 服务执行

在工作计划完善之后,社区工作就进入了执行社区工作方案的阶段。在社区中执行一项工作方案的过程可以划分为3个阶段:筹备阶段、开展阶段与结束阶段。

1. 筹备阶段

筹备阶段的主要任务是确认工作中将要涉及的所有环节,并对人员进行相应的分工,明确各自的职责和归属。在分工时应根据每个人的专长安排他们的岗位,人尽其才。此外,可以通过召集会议、举办培训等方式让所有参与该项工作的人员提前了解工作的目标以及具体的安排,对工作所希望达到的结果达成共识。如有必要,还可以对整个工作流程或个别工作环节进行模拟推演,以避免考虑不周、实施时出现意外以及因实施不当而产生负面效果等情况的出现。

2. 开展阶段

实际开展工作的过程是按照计划好的工作方案稳步推进的过程,其间要注意推进的策略、方法和节奏,并注意经费的管理和控制。另外,社会工作者和其他核心成员也应做好分工,随时掌握各个环节的执行情况,开展过程评估,注意根据实际情况的变化进行机动处理,作出弹性调整。同时,整个工作团队也应做好危机处理的准备。

3. 结束阶段

在工作结束的时候,要对工作的过程和结果做详细的记录,建立工作档案,进行经费的结算,并及时撰写工作总结,反思工作中的得失,为以后的工作提供借鉴。

(四) 服务评估与改进

评估是通过总结社区工作过程的成功或失败、有效或无效和检讨社区工作过程中的技巧运用情况等,为日后开展服务提供经验。它是对项目计划落实情况的一种交代,也是改善服务质量的一种途径。评估在老年社区社会工作中,是必不可少的环节。

1. 评估的分类

根据评估的目的,可以将评估分为三大类:过程评估、成果评估和效益评估。每一类评估分别关注的是工作的不同侧面,因此可以帮助社会工作者从不同的角度对社区工作进行总结。

(1) 过程评估

过程评估是对工作过程的质与量的评估,重点在于对有关的工作过程进行描述,包括投入的资源和人员配置、一系列工作的优先次序、各个程序的进展状况等。

过程评估应该回答以下问题:开展工作的步骤是怎样的?工作中投入了多少人力、物力、财力和时间?这些资源是如何在不同的工作部门和工作环节之间分配的?过程评估可以帮助社会工作者了解整个工作的进程和实施情况,有助于发现和改善工作过程中的问题。

(2) 成果评估

成果评估主要是考察工作的成果在多大程度上实现了预定的目标。

成果评估应该回答以下问题:工作取得了哪些成果?这些成果是否达到了预期的目标?工作的成果是否由于工作之外的因素而达到?工作是否带来了预期之外的效果?成果评估可以帮助社会工作者了解有关工作是否能使服务对象发生改变以及变化的程度如

何,也有助于确定工作成功和失败的原因。

(3) 效益评估

效益评估注重服务的成本收益分析,关注的是所取得的工作成果与所付出的代价孰大孰小的问题。效益评估注重的是实现工作目标的资源成本,可以帮助决策者和社会工作者在不同的工作方案之间进行效益比较,选择成本较小而收益较高的方案。

2. 评估的步骤

评估过程分为明确评估目标、建立测评标准、设计评估研究方案、收集与分析资料、使用评估结果五个步骤:

(1) 明确评估目标

在确定评估目标时,社会工作者应注意以下几点:

① 评估的目标应该与工作计划中所设定的目标相联系。唯有如此,才能有效地判断前一阶段的社区工作是否取得预期的成果,其过程和代价是否合理。

② 必须清楚地界定目标的对象。社区工作通常会涉及多方面的改变,因此,在确定评估目标时应明确工作的目标人群,即我们期待哪些个人、团体、组织或社区从中受益或发生改变。评估应针对会受影响的服务对象,而不需要将无关者包括在内。

③ 对目标的表述必须清晰具体。为了使目标清晰具体,可以在较为宽泛的概括性目标之下再设立下一层级的子目标,例如,"加强老年人的安全意识"是一个模糊宽泛的表述,可以设立为"让社区老年人掌握正确使用煤气以及利用煤气报警器加强防范的方法、让社区老年人了解和遵守交通规则"等更为清晰和具体的子目标。

④ 各方应在评估目标上达成共识。社会工作者及其机构、项目合作方、项目资助方、评估专家等不同方面对于项目成功与否可能有不同的判断标准,因此,相关各方应该就评估的目标达成一致意见,避免未来对评估结果的争议。

(2) 建立测评标准

明确评估的目标之后,应该考虑如何对目标进行测评,将目标转换为可以观察和测量的指标。以社区老年人用气用火安全为例,社区老年人的用气用火事故发生率、燃气或烟雾报警器的正确安装率、关于燃气或烟雾报警器的知识的知晓度等都可以作为测评的标准。

(3) 设计评估研究方案

在设计评估研究方案时,需要重点考虑以下几个问题:

① 测评时应包括哪些要素?在评估时,除了对目标的测评之外,还需要考虑包括哪些其他要素。尤其对于成果评估来说,必须确立导致结果出现的解释因素,这些因素可能是社区工作中所采取的措施,评估设计时对此应有明确的界定。

② 是否设置对照组?为了证实所观察的变化或结果是某项社区工作所导致的,可以将没有受到该项工作影响的群体作为对照组。但并非任何情况下都能够找到合适的对照组。

③ 什么时候进行测评?测评的时机也会影响对结果的判断,测评必须及时。如果在工作结束很久之后再测评,可能会掺杂了太多的外界环境、影响,因此,可以在工作结束之

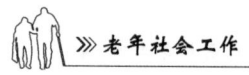

后就立即进行测评。但对于关注长期影响或效果在时间上有所滞后的情况,在工作结束之后一段时间再进行测评可能更为合适。

④ 进行几次测评?在设计评估研究时,还需要考虑在工作结束之后的测评以外,是否需要在工作开展之前进行一次前测,以便于进行前后比较。或者是否需要在工作开展过程之中及结束之后进行定期测评,以掌握不同时间段的状态是否存在差别,判断变化趋势。

(4) 收集与分析资料

在确立了测评指标和评估方案之后,社会工作者要收集相关的资料。评估中可以采取多种收集资料的方法,如问卷法、访谈法、观察法、文献法等。收集完资料之后,则需要选择相应的资料分析方法和工具,进行定量或定性分析,根据分析的结果对社区工作进行评价。

(5) 使用评估结果

评估的结果可以分别向服务对象、所在机构、合作方与资助方报告。它一方面是对工作计划落实情况的一个交代,另一方面也是对过去工作中的经验教训的总结,为改进工作和制定未来的工作方向提供依据。

二、老年社区社会工作的技巧

老年社区社会工作中,要从建立和发展社区关系、发展社区支持网络、开展社区教育、动员服务对象、运用传播媒介等五个方面把握相关的工作技巧。

(一) 建立和发展社区关系

社会工作者在老年社区社会工作中需经常要与辖区政府部门、企事业单位、非政府组织以及居民团体等各种组织打交道,获取它们在政策、资金、场地、人力和舆论等方面的支持,解决服务对象的问题,满足其需求。因此社会工作者要注重建立和发展社区关系。

1. 了解各类组织的运作情况

社会工作者可以通过对社区的组织进行定期或不定期的拜访、邀请组织代表参加活动等方式增加和组织的接触机会,也可以通过对组织有一定了解的外部人士或者其刊物和宣传材料来收集组织的相关信息以了解组织。

对组织的了解,有助于社会工作者与他们交往并建立持久的关系,在遇到具体问题时知道应该找哪些组织及其内部的哪些部门、哪些成员,做到有的放矢。

2. 分析组织间的关系

组织间的关系主要有交换关系、权力依赖关系和授权式关系三种。如社会工作机构通过政府购买服务的方式和政府组织形成授权式关系;但是在为居民服务的过程中,若需要通过向相关政府部门反映问题、给对方造成压力的方式来解决问题时,就形成了和当地政府部门的权力依赖关系。

3. 把握组织间的交往准则

社会工作者要尽早和各组织交往以建立友好关系,交往中也要协助各方了解各自可获得的利益,合作中通过签订协议界定共同的目标和各方责任,通过这些措施,维系组织间的良好关系。

4. 活用组织接触的技巧

社会工作机构与其他组织接触和交往时,要考虑到平衡和其他组织的关系,增加和其他组织接触的机会,并在接触中求同存异、加强沟通。

(二) 发展社区支持网络

社区支持网络是个人所接触的社区中正式和非正式地对个人具有正向支持功能的关系网。社会工作者帮助居民发展社区支持网络是解决其问题、满足其需求的一种策略。

社会工作者在着手发展社区支持网络之前,有必要对社区既有的网络进行分析,了解网络成员、网络结构和网络形态,掌握利用网络对服务对象提供支持的方法,如将有需要的人联结在一起发展自助小组,鼓励他们分享经验、释放情绪,为他们链接专家和技术资源提供支持,为他们策划结构式体验或指引性体验,让他们在体验中反思、学习新的知识和技巧,树立新的价值观并形成新的行为模式;发掘和培育志愿者,根据志愿者的能力、意愿和兴趣给他们安排工作,为志愿者提供学习和成长的机会,认可志愿者的贡献和付出,与志愿者建立平等合作的关系。

(三) 开展社区教育

社会工作者要通过社区教育传播知识和解决问题的有效方法、提升居民的意识和能力、促成政策的倡议和推广。

在态度方面,促成社区居民形成积极正向的价值观;在知识方面,帮助社区居民掌握相关知识,提升理性思考的能力;在行为方面,帮助社区居民掌握与他人沟通的技巧,并在这一过程中培养社区领袖。

(四) 动员服务对象

居民的参与可以提升他们对社区事务的关注,也有利于提升他们对社区的归属感和认同感。社会工作者可以通过家访、电话联络、召开居民大会、动员现有的社区团体和组织的成员参与等渠道与居民直接接触,也可以通过大众传媒、宣传册、海报、横幅等途径将信息间接传递给居民。动员居民参与的途径选择要适当考虑居民的参与动机和态度,对于参与社区活动动机不强或态度冷漠的居民,直接接触的途径效果较好。

1. 动员居民参与的技巧

(1) 当被动员的居民以能力不足为理由拒绝参与时,社会工作者可以通过强调熟人参与、互相帮助以及成功先例等策略来说服对方;

(2) 当被动员的居民以没有时间为理由拒绝参与时,社会工作者可以通过减少参与的代价来说服对方。

当被动员的居民以没有信心为理由拒绝参与时,社会工作者可以通过赞赏对方来肯定对方的付出、鼓励对方积极参与。

2. 动员居民参与的注意事项

（1）不言过其实。避免为了吸引居民参与而做出不切实际的承诺；

（2）用力适度。既不因为害怕被居民拒绝而轻易放弃说服对方的机会，也不因为过于热心动员居民参与而使他们没有拒绝的空间，惹人反感；

（3）分辨动员对象的真实想法。对于动员对象的口是心非，社会工作者要根据经验分辨动员对象表面说法背后的真实想法。

（五）运用传播媒介

信息化时代，运用包括网络在内的传播媒介推动老年社区社会工作是一项重要的策略。社区可以借助传媒的优势，让公众更多地了解自己，支持和响应社会服务机构的号召，促成社区的改变和发展。

在举办社区活动时，邀请记者出席采访；活动结束后及时撰写新闻稿，对活动加以宣传，扩大社区活动的影响力及公众对该社区的知晓度。

课堂练习

一、单选题

1. 社会工作者小李正在策划一个失独老年人家庭服务项目，准备申请政府资助。小李在准备该项目服务方案时，正确的步骤应该是（　　）。

    A. 服务评估—问题认识与分析—目标制定—方案安排

    B. 目标制定—问题认识与分析—方案安排—服务评估

    C. 方案安排—问题认识与分析—目标制定—服务评估

    D. 问题认识与分析—目标制定—方案安排—服务评估

2. 某社会工作机构最近结束了为期两年的社区发展服务项目。下列内容中，属于该项目效果评估的是（　　）。

    A. 服务人数的变化　　　　B. 服务目标达成情况

    C. 项目的推进方式　　　　D. 志愿者的配置情况

3. 社会工作者小李为社区内的老年人组织了一个自助小组，推选了小组带头人，并根据他们的需要和问题，指导他们自主完成了"美伟面包房"的工商注册等一系列手续，既增加他们的经济收入，又可以服务社区。在上述推动发展社区自助小组的过程中，小李运用的技巧是（　　）。

    A. 感同身受　　　　　　　B. 自我表露

    C. 朋辈榜样　　　　　　　D. 体验式学习

二、名词解释

1. 感觉式需求

2. SWOT 分析

3. 效益评估

三、简答题

1. 需求的类型有哪些?
2. 需求评估包含哪些内容?
3. 制定策略的步骤有哪些?
4. 简要说明服务执行的几个阶段。
5. 简答评估的步骤。

四、论述题

1. 论述方案计划书包含的内容及方案设计的思路。
2. 论述老年社区社会工作的技巧。

五、案例分析题

某小区为拆迁改造的小区,一批新租赁房屋入住的年轻人与回迁入住的老年居民因健身场所和作息习惯不同,经常发生纠纷。在社区工作者及社区民警的多次协调下,纠纷才得以解决,但是矛盾和冲突时有发生。

作为一名社区老年社会工作者,请思考该社区面临的问题和老年人的需求,并制定一份睦邻友好的项目计划。

延伸阅读

中华人民共和国民政行业标准
《老年社会工作服务指南》(MZ/T 064－2016)(节选)

5. 服务内容

老年社会工作服务的内容主要包括救助服务、照顾安排、适老化环境改造、家庭辅导、精神慰藉、危机干预、社会支持网络建设、社区参与、老年教育、咨询服务、权益保障、政策倡导、老年临终关怀等。

5.1 救助服务

主要包括以下内容:

——评估老年人,特别是空巢、高龄、失能、计划生育特殊家庭老年人基本物质生活条件和经济状况;

——协助符合条件的老年人申请政府最低生活保障、特困人员供养、受灾人员救助、医疗救助、住房救助、临时救助等社会救助;

——协助有需要的老年人获得单位和个人等社会力量的捐赠、帮扶和志愿服务;

——提供相应的心理疏导、能力提升、社会融入等服务。

5.2 照顾安排

主要包括以下内容:

——组织开展老年人能力评估,包括日常生活活动、精神状态、感知与沟通、社会参与等方面内容,为老年人建立照顾档案;

——协助有需要的老年人获得居家照顾和社区日间照料等服务；

——协助有需要的老年人申请机构养老服务；

——协调老年人的长期照护安排,特别是居家照顾、社区日间照料和机构照顾之间的衔接；

——协助照顾者提升照顾技能。

5.3 适老化环境改造

主要包括以下内容：

——协调开展老年人居住环境安全评估；

——帮助老年人,特别是失能、失智等有需要的老年人及家庭申请政府与社会资助,改造室内照明、防滑措施、安装浴室扶手等,减少老年人跌倒等意外风险。

5.4 家庭辅导

主要包括以下内容：

——协助老年人处理与配偶的关系；

——协助老年人处理与子女等的家庭内代际关系；

——提供老年人婚恋咨询和辅导。

5.5 精神慰藉

主要包括以下内容：

——识别老年人的认知和情绪问题,必要时协调专业人士进行认知和情绪问题的评估或诊断；

——为有需要的老年人提供心理辅导、情绪疏解、认知调节,帮助老年人摆脱抑郁、焦虑、孤独感等心理问题困扰；

——协助老年人获得家属及亲友的尊重、关怀和理解；

——帮助老年人适应角色转变,重新界定老年生活价值,认识人生意义,激发生活的信心和希望。

5.6 危机干预

主要包括以下内容：

——识别并评估老年人所面临的危机,包括危机的来源、危害程度、老年人应对危机的能力及以往应对方式及效果等；

——统筹制定危机干预计划,包括需要干预的问题或行为、可采用的策略、可获得的社会支持、危机介入小组的建立及分工、应急演练、信息沟通等；

——及时处理最迫切的问题,特别是自杀、伤及他人等可能危及生命安全的行为问题。必要时,协调其他专业力量的支援,对老年人进行身体约束或其他限制行为；

——进行危机干预的善后工作,包括对介入对象的回访、开展危机介入工作评估和小结、完善应急预案以预防同类危机的再发生等。

5.7 社会支持网络建设

主要包括以下内容：

——对老年人的社会支持网络进行评估,包括个人层面可给予支持的人数、类型、距

离及所发挥的功能,以及社区层面老年人群的问题与需求、资源配置情况及需求满足情况;

——综合使用各种策略以强化老年人社会支持网络,包括个人增能与自助、家庭照顾者支持、邻里互助、志愿者链接、增强社区权能等;

——巩固社会支持网络成效,建立长效机制。

5.8 社区参与

主要包括以下内容:

——开展适合老年人的文化、体育、娱乐等各项活动,培养老年人兴趣团体,提升老年人的社会活跃度,丰富老年人的社会生活;

——组织老年人积极参与各项志愿服务,培育老年志愿者队伍,发展老年志愿服务团体;

——支持老年人参与社区协商,为社区发展出谋划策;

——拓展老年人沟通和社区参与的渠道,促进老年人群体的社会融合。

5.9 老年教育

主要包括以下内容:

——评估老年人兴趣爱好及教育需求;

——推动建立老年大学、老年学习社等多种类型的老年人学习机构和平台;

——开展有关健康教育、文化传统、安全防范、新兴媒介使用等方面的学习培训课程;

——鼓励和支持老年人组建各种学习交流组织,开展各种学习研讨活动,扩大老年人的社会交往范围;

——鼓励老年人将学习成果转化运用和传承,鼓励代际之间相互学习、增进理解。

5.10 咨询服务

主要包括以下内容:

——协调相关专业人士为老年人提供政策咨询、法律咨询、健康咨询、消费咨询等服务;

——完善老年人信息提供和问询解答的机制和流程。

5.11 权益保障

主要包括以下内容:

——维护和保障老年人财产处置和婚姻自由的权益;

——发现并及时举报老年人受虐待、遗弃、疏于照顾等权益损害事项;

——开展社会宣传和公众教育,防止老年人受到歧视、侮辱和其他不公平、不合理对待;

——协助符合条件的老年人享受社区和机构的各项养老服务,获得老年人补贴和高龄津贴等。

5.12 政策倡导

主要包括以下内容:

——研究、分析与老年人相关的法律法规及社会政策中在制定和执行中的不完善与

不合理内容,向相关职能部门提出政策完善建议;

——对社会公众进行教育、宣传,树立对老年人群体的客观、公正的社会评价。

5.13　老年临终关怀

主要包括以下内容:

——开展生命教育,帮助老年人树立理性的生死观;

——协调医护人员做好临终期老年人的生活照料和痛症管理;

——密切关注老年人的情绪变化,提供相应的心理支持;

——协助老年人完成未了心愿及订立遗嘱、器官捐献等法律事务;

——协助老年人及家属、亲友和解和告别等事宜;

——协调为老年人提供精神层面的支持;

——为有需要的老年人及家属提供哀伤辅导服务。

项目七
养老机构中的老年社会工作

 **项目导学**

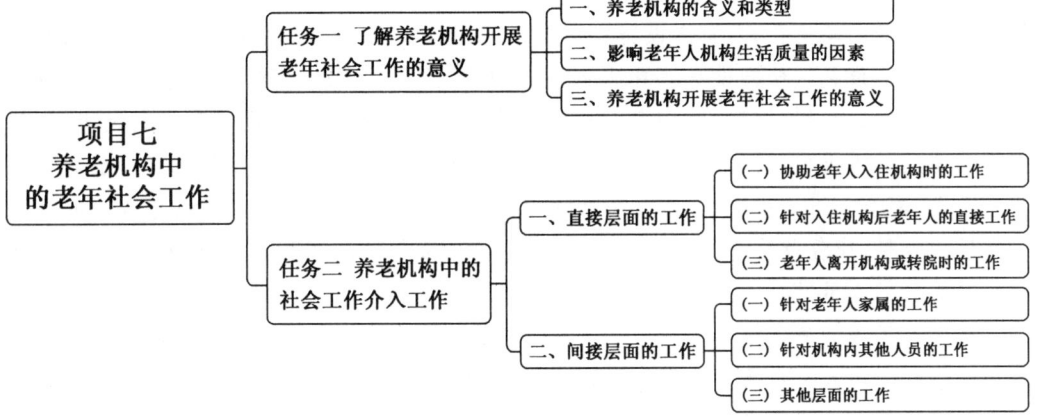

 **知识目标**

1. 了解影响老年人机构生活质量的因素;
2. 理解养老机构开展老年社会工作的意义;
3. 理解老年社会工作介入养老机构的直接和间接层面的工作;
4. 掌握机构老年人信息收集与评估的几种方法(尤其是 ADL、IADL、SPMSQ、GDS 几种量表的使用)。

 学习重难点

重点:把握老年社会工作介入养老机构的意义。

难点:在养老机构中运用老年社会工作专业方法介入养老服务。

情景导入

一、案例描述

养老机构背景：

A养老机构成立于2010年，是集养老康复、娱乐、医疗、养老为一体的医养结合的养老机构。接收自理老年人，半失能老年人以及失能老年人。该机构有专业护理人员68人，老年社工10人，充足的护理人员为老年人的生活提供了帮助。该养老机构有6栋居住楼和1座护理院，共有床位近600张，分为单人间、双人间、三人间、四人间以及六人间。一楼至三楼为自理老年人居住区，四楼及以上居住的多为半失能老年人及失能老年人。楼内每一层都配有服务人员，以便老年人有需求或者需要寻求帮助的时候可以及时找到工作人员。楼内所有房间均为无障碍设计，且楼道内设有扶助把手，便于老年人安全无障碍的走动。房间均有窗户，室内设施包括床、床头柜、衣柜、椅子、电视、呼叫系统以及独立卫生间等生活设施。楼内设有健身活动室、图书阅览室、书法室、理疗室、康复室、多功能文化娱乐大厅、心理咨询室、麻将室以及餐厅等。楼内走廊里也设置了卫生间及淋浴室，楼内均为无障碍设施，同时配有医用电梯、监控系统、呼叫系统以及其他多种设施。室内宽敞干净，配有先进的护理设施，如手动两翻式和新型电动式护理床、床头柜等。护理院内开设内外科、康复及临终关怀科、化验室、X光室、超声室、心电图室等科室，并配有二十四小时的医护人员进行医护服务。

老年人每天的集中吃饭时间为早上6点30分、中午11点以及下午4点30分。能去餐厅吃饭的老年人可自行去一楼吃饭，行动不便的老年人会有工作人员将饭食送到老年人房间里。养老机构不定期地会组织老年人参加活动，如趣味运动会、集体坐车外出采买活动、院内老年人自发组织的文艺演出活动以及一些义工和志愿服务队定期上门帮老年人理发、剪指甲、节假日慰问演出等。在养老机构内居住的老年人自发组成的文艺队每周一周三都会开展文艺活动、周三院内护工开会及培训、周四上午会有集体外出采买活动、周五有需要的老年人可以在护工的帮助下洗澡。

机构内老年人的基本情况：

A养老机构目前入住老年人500余人。其中，自理老年人的人数占总人数的40%左右，半失能老年人与失能老年人合计人数占总人数的60%左右。A养老机构的老年人年龄集中在60岁到100岁，其中70岁至90岁的老年人居多。每月基本都会有新入住的老人，来此居住的老年人大多数为鳏寡老年人，也有一些是由于夫妻中有一方身体情况不佳需要照顾，但儿女不在身边陪伴，所以夫妻二人共同来养老院生活。老年人们的身体状况也不尽相同，有一些老年人身强体健看起来还很年轻，也有一些老年人身体状况不太好，常有一些眼部、耳部及腿部等各类身体疾病等伴随老年人。

以下是A养老机构内三位老年人的情况：

1. 案主L奶奶基本情况

L奶奶，女，89岁，进入养老机构生活不到一个月，鳏寡，入院前居住情况为独居，有一儿两女,子女平均三天来机构看老年人一次,L奶奶年轻时在机关事业单位从事技师职务,学历为初中。L奶奶性格较为开朗健谈,自述腰不太好,曾做过胆囊手术,来养老机构一方面是为了减轻子女负担,另方面是由于自己不愿意做饭,来到养老机构可以吃机构做好的饭菜。起初提出住养老院的想法时,子女不太同意,在子女家居住一年后,觉得不想负累他们,于是经过与家人协商决定入住养老机构。据案主L奶奶描述,案主有些口重,觉得机构的饭菜淡了就自己买了咸菜就饭吃,认为饮食方面比较普通没什么味道,吃得较少。

2. 案主基本情况

Z奶奶,女,66岁,进入养老机构居住近半年,离异,无儿女,有两个弟弟一个哥哥有空会来看望。曾经是一名工人,但是由于21年前做了一场腰椎间盘手术便退休在家,现在依靠着不多的养老金生活,选择来养老机构居住的主要原因是身体状况不好需要照顾和护理。由于下肢瘫痪无法出门走动,同房室友患有帕金森,难以沟通,所以平时无人交流感到孤独。

3. 案主S爷爷的基本情况

S爷爷,男,89岁,入住养老机构近一个月,现与老伴共同入住养老机构,有一儿一女。爷爷及老伴年轻时都在事业单位工作,如今老伴患有脑梗、认知障碍及风湿性心脏病,需要有人贴身照顾,而子女工作繁忙难以照顾,S爷爷在与子女讨论后便决定带着老伴来到养老机构生活,在减轻子女负担的同时也便于照顾。选择A养老机构是因为S爷爷的亲家也住在这,亲家认为养老机构的条件和性价比还不错,便向S爷爷推荐。S爷爷患有一定程度的耳背,需要旁人大点声说话才能听得见,由于一直在老伴身边照顾,形影不离,所以从不单独出门,也不认识邻居及养老机构内的其他人。其人际交往很少,觉得生活有些无聊。

如果你是A养老机构的一名社工,你认为三位老年人分别面临什么问题或有什么需求?你可以做些什么?打算怎么介入?

二、案例分析

三位实务案例中的老年案主的问题能够较为典型地代表养老机构中老年人的情况。三位老年人虽同样居住在A养老机构,但是他们的需求和面对的主要问题是完全不一样的。L奶奶面临的主要问题是日常基本生活上的不适应,Z奶奶面临的主要问题是情绪心理上的不适应,S爷爷面临的主要问题是人际关系上的不适应。由此可以看出,养老机构内的老年服务社工在为老年人开展服务时要遵循个别化的原则,有区别化地去看待和处理他们的困境和问题,深入地去了解和理解每一位老年人,注重他们的独特性,根据他们的特点选择适合他们的介入策略,人性化地提供适合的服务。

针对案主L奶奶的老年社会工作介入服务:

社工可通过进一步访谈以及从工作人员处了解案主的相关情况与信息,与案主建立关系。介入阶段的服务首先在帮助案主对机构饮食合理性有了一定了解的基础上,使其更加相信养老机构的饮食标准及配餐的合理性。服务的主要内容可以是提升案主健康生活理念,通过对老年人讲解"三减三健"相关知识,倡导案主健康饮食,并对自己从前较为不健康的饮食习惯有一定程度的认知。随后,社工可通过与其他工作人员的配合,协助监督案主每日健康饮食、注重养生等内容,使案主提升健康生活意识,协助案主在饮食观念及结构上有一定的改善。

针对案主Z奶奶的老年社会工作介入服务:

社工可在服务过程中运用沟通、倾听、同理心、鼓励等技巧引导案主抒发出内心的情绪,正确认知自身;社工可利用案主自身资源与条件,为其增强朋辈群体等的支持;社工可通过教会案主使用电子设备及相关软件使其能够随时随地地与朋友沟通,缓解其内心孤独感,增强其情绪心理支持。

针对案主S爷爷的老年社会工作介入服务:

社工在服务过程中可运用沟通、倾听、同理心、鼓励等技巧引导案主敞开心扉,鼓励案主勇于走出房门接触房门外面的世界,并协同机构其他工作人员一起对案主进行帮助服务;社工可引导案主循序渐进的建立人际关系,从打招呼开始逐渐与机构内其他老年人展开话题;社工还可通过寻求机构内部工作人员对案主的支持,协同合作为案主建立人际关系。

任务一　养老机构开展老年社会工作的意义

随着时间的推移,当老年人随着其年龄的增长而持续地因生理的老化、残障而损害了他们独立的生活能力时,他们就需要健康照顾、个人照顾或其他支持性的服务。按照传统,这些提供给老年人的长期支持性的服务主要是由老年人的家庭成员所承担的,当这种持续性的照顾造成了家庭成员的心理、生理资源的过度支出,社区的支援性服务也不能满足老年人的护理照料需求时,才会由机构开始为老年人提供持续性的服务。在老年人的长期护理照料中,机构照顾是对老年人保持持续性照顾非常重要的环节。当前中国人口老龄化的程度不断加深,家庭养老的负担越来越重,老年人的养老问题日益受到政府和社会重视。在这样的社会背景下,作为我国养老体系的一个重要组成部分——机构养老便成为解决养老问题的重要力量。

一、养老机构的含义和类型

根据《养老机构管理办法》中的定义,养老机构指的是依法设立并办理登记的为老年人提供集中居住和照料服务的机构。该办法也规定了养老机构应按照服务协议为收住的老年人提供生活照料、康复护理、精神慰藉、文化娱乐等服务。我国根据养老机构所属行政部门,将其分为两种:卫生部门主管的机构和民政部门主管的机构。养老机构主要分为公办和民办两种。其中公办养老机构是由国家出资建立的一些机构,规模较为大型、设施更为完善、管理机制更加健全;民办养老机构由民间出资兴办,其规模大小、服务种类也各具特色。现阶段我国大部分养老机构都配有护理人员以及相关设施,以保证老年人在养老机构能够得到较为全面的照顾。

目前，社会上常见的养老机构有养老院、护理院、老年公寓等，当前国内也开始新兴CCRC(Continuing Care Retirement Community)持续照料养老社区为老年人提供自理、介护、介助一体化的居住设施和服务。尽管命名形式不同，但所承担的责任与义务相同，均为老年人提供养老服务。目前，医养结合模式也在很多地方被提倡，所谓医养结合也可理解为医养融合，是将传统养老服务与医疗服务相结合，兼顾老年人养老需要与医疗需求的一种新型养老服务供给方式。目前的医养结合模式主要包括医疗机构内设养老服务、养老机构增设医疗服务、医院和养老机构合作运营等模式。医养结合的养老方式能够为有需要的老年人提供日常生活照料、健康管理、急救、康复、专业护理等多重养护服务，因此成为我国养老产业发展的新趋势。

根据养老服务对象的特点和服务内容的不同可将养老机构分为自理型、助养型、养护型和综合型四类。自理型养老机构的服务对象为健康状况较好，能够自理的老年人，提供服务主要是辅助性生活照料、精神慰藉、文化娱乐；助养型养老机构的服务对象主要为健康状况较差的半失能老年人，提供的服务主要是生活照料、康复护理、精神慰藉等，相比自理型，突出了康复护理的服务；养护型养老机构的服务对象主要为健康状况较差的失能老年人，提供的服务主要有生活照料、康复护理、精神慰藉、文化娱乐、临终关怀等，其护理的级别和比重较助养型更高；综合型养老机构则兼有以上服务内容。

不同类型养老机构体现的公益性和市场竞争力不尽相同，结合养老服务具有一定的非竞争性和非排他性，可将养老服务产品分为保障型的公共产品、福利型的准公共产品和营利型的个人消费产品分类。对于没有生活保障的特殊老年人群，从社会福利的角度来看，所需养老服务产品属于非竞争性的保障性公共产品；对于中低收入老年人群，从社会公益的角度出发，其所需养老服务产品属于福利性的准公共产品；对于经济水平较高，服务要求较高的老年人群，从市场化的角度来看，所需养老服务属于营利性的个人消费产品。

二、影响老年人机构生活质量的因素

无论是否抱着自愿的心态，入住养老机构对老年人来说无疑是一个人生重大事件，生活环境发生变化，有些老年人从熟悉的环境迁入到机构会觉得生活失去常规，由此带来心理上的困扰。当然，也有一些老年人会觉得在养老机构生活可以有24小时的照顾，比较安心，因此非常乐意接受机构照顾的安排。一般来说，影响养老机构中老年人的生活质量的因素可以分为客观与主观两个方面。主观方面包括老年人自己对晚年生活的态度、老年人适应新环境的能力、老年人在机构生活中的自由程度、人际关系的满意度、在机构中的安全感等；客观方面包括养老机构中的设施状况、环境、健康照顾、生活照顾、医疗服务等方面的水平与标准。以下综合从几个视角来看：

（一）老年人入住养老机构时的心态

老年人入住机构有些是自愿选择的结果，有些则是非自愿状况下没有选择的结果。在入住养老机构前，有些老年人可能经历了身体疾病的恶化、不和谐的家庭关系、缺乏居家生活的支持性条件等被迫接受入住机构,这类老年人在等待入住机构和刚刚入住机构的时候,常常会表现出焦虑不安的情况,他们可能思想混乱、焦虑不安,也不愿意表露出自己的感受,自尊心低落并感觉抑郁。而一些老年人在入住机构前,做好了充分的思想准备工作,对各家养老机构进行了较为全面的调研和了解,最终选择了自己觉得合适的机构,或在机构中有相识的其他老年人(如朋友、邻居、以前的同事等),这类老年人往往对自己的生活拥有掌控感和自主权,入住机构的体验感也会更加好一些。

(二) 老年人适应新环境的能力

对老年人来说,变换环境意味着自己熟悉的生活秩序要改变,个人需要加以调整和适应。每个老年人都是独特的个体,他们适应环境的能力也是不同的。有研究表明,适当积极地环境改变可能会增加老年人的能力,而使老年人出现所希望的正面行为,前提是他们的需要能在新的环境中得到满足。在新的环境中,老年人与同伴一起生活,会启发他们有益的改变及成长。然而,一些老年人很难在没有协助的情况下适应养老机构的新环境,不愿意或不能正常表达自己的诉求,造成自我身份与角色的逐渐丧失。

(三) 机构生活的自由程度

入住机构的老年人一般由院方统一安排,集中供养,提供日常生活照料等方面的服务,实现集体成员养老资源的统一合理分配,这有利于机构的管理和经营。对于入住的老年人而言,虽然统一管理能保证其生理、安全、医护等方面的基础需要,但由于缺乏个性化的服务,难以根据他们每个人的生理、心理特点满足其个别化需求,可能会导致一些老年人无法适应机构环境,不能正常表达自己的诉求,无法顺从机构的统一安排,加上部分工作人员并未掌握专业的工作方法和时间精力有限等,造成老年人心理上的极大失衡,引发一些心理健康问题。

接受长期照顾的老年人只与机构中的工作人员和其他的老年人交往的机构化过程,会导致他们对日常生活的控制能力减弱。有学者指出,机构照顾具有以下问题:

(1) 不同于普通人的日常生活,机构中老年人所有的生活都在同一个地方,交往的都是同一群人。他们所有的日程安排,也都是以符合机构的宗旨为前提的。

(2) 机构中的老年人会不知不觉地丧失自己的身份和对日常生活的控制,缺乏灵活性和个性的集体生活,使得所有老年人受到的对待相类似。

(3) 由于机构中居住空间的限制,老年人入住机构时要放弃很多对个人有意义的物品,个人的隐私也会受到限制,并且还会受到其他的非个别化的对待。

(4) 机构的封闭性造成了老年人与外界的隔膜,并会使他们丧失通常在社区生活中扮演的角色。而且由于工作人员人数的限制,行动不便的老年人往往被困在机构中,与机构外的人员很少有社会交往。

(5) 一般而言,机构中的老年人需要依赖工作人员提供个人生活照顾和情绪上的支持,但由于年龄、身体、生活经历等方面的原因,老年人与工作人员会存在较多的沟通障碍,这种障碍使得老年人们不能表达出自己真实的感受和想法,结果会造成有些老年人的压抑感、羞辱感,使得他们的自尊受到损伤而形成自我退缩。这种问题的产生会进一步使老年人在他人面前掩饰自己的想法和感受,并且会对机构所组织的活动不感兴趣,甚至会故意向工作人员挑衅和不合作。

(6) 机构中的老年人可能会比较消极地接受机构提供的照顾,这种照顾会使他们对于生活的挑战、自我成长或改变的机会丧失信心。

现如今,一些养老机构的服务理念也在不断进步和提升,开始尝试不太限制有能力的老年人们的起居生活和活动节奏,让老年人们感觉生活较为自主,机构中的老年人对机构生活或自我照顾参与的机会越多,老年人们的生活满足感越强。有机会接触亲友和参与社区活动的老年人对机构生活更为满意,因为对生活满意的老年人会建立积极的自我概念。这说明了对于机构中的老年人是否能在机构生活中拥有更多的自主权,也即机构生活的自由程度,是影响老年人对机构生活主观感觉的一项重要因素。

三、养老机构开展老年社会工作的意义

随着时间的迁移和理念的更新,越来越多的老年人将会选择在养老机构安享晚年,而仅停留在对老年人进行基本生活照料服务层次的传统机构养老方式已然不能满足现在老年人的多方面需求。机构的老年社会工作者与机构内的医生、护理员、康复师等专业人员一样,都是机构中的一名正式员工。老年社会工作作为一项有着专业的养老知识、工作方法和技巧的职业,可以介入到养老机构中为老年人提供专业化的服务,了解老年人的内在需求,提高老年人的生活质量和幸福感,增强老年人们对自身的价值感和认同感,同时也提升了对机构的认同感和归属感。

(一) 满足人性化照顾的需要

为保证居住在养老机构老年人的晚年生活质量,提升其入住体验和幸福感,首先应使老年人获得"以人为本"的人性化照护,既包括生理看护,也包括心理照护,这实际上对机构工作人员是很高的要求。一些长期生活在养老机构中的老年人,由于缺少亲人的关怀和照顾,更需要工作人员对其进行人性化的护理和帮助。日常护理老年人的机构护理院、护工等本质上属于护理类职业,排除一些机构不雇用专业护理人员的情况,许多机构所配备的多是医学护理人员和其他生活照护人员,这能保证老年人日常饮食用药、清洁卫生等生理健康方面的照护需求,但由于工作性质和精力的限制,往往缺少对老年人心理的健康照护,而这恰恰是专业的老年社会工作者的工作内容和职责之一。如果老年人在机构照顾中既能够获得科学的身体护理需求,也能够得到人文化的心理互动和理解,可以使老年人因年老而产生的一系列心理问题得到关注并解决,提高机构老年人的生活幸福感。

(二) 满足个性化照顾的需要

社会工作认为每个老年人都是独特的个体,都有自身的潜力和价值,都应该被尊重和接纳。老年社会工作在安排上常常考虑老年人多元化的需要,从而设计出不同类型的服务,来满足他们不同的需要。例如,即使是生活自理缺损的老年人也应该能够享受到个别

化、高质量、高参与度及有满足感的生活，在服务安排上，作为老年社会工作者不应只将注意力集中在老年人的缺损上，而是要了解评估他们的想法和期待，知道他们在自理能力缺损的情况下，希望过怎样的生活。对他们来说，怎样才算是有意义、有参与及有满足感的生活呢？他们又希望服务提供者怎样帮助他们？每位老年人都是独特的个体，老年社会工作者会以最大的同理心，了解他们的喜好。老年人积累了大半生的经历，塑造了不同的个性与态度，拥有不同的技能、兴趣、喜好与能力。对某位老年人来说是合适并享受的服务和活动，另一位老年人却会很抗拒。所以，在安排各种照顾服务的过程中，老年社工可以与老年人及照顾者共同设计及安排，并要让老年人及其照顾者在过程中有最大的选择权，让他们在了解各种服务安排的利弊后，做出最合适的选择。例如，有些老年人习惯每天洗澡，但有些却是两天才洗一次。洗澡的多少并没有对错，亦没有一定的标准，只要不影响卫生，就应该由老年人决定。又或者有些老年人喜欢每天到老年日间中心参与活动，与其他老年人一起；有些老年人却喜欢留在家中，过平静休闲的生活。因此，在安排服务时，应以老年人的喜好为依据。

（三）有利于激发老年人的潜能

在许多机构的实际工作中，由于老年人身体衰弱、行动能力下降所造成的对工作人员的依赖，使得机构工作人员通常采取家长式的管理方式来对待那些入住机构的老年人，而老年社会工作的价值理念要求我们老年社会工作者在机构环境中服务老年人时尽可能充分运用老年人潜能激发的方法和技巧，来动员老年人尽可能地通过掌握、控制自己更多的生活，尽可能提高老年人机构生活的自由度，使其能够控制自己的生活，提高其能动性并发挥其潜力，以提高自身的生活质量。

（四）为老年人和养老机构链接各方资源

老年社会工作者在机构养老中可扮演多重角色，如服务者、治疗者、支持者、协调者、使能者、资源协调者等，其中，资源协调者对养老机构的服务提供发挥着独特作用。社会工作服务的前提是进行资源系统分析，将正式资源系统与非正式资源系统连接起来，共同解决服务对象的问题。在养老机构中，社会工作者不仅能够链接老年人自身拥有的资源（如亲属等），加强老年人与亲属之间的沟通和联系，还能够为整个福利院链接资源，如获得政府、社会组织、企业等的资金支持和公益援助，充分挖掘物质资源、精神资源和社会资源，帮助老年人获得更多的社会支持。

例如，老年人的特点是慢性病多，突发性强，危险性大。患有慢性病的入住老年人需要定期外出检查取药，高龄老年人突发疾病没有专业医护人员的救护，也容易贻误最佳治疗时机，有很大的危险性。某养老机构本身并没有医疗条件，在当前提倡养老机构医养融合的方向引导下，老年社会工作者积极争取为养老机构引入医疗资源，向医养融合模式发展，"小病不出机构，大病及时得到救治"，切实解决了机构内老年人看病难的问题。

再比如，引入志愿者服务机制，与各界志愿者共同搭建为老服务平台。机构的志愿者资源相对丰富，社工会联系院校企业等社会团体的志愿者来机构开展定期或非定期的服务活动。活动类型比较丰富,有文艺表演、游戏互动、陪老年人聊天、慰问品赠送、讲座义诊等。形式多样的志愿活动,很好地服务了机构入住老年人,丰富了老年人的文化生活,提升了老年人的生活品质。老年社工可协助机构领导做好社会各界志愿者的联系及接待工作,建立志愿者活动登记机制,为各方志愿者安排协调好活动的时间,避免活动冲突,帮助志愿者做好活动的通知和场地安排工作,并注意收集相关活动的反馈信息。

再比如,联系社区便民服务,方便老年人生活。联系社区内资源,为机构入住老年人提供便民上门服务。社工对老年人日常生活需求进行整合,制定便民服务联系卡,由社工定期为老年人联系上门服务,老年人需求较多的主要包括报刊订阅、维修、理发、修脚、资源回收等服务。以报刊订阅为例,虽然机构本身也订购了不同种类的报纸杂志供老年人免费阅览,但是不能满足每个人的阅读需求。面对个别老年人的需要,社工联系邮局等机构,帮助老年人订阅,满足他们的个性化阅读需求。机构老年社工尽量为老年人联系优质价廉的服务者,人性化的贴心服务给入住老年人的生活带来便利。

课堂练习

一、单选题

以下不属于影响老年人机构养老生活质量的主观因素的是(   )。

    A. 老年人自己对晚年生活的态度   B. 人际关系的满意度

    C. 老年人适应新环境的能力   D. 机构的医疗服务水平

二、填空题

保证居住在养老机构老年人的晚年生活质量,提升其入住体验和幸福感,首先应使老年人获得"以人为本"的人性化照护,既包括生理看护,也包括_____。

三、判断题

1. 老年社会工作在安排上应考虑老年人多元化的需要,从而设计出不同类型的服务,来满足他们不同的需要。(   )

2. 老年社会工作者在机构环境中服务老年人时尽可能充分运用老年人潜能激发的方法和技巧,来动员老年人尽可能地通过掌握、控制自己更多的生活,尽可能提高老年人机构生活的自由度,以提高自身的生活质量。(   )

四、简答题

1. 请简述医养结合模式的含义以及目前常采取的模式。

2. 影响老年人机构生活质量的因素有哪些?

五、论述题

1. 请联系实际谈谈养老机构开展老年社会工作的意义。

2. 请联系实际谈谈养老机构中的老年社工可以根据情况为老年人和机构链接哪些方面的资源。

六、案例分析题

李奶奶自老伴去世后就来福利院居住,身体状况较好,但整天一个人待在房间里很少出来,很少参加福利院组织的活动,也从不理福利院里其他的老年人,有时其他老年人帮她搬椅子、拿东西,她也从不理会这些老年人,也不说"谢谢",有时其他老年人邀请她一起参与活动,她也对他们不理不睬。福利院里的老年人们都私下议论李奶奶,有的说她性格古怪,招人烦;有的认为李奶奶不应该这样,怎么也得说声"谢谢"啊;有的说她不理我们我们也不理她。

如果你是这个福利院里的老年社会工作者,你打算怎么办?

任务二 养老机构中的社会工作介入工作

为了帮助老年人提高其机构生活的质量,在养老机构中老年社会工作的介入层面一般包括直接工作和间接工作两大层面。直接工作是指针对机构老年人的直接工作,间接工作包含了针对老年人家属的工作、针对机构内其他人员的工作以及其他工作三个方面。

一、直接层面的工作

直接层面的工作主要是指针对老年案主的直接工作,可以按照老年人入住机构的程序进行划分,包括入住机构时的工作、入住机构后的工作、离开机构或转院时的工作。

(一)协助老年人入住机构时的工作

1. 情感支持

对于大多数老年人来说,从熟悉的社区和家中入住到养老机构都会是一个令人心情复杂的过程,对于个别老年人甚至是一个痛苦的过程。大部分选择入住养老机构的老年人基本身体软弱,其行动能力和自理能力已经部分丧失或基本丧失,而入住机构后还面临失去家庭环境、失去自己对生活的控制,以及不能每天见到自己的亲人等问题。再加上有些老年人的家人为了使老年人能够顺利地入住到机构,往往还会提供一些不正确的信息和不切实际的保证,还可能会避免直接与老年人谈论一些痛苦或恐惧的情绪问题,老年人在入住机构前很少有机会去倾诉内心真正的犹豫、恐惧等情绪,长久憋在心中,这些因素都会影响到老年人入住机构后的生活质量。因此,工作者必须在一开始就敏锐地获知老年人自身的感受和其家人的想法。

机构中的老年社工在老年人或其家人提出申请入住机构之后,最好能够与老年人及其家人进行一次会面,一方面社工可以作为一个咨询者等角色为老年人及其家人提供机构的各种信息,给予他们支持,另一方面,还可以作为一个教育者,使老年人及其家人能够对入住机构的程序及可能的未来生活有所了解和有一定的心理准备。对入住机构前的老年人进行面谈和家访,其目的在于评估机构照顾方式是否合适,也可以与老年人讨论和比较其他可供选择的照顾方案,协助案主做出积极的和正面可行的选择。同时,在老年人及其家人做出决定之前,可以和老年人及其家人一起探访机构,以充分认识机构的环境和生活方式。在工作者与老年人及其家庭其他人员面谈时,需要注意老年人与其家庭其他人员的互动模式及处理问题的模式,因为这会影响到家庭成员与机构的关系,也会影响到家庭人员与老年人的关系问题。

2. 信息收集与评估

工作者还必须对老年人及其家庭状况进行一定的信息收集,以便能够在老年人入住机构后为其提供个别化的护理照顾计划。一般需要信息收集与评估的内容包括:老年人入住机构的背景及目的、老年人的疾病史、老年人的社保医保情况、老年人的精神状况、有无异常行为、家庭护理照料情况、护理照料者的情况、家庭生活状况、老年人的生活历史、老年人的性格、老年人的日常生活自我照顾能力(activities of daily living,ADL)、老年人的工具性日常生活能力(instrumental activities of daily living,IADL)状况等,老年人的认知功能、是否有抑郁症状等。其中特别需要注意的是,要对老年人最近段时期的生活能力和自我照顾情况做出一定的评估,要特别注意老年人的分辨能力、特长及残存能力,以便能够帮助老年人在其以后的机构生活中得以发挥。此项工作十分重要,一般应由机构内的老年社工来主导完成(有时需要联合机构内医护人员共同进行),具体而言为以下几个方面的评估:

(1)评估老年人身体健康状况

老年社工应在见到老年人时就开始用自己的观察进行评估,问题包括:(1)整体健康状况如何?(2)行走是否不便?(3)起身或坐下时有没有困难?(4)肢体协调有没有问题?有没有颤抖或麻痹的症状?(5)是否有中风的症状,例如口齿不清或半身无力?(6)有没有呼吸困难或在简单活动后气喘的症状等。机构的老年社工应了解最基本的老年疾病,从疾病状况问起,从老年人本身或亲友中了解老年人的基本情况。初次见面的评估如果是有机会进行家访会更好,因为老年人在最熟悉的环境中的反应往往是最自然的。老年社工还可以询问老年人及其家人,老年人的疾病史、药物使用情况、饮食习惯,等等。另外,我们还需知道的是,老年人这些身体方面的变化可能对老年人的心理和情绪适应也会造成很大的影响。心理上说,任何身体损伤(例如失聪、失明和其他残疾)都需要老年人接受这些失去和改变,学习如何应对这些变化。适应过程本身非常需要内心力量和勇气。在这个过程中应给予心理咨询、支持和鼓励,也应与老年人及其家人建立支持关系,为日后短期或长期照顾计划做好准备。评估过程需要关心、细致、尊敬、同理心、理解以及鼓励老年人。在开始评估之前,必须请求许可以示尊重,否则,老年人会感到被侮辱和侵犯。因此,必须向照顾者解释评估的原因。

总之,工作者第一次与老年人及其家人会面的成功与否,对以后机构中的工作人员能否与老年人建立良好的关系有着重要的作用。因此,工作者需要在面谈中保持轻松的氛围,充分介绍机构的情况,使老年人及其家人能够产生对机构的信赖感,并尽可能地取得老年人家人的支持。表7-1是老年人申请入住机构时的个人资料评估表,可以作为老年社工在收集资料时的参考。

表7-1　个人资料评估表

1	姓名	
2	性别	
3	出生日期	
4	婚姻状况	
5	受教育程度	
6	患病情况	
7	社保医保情况	
8	居住状况/同住人员及人员数	
9	生理健康自评状况	
10	心理健康自评状况	
11	目前的主要家庭照顾者	
12	目前个人家庭每月收入情况	
13	收入来源	
14	居住地	
15	过去一年内入住医院的状况	
16	用药情况	
17	其他亲属状况	
18	其他	
备注		

（2）评估日常生活活动能力（Activity of Daily Living，ADL）

通过日常生活（自理）活动评估，便可判断老年人处理基本生活琐事、照顾自己的能力。老年人应付日常生活时的身体及精神状态会影响各种功能状态。老年人日常自理活动包括以下项目：（1）照顾自己饮食的能力——能否不用协助，自行进食？抑或需要别人协助，把食物切成小片；能否盛饭和拿菜？（2）照顾自己大小便的能力——能否控制便溺，及时去洗手间？（3）自己行动的能力——能否在起居范围内自行走动？（4）自己转动身体的能力——是否不需协助？能否从床上或椅子上自行起来？（5）自己独立沐浴、淋浴或擦身的能力——能否自己选择衣服和更衣？（6）能否自理梳头、洗脸等事宜？（7）能否进行基本牙齿护理？这些日常自理活动能力是老年人健康状态的指标。具体参见附件1：日常生活活动能力评估。

（3）评估工具性日常生活活动能力（instrumental activity of daily living，IADL）

评估工具性日常生活活动较日常自理活动复杂，但它们同属于维持独立生活所需的基本能力，其中包括：① 使用电话的能力（包括查看电话号码、打出电话和接听来电）；② 做饭的能力（包括自己安排一顿膳食）；③ 管理药物的能力（包括在适当时间服用准确剂量的药物,而不需他人协助或提醒);④ 购物的能力(包括在不需顾虑交通安排下计划购物的能力);⑤ 管理金钱的能力(包括提取存款、签署支票来缴费);⑥ 处理家务的能力(包括洗刷地板一类的粗重家务和洗衣服、整理床铺等琐碎家务);⑦ 使用交通工具的能力(如独自乘搭公共汽车、出租汽车等交通工具)。日常生活活动能力减慢或丧失可能代表老年人的认知能力或体力开始衰退,甚至出现其他健康的问题。具体参见附件2:工具性日常生活活动能力量表(IADL)。

(4) **评估老年人的认知功能**

随着人的年龄增长,很多人(包括老年人及其家人)会将记忆力衰退这一现象视为正常老化过程的标志。事实上,这并不是正常老化过程的一部分。记忆力衰退可能跟老年阿尔茨海默病有关。这些人会忘记事情,迷失方向,失去时间观念,没办法找到恰当的字词,又或者无法记得如何完成简单的工作。这些都是心理健康中认知能力改变的一些征兆,而老年阿尔茨海默病有可能是导致改变的成因之一。老年阿尔茨海默病很容易被误认为是其他的病症,其病因多元复杂,在此不做讨论。

简易心智状态问卷调查表(SPMSQ)是既简单又通用的量表。此测验旨在帮助评估老年人有没有认知和记忆方面的问题。测验首先测量的是认知功能,包括短期记忆、长期记忆、对周围环境的辨识、当前事件的见闻以及数字顺序排列的能力。问卷是非常简短的10个问题,而且记分方法简单。对象范围包括从认知能力完整到认知能力的严重受损,可以用于住在社区和养老院的老年人。测验只需10分钟,社会工作者可从结果获得基本数据,了解老年人是否有认知障碍,显示是否可能患上阿尔茨海默病。然而,SPMSQ测验并非断定阿尔茨海默病的指标,它只能帮助社会工作者初步了解老年人认知功能的状况。若测验的评分很低,应建议老年人到医院接受更深入精神状态检查。具体参见附件3:简易心智状态问卷调查表(SPMSQ)。

(5) **评估老年人是否有抑郁症状**

评估老年人的情绪状态时,我们需判断其情绪状态是否稳定,老年人是否表现出抑郁状态,在言语间表示自己很多时候都觉得难过或低沉。虽然每一个人都有情绪低落或者难过的时候,但长期感到难过并不是一个正常老化的现象。抑郁状态通常与近期遭受重大生离死别打击有关,如配偶、亲人或挚友的病重和离世。在这种情况下,老年人多少会有点抑郁,除非延续极长的一段时间,否则不应视之为问题。老年人严重抑郁的两大主要症状是情绪低落及对事物、人物明显失去兴趣。次要的症状包括异常难过的心情、不时哭泣以及睡眠规律失常,其中又包括失眠或嗜睡。抑郁的人通常会表示感到长期疲乏和精力不振,没有能力做任何事情。抑郁的老年人连做最简单的决定也有困难,例如决定该吃什么,或如何处理熟悉的事情。抑郁的老年人对人生不再有什么期望,提不起劲参加任何社交活动。老年抑郁量表(Geriatric DepressionScale,GDS)是初步诊断抑郁症状的常用工具。具体参见附件4:老年抑郁量表GDS。

(二)针对入住机构后老年人的直接工作

1. 为老年人安顿好居住环境

老年人在入住机构后,一般需要一段时间进行安顿,或处理一些个人的私事,因此,为老年人提供一个安全的居住环境是非常重要的,这样,新入住的老年人才能从以前的个人社会生活问题或家庭问题中恢复过来,在机构的环境中保持满意的、有连续性的生活,使新的人际关系得到发展或成长。一般认为,老年人在适应养老院生活的过程中会经历三个阶段:(1)混乱期,这一时期主要集中在老年人新入住养老机构的第6周至第8周。在这一阶段老年人会有比较强烈的不适应反应,主要表现为以自我为中心并伴随着深深的孤独感。(2)调试期,这一阶段主要发生在老年人入住的第3个月左右。这一阶段也称为过渡期,是老年人打开自己的内心接受在养老机构居住的事实,并尝试与养老机构内部的成员建立新的人际关系的时期。(3)稳定期,这一时期主要集中在老年人入住的第3个月至第6个月。这一时期的老年人已经陆续熟悉院内生活,并已经基本接纳院内生活,至此老年人已逐步迈向新的生活。因此,社工需要特别关注新入住老年人(尤其是第一阶段混乱期)的适应情况,包括饮食、休息睡眠、人机互动等。

2. 评估老年人的需要和能力

一般而言,养老机构对于老年人健康、生活方面的护理照顾都是专业水平的,而且也比较重视这方面的工作。很多养老机构较为偏重的是医疗模式的照顾,但老年人社会心理方面的需求常常被忽视,老年人社会与心理能力易退化。在老年护理机构中,老年人因为没有获得社会支持,造成了挫败、无助、绝望与无力感等负面情绪反应在入住机构的老年人中蔓延。而为老年人提供社会支持的工作恰恰是社会工作者可以发挥才能,以改善、提高老年人生活质量的方面。这一切工作的前提,是能够正确评估老年人的需求和能力,据此提供恰当的服务。

社会工作者对老年人的评估应当包括身体、心理压力、经济及社会支持系统。另外,也需要评估能力和以往在生命和生活中的适应力及性格强项。例如,从与老年人的会谈中了解到老年人曾经经历过的有挑战的事情,老年人在此过程中拥有的顽强品性和智慧等,都可以看作是老年人的能力。在评估和介入时,考虑老年人的能力,目的是要尽力发掘老年人的能力,协助他们以自身力量应付挑战。多角度评估有助于找出老年人不同需要和服务以助其恢复功能。老年社会工作者要善用老年人所拥有的能力,辅以支持服务,替代他们已丧失的身体功能,以增强老年人保持独立的能力。

3. 运用社会工作、个案工作、小组工作的方法提供具体服务

社会工作方法介入养老机构的具体应用在一些发达国家,作为社会福利服务的重要组成部分,老年社会工作因其服务老年群体的独特功效,普遍受到老年人服务行业的重视。但中国内地社会工作发展的步伐相对较慢,一些养老机构负责人对于老年社会工作的作用缺乏清晰的认识。另外,一些机构虽设立了社工部或社工岗位,但社会工作者在养老机构的定位不清,社工常常被认为是什么都可以做,什么都能做,或者更多的是让社工主要负责安排老年人每日简单的娱乐休闲活动。其实,社会工作者的工作远不止如此。

(1) 老年个案工作

对于入住机构的老年人而言,机构中的生活会面临着各种改变,如生活环境的改变、生活规律的改变、家人探望形式的改变、同一房间入住老年人的改变、亲属或朋友的死亡所带来的改变等。而决定社会工作服务需要的主要因素是"改变",因此,在为入住机构的老年人提供社会支持时,工作者可以采用个案工作的介入方法,根据老年人的具体情况来决定为他们提供服务的范围及程度,帮助老年人适应这些变化,以提升老年人的自助能力、自我价值和尊严。当然,这需要工作者能够观察到由于这些变化所引发的老年人行为,以及分析这些行为所带来的问题及背后的相关因素,然后与其他工作人员一起设计个案辅导方案,以改变老年人的行为问题。

个案工作的原则之一是个别化原则,即每个人都有其固有的特性、尊严和价值。关注每个人的特性是社工开展各项活动首先要注意的。机构老年社会工作者首先可以针对不同老年人进行信息收集,在了解这些基本情况后通过接纳、鼓励、积极帮助等方式打消老年人顾虑,与之建立良好的关系。其次,老年人需要的是表达、倾诉,社会工作者要做一个好的聆听者,这有利于帮助老年人发泄情感,发现问题所在。第三,给予老年人切实的帮助而不是建议。处在这个阶段的老年人自身处理问题的能力下降,自我恢复功能受阻,因此不能简单地提出解决方案让老年人去实行,而应该为老年人做一些实实在在的事情。第四,还可通过怀旧和生命回顾帮助老年人减轻焦虑,找到生命的意义。通过与老年人回顾他们生活中一些难忘的片段,开心的回忆,帮助老年人找回当年的自己,重拾对生活的信心。

(2) 老年小组工作

除此之外,也可以采用小组(团体)工作的方法,通过老年人小组活动的各个过程,使老年人获得正面的认知、行为的恢复与发展,以及对自己生活的控制能力。如社会工作者可以采用老年人支持性团体工作的方法为入住机构的老年人提供社会性支持等。小组活动是老年人认识自我、获得社会角色、寻找生活意义的一种途径。机构的老年人在条件允许的情况下应当尽可能多地参加各种各样的小组活动,这样,才能更好地促进老年人生理、心理和社会等方面的共同进步。因此,机构的老年社工可以根据老年人的需求开展各种类型的小组工作,加强老年人的人际沟通,促进身体健康,丰富其在养老院的生活。以下介绍几种常见的小组工作主题:

a. 缅怀小组

当老年人聚在一起,会经常互相分享自己的人生经历和家庭经历,而相同的人生经历更能拉近老年人间的友谊。缅怀往事能使老年人打开人际交往的大门,融入团体中,迅速和他人建立关系。

b. 现代知识学习型小组

生活在养老院的老年人们保留着以前的思想和价值观念,再加上长期与外界隔绝,跟不上现代社会的变化,可以通过一系列的小组题活动,使老年人学会现代生活的知识技能,例如智能手机的使用等,保持对生活的热情。

c. 健康管理小组

养老院中的老年人大多数年纪较大,通过让老年人分享交流养生经验,长寿秘诀等,增强老年人的自信;通过一些健康知识的学习,如手指操等,帮助老年人增强自我照顾的能力。例如高血压管理小组、慢性病自我管理小组、糖尿病患者病友互助小组——"糖友乐"、青光眼患者病友互助小组——"青光眼之友"、心脏病患者及其家属互助小组——"开心小组"、中风病人的绘画工作坊——锻炼精细动作等。

d. 康乐小组

社会工作者可以组织一些闲暇与文化活动,召集有相同兴趣爱好的老年人参加,给老年人一个展示的平台,丰富其晚年生活,兴趣小组可使得老年人成长和发展。例如老年手工活动小组、健身小组、音乐小组、摄影小组等。在这个层面,社会工作者应该为老年人提供自助、互助和参与机构生活的机会,让他们组织有特殊目标的小组,以推行新奇有趣而且充实的团体关系,如户外活动、节日庆祝活动等。此外,通过这样的支持性团体活动,可以帮助老年人恢复自尊、自信和自我力量,并且能够在机构生活中发展出新的角色和新的人际关系。

e. 老年人自助团体

养老机构的社会工作者还可以帮助成立老年人自助团体,如机构老年人协会或老年人代表会,以便收集老年人对改善服务的建议,并向机构或照顾者表达照顾需要和期望,以维护老年人参与服务的权利和感觉。

4. 做好个案管理工作

个案管理是社会工作的核心技术之一,它通过一系列的服务连接和整合各种资源以满足案主的多样化需求,广泛应用于老年照顾、精神健康和残疾人康复等社会服务领域。在医疗和养老资源有限的情况下,个案管理可以整合和利用资源,以科学、专业的方法将不同的养老需求及资源连接起来,有效满足老年人健康和养老需求,促进"医养结合"模式的发展。社工担任个案管理员的优势在于社会工作者是一线服务人员,对老年人的情况比较了解。同时,社工服务是养老服务的重要组成部分,社工为老年人提供院舍适应、心理慰藉、休闲娱乐等服务,协调链接院内外资源,参与机构的管理工作,等等。

目前,学界对个案管理的界定有两种取向:一是过程取向。将个案管理界定为一种协调的过程,通过协调获得各种资源,协助那些面临多种问题的服务对象。二是体系取向。将个案管理定义为联结和协调各种不同的服务体系,用完善的服务方式满足服务对象的多种需求。参照上述理解,我们将老年个案管理定义为专业人员为处于困境中的老年人整合服务活动的一种过程。在此过程中,来自不同服务体系的工作者通过相互沟通与协调,以团队协作的方式为老年人提供其所需要的服务。

个案管理具有高效性和针对性,但却不是所有的老年人都需要进行个案管理。作为一种整合性的服务方式,个案管理通常对其服务对象有一定的要求:一是服务对象的问题复杂,需要多个助人者的服务才有可能解决。二是服务对象在有效地获得及使用助人资源方面有困难。适宜作为个案管理对象的老年人主要是身心及社会功能受到严重损害的老年人、需要两种或两种以上服务的老年人、高龄老年人、需要长期照顾的老年人、接受服务太少的老年人、缺乏非正式照顾的老年人、低收入或濒临贫困的老年人。

我们以W养老院个案管理的应用为例,来了解养老机构中的个案管理过程:

(1) 评估

老年人入院后,个案管理员(一般是机构的老年社工)对老年人进行初步的需求评估,量表涵盖日常生活活动、感知与沟通、社会参与、医疗照护、精神状态等方面的评估。初步的评估结果将筛查出老年人照护的风险点,风险点需要专业人员进行进一步的评估,以确定老年人需要解决的问题。

(2) 制定计划

完成评估后,个案管理员协调跨专业团队召开个案会议,针对服务对象的问题,医生、护士、康复师、社工、营养师等分析老年人的需求,研究制定出一套可行的照护计划。制定照护计划的时候,团队需要考虑本院可协调的资源、人力等情况。计划的内容要具体清晰,明确计划的目标、执行责任人、执行的时间段、服务的频次、服务的内容等,以便后期开展成效评估、质量控制。团队在会议当中要注重结果导向,务必讨论出可行的方案。社工部主任审核照护计划,计划已经通过,即开始执行。

(3) 执行计划

个案管理员要确保相关工作人员清楚老年人的照护计划,做好传达解释工作,将工作落实到人。在执行过程中,个案管理员要加强与各方专业人员之间的沟通,了解老年人与其他工作人员的意见和建议,协调好老年人与专业人员之间的关系,协调好老年人接受服务的时间,确保计划能顺利执行。各专业人员根据照护计划为老年人提供服务,及时记录服务情况。

(4) 监督

W 养老院个案管理采用多层级的监督,来确保照护计划服务的具体落实。个案管理员作为第一级监督,对计划执行情况进行日常跟进。个案管理员要熟悉老年人的照顾计划,清楚相关专业人员的工作任务清单,长期性、持续性地跟进计划的执行情况。个案管理员有责任督促专业人员按时、按量、高质量地为老年人提供服务。

(5) 结案

个案管理员要为结案做好充分的准备工作。如征求老年案主对服务结束的意见,应对老年案主可能出现的结案反应,表达对老年案主的支持等。

(6) 重检

老年人经过一年时间的个案管理跟进后,需要对其进行重新评估,若老年人在一年内,身体健康、精神状态没有较大变化在个案会议上,跨专业团队除了检视上一年工作成效,还要研究修改或保留上一年的照护计划。如果照护计划执行未满一年,老年人发生重大身体健康、精神状态、社交关系等方面的变化,个案管理员及时启动评估,重新评估老年人的问题和需求。

(7) 成效评估

W 养老院从两个方面进行成效评估,一是老年人的满意度调查,W 机构在民政部发布的《养老机构服务满意度测评》的基础上结合机构实际情况,制定出一份满意度调查表,每年对老年人进行一次满意度调查。二是对照护计划的执行情况进行评估,检查服务记录,了解专业人员的服务频次、服务内容等是否跟计划一致。定期的成效检验有助于专业

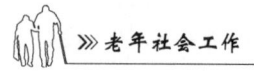

团队明确是否可以对老年人延续照护计划。

5. 在综合照顾团队中担任协调者角色

就老年人长期照顾而言,由于老年人问题的复杂性,社会工作者需要与其他工作人员(医生、护士、养老护理员、康复师等),通过专业的综合照顾,跨资源整合,一起努力处理老年人的行为问题,有时甚至需要一同为个别老年人设计个人照顾计划,以满足其个人需求。其中,社会工作者的任务常常是计划、推行、协调的工作。

(三)老年人离开机构或转院时的工作

入住机构的老年人有可能会在机构中生活到去世为止,也可能会在中途离开机构或转院。离开已经熟悉的机构到另一种环境中会使老人有失落的感觉,即使是回到家中,因为家庭的护理照料程度不如机构也会使老年人感到害怕,而他们可能已经习惯了机构的生活方式与人际关系。如果被转介到其他机构,老年人则会担心新机构的状况是否会比现在的差。无论如何,环境的改变都会给老年人及其家人带来较大的压力和痛苦。

面对这样的老年人,老年社会工作者可以帮助老年人及其家人从面对生活环境改变的准备开始,在工作过程中,一方面需要使老年人及其家人明白改变生活环境的原因及必要性,做好一定的心理准备;另一方面,可以允许老年人及其家人通过提问的方式了解另一机构的有关信息,以减轻他们的心理负担。所以,工作者同时需要扮演咨询者和教育者的双重角色。同时,工作者要尽可能地评估另外新环境的资源状况,以确保老年人在新生活环境中能够得到较好的服务。

二、间接层面的工作

(一)针对老年人家属的工作

1. 鼓励家属与机构老年人建立情感支持

无论老年人是独居还是与配偶或子女同住还是在养老机构,家人和挚友的联系和支持对老年人来说极为重要,彼此关系是否良好都会影响老年人的情绪健康。有研究表明,家庭关系恶劣是老年人抑郁及焦虑的源头,原因是老年人害怕在需要之时不能从家人处得到支持。当有问题出现,或需要向人倾诉时,老年人找的亲人是谁?若老年人的家庭关系令人担忧,社会工作者便需要考虑介入,例如通过家庭治疗,辅导老年人及其家人。也可以以支持小组和其他以家庭为本的介入方式,帮助老年人及家属,处理关系问题。

虽然老年人入住了养老机构,其家人在日常生活方面的护理照顾压力得到了减轻,但并不意味着可以完全放松自己的责任。由于入住机构后老年人的社会交往范围进一步缩小,使得老年人们更加缺少社会的支持,而会产生一些负面情绪,如果任其蔓延,就有可能进一步引发老年人的精神抑郁从而产生心理疾病,使老年人感到自己的生命已经没有意义。

因此,针对老年人的家人而开展的工作其实也是老年社会工作的一部分。社会工作者可以通过家庭工作方法、小组工作方法,帮助家庭成员了解老年人在老年期的各种生理及心理特征,帮助家庭成员更好地为老年人提供精神照顾。在老年人精神支持方面,即使最好的养老机构也不可能代替家庭成员的作用。

2. 帮助减缓家属的焦虑和负罪感

由于受到我国传统文化的影响,一些子女认为将老年人送到养老机构接受照顾是非常不孝的事情,也就是机构照顾可能会给老年人的家属带来焦虑和负罪感。对此,社会工作者要帮助家庭成员消除这种感觉,并协助他们认识到在高龄期接受专业化机构照顾的必要性和现实性;同时还要强调老年人入住机构后家庭成员定期探望和支持老年人的必要性和重要性,并且鼓励家庭成员一起参与老年人个人照顾计划的制订。这样,一方面可以发挥家庭成员的积极性,另一方面也可以使老年人感到亲情的温暖,提高老年人的生活质量。

(二) 针对机构内其他人员的工作

1. 提高机构各类工作人员的养老服务意识

养老机构是为老年人提供服务的场所,需要依靠医生、护士、养老护理员、康复治疗师、社工等工作者的直接照顾服务,也需要机构的会计、出纳等行政人员,以及保洁、食堂服务人员等后勤工作人员的共同辛勤努力,才能为老年人提供好的服务,工作人员是养老机构的人力资本。因此,社会工作者需要特别注意关心、爱护和重视每一位工作人员,并带领大家努力营造平等、和谐的工作和生活环境,使工作人员们感到自己在这个团队中的价值所在。同时,社工还要在机构倡导诸如老年人不是昏庸无能而是有能力的,每一位老年人都有其价值和尊严,都应该得到尊重等为老服务价值理念,让老年人在机构中的任何角落、办任何事时都能感受到尊重和平等,例如能够自理的老年人可以在确保安全和获得支援的条件下,有机会正常地从自己的房间走到食堂去享用三餐,自行选择想吃的食物,而不是全部由护理员打好饭送到房间给老年人机械地完成吃饭这件事,让老年人对自己的生活拥有一定的掌控感也是尊重老年人的一种体现。

除此之外,社会工作者还要为工作人员提供训练和辅导,创造人人学习、各尽其才、公平和谐的环境,使每一位工作人员发挥各自的优势和长处,给予他们自我发展的平台和空间,满足他们自我实现的期望。

2. 开展针对机构医护人员的支持性服务

在机构工作的具体照顾者,如养老护理员,每天都会与老年人接触,照顾老年人的生活起居,他们每天都要面对复杂、繁重的工作,既要面对一些可以完全自理的老年人,又要面对不能完全自理甚至是失智的老年人。由于长期照顾体弱和易发脾气的老年人,可能会出现"工作麻木"现象。为此,社会工作者需要重视工作人员的心理状态,给予他们情绪支持,及时疏导、解除工作人员的心理问题是优质服务的保障。因此,社会工作者应该积极疏导护理人员的心理压力和情绪压力,解决他们的心理问题,从而促使护理人员以积极乐观的心态更好地为老年人服务,这样也有利于带动老年人积极向上的情绪。定期开展针对护理员的支持性小组是在养老机构内协助护理员彼此分享交流经验,相互倾诉,抒发心中的负面情绪的很好的机会和方法,同时也为护理员提供了喘息的机会。例如护理员支持减压小组(有机会倾诉压力、交流问题)、护理员教育性小组(学习新的照护技能和理念)等,有利于增强护理员的角色意识,提高照护能力,提升职业价值感、增强机构归属感,提高护理服务工作的质量和工作积极性;开展医护人员音乐治疗小组,舒缓医护人员工作压力,有利于营造良好的关爱医护人员氛围,打造一支健康阳光,积极向上的护理团队。

另外,对于工作人员的个人问题、家庭问题或工作压力问题也需要机构的社会工作者予以辅导和支援。

(三) 其他层面的工作

1. 延伸社区、资源拓展及发展

机构养老与社区居家养老都是老年人长期护理照料的重要环节,两者相互促进、相互弥补又相互关联,构成老年人福利服务事业这一整体。因此,机构的社会工作者可以主动在社区中寻找机构所需要的社区服务,或统筹社区人员提供给机构的服务,如组织机构老年人参与社区举办的比赛、出席社区的文娱活动等。通过养老机构的"点"带动社会的"面",使全社会和各级政府加强对老年问题的重视程度,并对养老机构的生存现状给予充分理解和支持。

同时,一些养老机构拥有着丰富、集中的养老资源,老年人群体集中,服务平台大,能够有机会为本社区老年人提供更多服务类别选择,弥补当前社区养老服务的欠缺,通过延伸社区服务,将养老机构服务资源整合进社区服务中来,使现有的服务设施与服务内容效用最优化,从而节约运行的成本。

2. 志愿者管理

社会工作者还可以通过招募、训练、运用、支持志愿者服务来为机构内的老年人提供各项服务,如训练和安排志愿者与机构有关工作人员进行合作、陪伴老年人、写信、理发等,形成人人尊老助老的社会风气。在社区服务资源拓展的同时,还需要对资源进行有效的整合,协调社区其他组织与机构为老年人提供服务,如运用老年精神科专家的外诊服务提供诊断与治疗。

3. 参与机构各项制度的制定和完善

社会工作者通过自己掌握的老年人的社会心理需求知识,可以参与制定机构的目的、服务等各项规章制度,而且还可以根据经济社会等外在环境的变化及机构内部的变化,不断地进行补充和完善,这样才可以促进机构的成长与发展。

4. 生命晚期照顾

生命晚期照顾(end of life care)可以适用所有年龄段人群,包括面对绝症的老年人。而因为老年人生命晚期照顾非常特别,包括如何看待老化、疾病、生活质量、生命意义,以及死亡和面对死亡的态度等。

生命晚期照顾一般被定义为帮助面临重症、绝症的患者可以有质量地度过生命的最后历程。这段时期可能只持续几周,也可能成年累月。因为生命晚期老年人面对着无法治愈的疾病,其中一个重要的方法即是安宁服务(或称安宁疗护、安宁照护)。安宁服务将重点放在照顾患者及其家属,而不是让患者继续进行无意义的治疗活动。当绝症的处理从治疗走向症状控制和疼痛管理的时候,就可以称为安宁照顾服务。这里需要注意的是:安宁照顾服务并不是放弃治疗,而是治疗的目标从治疗疾病转向症状舒缓,疾病无法治愈时着重于疼痛管理。在这种情况下,任何传统的、激进的治疗手段都可能增加患者的痛苦。

生命晚期服务的对象既有老年人,也有其家属。在美国,当患者仅剩下不到半年的生命时,医护服务会为他们及家属安排一周7天、每日24小时的临终关怀服务,也就是生命末期照顾。这种服务可以是在患者的家中、医院,或是养老院。临终关怀(hospice service)是对生命末期患者提供安宁服务(palliative care),以减轻其生理痛苦和心理恐惧。其目的既不是治疗疾病或延长生命,也不是加速死亡,而是改善病人生命晚期的生活质量。

事实上,在过去的20年里,越来越多的中国人开始理解和接受安宁服务。让每个临终病人在有限的时光里安详地、舒适地、有尊严而无憾地走过人生旅程的最后一站。临终关怀包括安宁服务,以及其他针对患者及家人的心理和精神治疗服务。本书有专门章节对临终关怀服务进行详细介绍,此不赘述。

课堂练习

一、单选题

1. 在养老机构中老年社会工作的介入层面一般包括直接工作和间接工作两大层面。直接层面的工作主要是指针对老年案主的直接工作,以下不属于直接层面的介入工作的是( )。
   A. 针对老年人入住机构时的工作
   B. 针对老年人入住机构后的工作
   C. 针对老年人家属的工作
   D. 针对老年人离开机构或转院时的工作

2. 以下可作为评估老年人的认知功能的量表是( )。
   A. ADL 量表   B. IADL 量表   C. GDS 量表   D. SPMSQ

3. 以下可作为评估老年人是否有抑郁症状的量表是( )。
   A. ADL 量表   B. IADL 量表   C. GDS 量表   D. SPMSQ

4. 以下不属于养老机构中的老年服务社工可以根据情形开展的间接层面的其他工作的是( )。
   A. 延伸社区、资源拓展及发展
   B. 志愿者管理
   C. 参与机构各项制度的制定和完善
   D. 老年人的转院工作

二、填空题

机构的老年社工可以根据老年人的需求开展各种类型的小组工作,加强老年人的人际沟通,促进身体健康,丰富其在养老院的生活。常见的小组工作主题有缅怀小组、康乐小组、_____、现代知识性学习小组和老年人自助团体等。

三、判断题

1. 养老机构中的老年社会工作服务只需要针对有问题和需求的老年人做具体的服务即可。（ ）
2. 老年社工要在机构倡导诸如老年人不是昏庸无能而是有能力的,每一位老年人都有其价值和尊严,都应该得到尊重等为老服务价值理念,让老年人在机构中的任何角落、办任何事时都能感受到尊重和平等。（ ）

四、名词解释

1. 个案管理
2. 生命晚期照顾

五、简答题

1. 针对入住机构后老年人的直接工作有哪些方面?
2. 针对老年人家属的间接层面的工作有哪些方面?
3. 针对机构内其他人员的工作的间接层面的工作有哪些方面?

六、论述题

针对养老机构中的新入住老年人,老年社工如何做好信息收集与评估工作?请联系实际简要说明。

七、案例分析

案例1:周奶奶4年前患有脑梗死,开始出现记忆力减退,以近事记忆为主,导致左侧肢体出现偏瘫的趋势,步态不稳,由于近期经常出门找不到回家的路,家人无法照料便送到福利院居住。周奶奶入住养老机构当天较为安静,但第二天就开始吵闹、拒绝进食,要回家。护理人员善意劝说周奶奶,周奶奶不但不听,还打骂护理人员。

如果你是该机构的一名老年社会工作者,你打算如何帮助周奶奶?

案例2:

S老年人院是一家设施齐全、环境较好的民营养老机构,机构内共有90多张床位,其中共有52名(女性35人,男性17人)全托老年人入住,平均年龄在81岁左右。每两个老年人一个房间,并配一名护工。机构内设有活动大厅、老年人医保代办室、餐厅、康复室、棋牌室、娱乐室、老年书吧、老年网吧、心理咨询室、服装室、老年茶吧、老年人宿舍。机构内有5名注册助理社工师。由于养老机构内有一批入住不久的老年人,他们由于新入住机构有着诸多的不适,大多表现出情绪低落,有些老年人甚至哭泣、抱怨。这种状况使整个老年人院气氛低沉。

如果你是这个养老机构内的一名社工,你认为个案工作和小组工作哪一种工作方法比较能够有效地改善这种状况,帮助新入住老年人建立良好的生活情绪,为什么?你将如何设计方案?

延伸阅读

附件1 日常生活活动能力评估(ADL量表)

项目	分数	内容	得分
1. 大便控制	10 5 0	□无大便失禁,并可自行使用塞剂。 □偶有失禁(每周不超过一次)或使用塞剂时需人帮助。 □需别人处理。	
2. 小便控制	10 5 0	□日夜皆不会尿失禁,或可自行使用并清理尿套。 □偶尔会尿失禁(每周不超过一次)或尿急(无法等待便盆或无法及时赶到厕所)或需别人帮助处理尿套。 □需别人处理。	
3. 个人卫生	5 0	□可独立完成洗脸、洗手、刷牙及梳头发。 □需别人处理。	
4. 如厕	10 5 0	□可自行进出厕所,不会弄脏衣物,并能穿好衣服,使用便盆者,可自行清理便盆。 □需帮助保持姿势平衡、整理衣物或使用卫生纸。使用便盆者,可自行取放,但须依赖他人清理。 □需他人帮助。	
5. 进食	10 5 0	□自己在合理的时间内(约10s吃一口)可用筷子取眼前的食物。若需进食辅具时,应回自行穿脱。 □需别人帮助穿脱进食辅具或只会用汤匙进食。 □无法自行取食或耗费时间过长。	
6. 床和椅转移	15 10 5 0	□可独立完成,包括轮椅的刹车及移开脚踏板。 □需要稍微地协助(例如:予以轻扶以保持平衡)或需要口头指导。 □可自行从床上坐起,但移位时仍需要别人帮助。 □需别人帮助方可坐起来或需别人帮助方可移位。	
7. 行走于平地上	15 10 5 0	□使用或不使用辅具皆可独立行走50 m以上。 □需要稍微地扶持或口头指导方可行走50 m以上。 □虽无法行走,但可独立操纵轮椅(包括转弯、进门、接近桌子) □需别人帮助方可坐起来或需别人帮助方可移位。	
8. 穿脱衣服	10 5 0	□可自行穿脱衣服、鞋子及辅具。 □在别人帮助下,可完成一半以上的上述动作。 □不能自行穿脱衣服。	
9. 上下楼梯	10 5 0	□可自行上下楼梯(包括抓扶手、使用拐杖)。 □需要稍微帮助或口头指导。 □无法上下楼梯。	
10. 洗澡	5 0	□可独立完成(不论是盆浴或沐浴)。 □需要别人帮助。	

评分结果：＜20分，生活完全依赖；20~40分，生活需要很大帮助；40~60分，生活需要帮助；＞60分，生活基本自理。

附件2：工具性日常生活活动能力量表（IADL量表）
（评量及反应个体功能性障碍程度及功能指针）

B. 工具性日常生活活动能力(IADL)（以最近一个月的表现为准）	
1. 上街购物　【□不适用（勾选"不适用"者，此项分数视为满分）】 □3. 独立完成所有购物需求 □2. 独立购买日常生活用品 □1. 每一次上街购物都需要有人陪 □0. 完全不会上街购物	勾选1或0者，列为失能项目。
2. 外出活动　【□不适用（勾选"不适用"者，此项分数视为满分）】 □4. 能够自己开车、骑车 □3. 能够自己搭乘大众运输工具 □2. 能够自己搭乘出租车但不会搭乘大众运输工具 □1. 当有人陪同可搭出租车或大众运输工具 □0. 完全不能出门	勾选1或0者，列为失能项目。
3. 食物烹调　【□不适用（勾选"不适用"者，此项分数视为满分）】 □3. 能独立计划、烹煮和摆设一顿适当的饭菜 □2. 如果准备好一切佐料，会做一顿适当的饭菜 □1. 会将已做好的饭菜加热 □0. 需要别人把饭菜煮好、摆好	勾选0者，列为失能项目。
4. 家务维持　【□不适用（勾选"不适用"者，此项分数视为满分）】 □4. 能做较繁重的家事或需偶尔家事协助（如搬动沙发、擦地板、洗窗户） □3. 能做较简单的家事，如洗碗、铺床、叠被 □2. 能做家事，但不能达到可被接受的整洁程度 □1. 所有的家事都需要别人协助 □0. 完全不会做家事	勾选1或0者，列为失能项目。
5. 洗衣服　【□不适用（勾选"不适用"者，此项分数视为满分）】 □2. 自己清洗所有衣物 □1. 只清洗小件衣物 □0. 完全依赖他人	勾选0者，列为失能项目。
6. 使用电话的能力　【□不适用（勾选"不适用"者，此项分数视为满分）】 □3. 独立使用电话，含查电话簿、拨号等 □2. 仅可拨熟悉的电话号码 □1. 仅会接电话，不会拨电话 □0. 完全不会使用电话	勾选1或0者，列为失能项目。
7. 服用药物　【□不适用（勾选"不适用"者，此项分数视为满分）】 □3. 能自己负责在正确的时间用正确的药物 □2. 需要提醒或少许协助 □1. 如果事先准备好服用的药物分量，可自行服用 □0. 不能自己服用药物	勾选1或0者，列为失能项目。

(续表)

8. 处理财务能力【□不适用(勾选"不适用"者,此项分数视为满分)】 □2. 可以独立处理财务 □1. 可以处理日常的购买,但需要别人协助与银行往来或大宗买卖 □0. 不能处理钱财	勾选 0 者,列为失能项目。
(注:上街购物、外出活动、食物烹调、家务维持、洗衣服等五项中有三项以上需要协助者即为轻度失能)	

附件 3:简易心智状态问卷调查表(SPMSQ)

1. 今天是哪年,哪月,哪日?
2. 今天是星期几?
3. 这是什么地方?
4. 你的电话号码是多少(如无电话,可问家里的门牌号)?
5. 今年多大了?
6. 你的出生日期?
7. 现任国家主席是谁?
8. 前任国家主席是谁?
9. 你妈妈叫什么?
10. 从 20 开始减 3,得到 17,再减 3,依次类推,到不能减为止?

SPMSQ 评估标准:0~2 个错误:认知正常;3~4 错误:轻度认知障碍;5~7 个错误:中度认知障碍;≥8 个错误:重度认知障碍。如果受试者为小学及以下文化程度,允许错误数再多一个;如果受试者为高中以上文化程度,允许的错误数要少一个。

附件 4:老年抑郁量表(GDS 量表)

以下列举的问题是人们对一些事物的感受。请回想在过去一星期内,你是否曾有以下的感受。

评量项目	是	否
1. 你基本上对自己的生活感到满意吗?	□	○
2. 你是否已放弃了很多以往的活动和嗜好?	○	□
3. 你是否觉得生活空虚?	○	□
4. 你是否常常感到烦闷?	○	□
5. 你是否常常感到心情愉快呢?	□	○
6. 你是否害怕将会有不好的事情发生在你身上呢?	○	□
7. 你是否大部分时间感到快乐呢?	□	○
8. 你是否常常感到无助?(即使没有人能帮自己)	○	□

(续表)

评量项目	是	否
9. 你是否宁愿晚上留在家,而不爱外出做些有新意的事情?(譬如:和家人到一间新开张餐馆吃晚饭)	○	□
10. 你是否觉得你比大多数人有多些记忆的问题呢?	○	□
11. 你认为现在活着是一件好事吗?	□	○
12. 你是否觉得自己现在是一无是处呢?	○	□
13. 你是否感到精力充足?	□	○
14. 你是否觉得自己的处境无望?	○	□
15. 你觉得大部分人的境况比自己好吗?	○	□

※备注:在圈圈处『○』勾选者予以1分。

※提醒您!大于5分表示有忧郁症状;大于10分表示已达忧郁之诊断。

项目八 特殊群体的老年社会工作

 **项目导学**

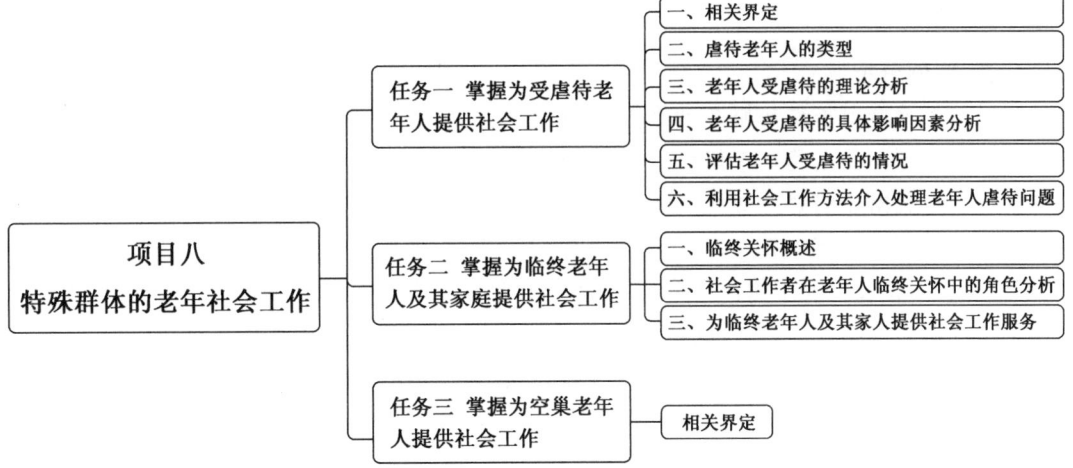

 **知识目标**

1. 了解受虐待老年人、临终老年人和空巢老年人三种特殊的老年人群体的特征及需求;

2. 掌握运用社会工作方法与技巧介入处理为受虐待老年热、临终老年人和空巢老年人提供专业服务。

学习重难点

重点:运用个案工作、小组工作和社区工作三种社会工作方法为特殊老年人群体开展服务。

难点:分析老年人的需求提供针对性的社工服务。

一、案例描述

李爷爷77岁,老伴李奶奶75岁,老两口生活均能自理。儿子结婚后与老两口住在一起,最近儿子准备买房子,要求老两口拿出50万元。但老两口没那么多钱,儿子要求将现在住的房子卖掉,李爷爷拒绝了,双方发生争执,闹得非常不愉快。其后儿子、儿媳妇多次因为房子问题对老两口出言不逊。有一次,趁李爷爷不在家,儿媳妇与李奶奶发生争吵,并辱骂、殴打了李奶奶,导致李奶奶身体多处被抓伤,左脸浮肿,左腿跌倒后骨折,经医院救治后回家修养。

李奶奶出院回家后,社会工作者小赵来到了李奶奶家,发现李奶奶精神恍惚、精神颓废,在与李奶奶的交谈中,李奶奶经常长吁短叹,直说"太丢人了",甚至表达出轻生的念头。

二、案例分析

社会工作者对李奶奶服务的介入,应包括危机初期干预与长期的支持辅导两方面。危机初期干预侧重于稳定李奶奶的情绪,让她看到生活的希望,避免发生意外。长期的支持辅导则应针对李奶奶关心的实际问题而展开。如,李奶奶可能会有"自己没钱才导致挨打""在街坊邻里面前太丢人了"等心理负担,社会工作者应及时发现问题,引导、帮助她卸下心理负担,恢复心理平衡。同时,社会工作者还应与李爷爷、李奶奶商议是否选择报警,并帮助李奶奶收集被虐待的证据。

在处理服务对象家庭关系时,为防止继续发生冲突和伤害,社会工作者也可建议小两口搬离出去,并对儿子、儿媳妇进行劝导,指明利害,帮助修复家庭关系。总之,社会工作者应对李奶奶家持续关注,并进行追踪评估。

任务一 为受虐待老年人提供社会工作

一、相关界定

(一) 认识虐待老年人问题世界日

虐待老年人是一个全球性的社会问题,影响着世界各地数以百万计的老年人的健康与人权,值得国际社会的关注。2011年12月19日,联合国大会通过第66/127号决议,指定6月15日为认识虐待老年人问题世界日。这一天,全世界发出呐喊,反对针对老年人的虐待和对其造成的伤害。

(二) 我国关于虐待老年人的法律规定

我国《宪法》第四十九条第3款规定:"禁止虐待老年人、妇女和儿童"。《刑法》第二百六十条规定"虐待家庭成员,情节恶劣的,处二年以上有期徒刑、拘役或者管制"。《老年人权益保障法》第四条规定"禁止歧视、侮辱、虐待或者遗弃老年人";第七十六条规定"虐待老年或者对老年人实施家庭暴力的,由有关单位给予批评教育;构成违反治安管理行为的,依法给予治安管理处罚;构成犯罪的,依法追究刑事责任。"由民政部发布的《养老机构管理办法》中规定养老机构若有"歧视、侮辱、虐待或遗弃老年人以及其他侵犯老年人合法权益行为的,由实施许可的民政部门责令改正;情节严重的,处以3万元以下的罚款;构成犯罪的,依法追究刑事责任。"上述法律法规,均表明我国对于虐待老年人问题非常重视。

(三) 虐待老年人

1. 相关机构和学者的界定

1975年Burston在"虐待祖母"一文中首次提及虐待老年人问题,认为其是公共健康问题。1978年美国老年众议院特别委员会举行第1次虐待老年人问题国会听证会,老年人遭受虐待的问题正式受到研究者关注。1995年英国预防老年虐待组织对虐待老年人进行定义,即在本该充满信任的任何关系中发生1次或多次致使老年人受到伤害或处境困难的行为,或以不恰当的行动方式致使老年人受到伤害或处境困难的行为。2000年英国国家卫生署"无秘密"指南将虐待老年人定义为个人人权受到另一个人或团体的侵害,并将其划分为身体虐待(包括错误用药)、心理虐待、性虐待、经济虐待、歧视、忽略或其他方面的虐待。2004年我国学者李超结合以往研究及我国社会文化背景,将虐待老年人定义为在家庭养老或养老机构中,负有责任关系的人的作为或不作为,造成伤害老年人的行为,包括身体虐待、精神虐待、物质虐待和疏忽照料。2015年世界卫生组织将虐待老年人界定为在任何关系中发生一次或重复的行为,或缺乏适当的行动,对老年人造成伤害或痛苦的行为。该组织认为此类行为是对人权的侵犯,包括身体虐待、心理虐待、情感虐待、财产虐待、物质虐待、遗弃及忽视。2016年美国疾病控制和预防中心将虐待老年人定义为照顾者或另一个人在涉及信任预期的关系中的故意行为或不作为,此类行为会增加对老年人造成伤害的风险。

2. 本教材的界定

不同国家由于其经济发展水平及文化背景差异,对虐待老年人定义有所不同。本文结合现有文献资料和社会发展现状,将虐待老年人界定为:在为老服务过程中,与老年人有直接或间接接触的人员通过积极作为或消极不作为等方式对老年人形成的各类伤害。

二、虐待老年人的类型

据世界卫生组织2019年数据统计显示,现如今全球大约有六分之一的老年人遭到某种形式的虐待。这个数字高于以前的估计,并预计将随着世界人口老龄化程度加剧而上升。常见的虐待老年人的类型主要有:身体虐待、心理虐待、经济虐待、忽略等四种类型。

(一) 身体虐待

身体虐待是指通过暴力或不适当的监禁等手段,造成老年人身体疼痛或健康受损。

具体而言,老年人的身体虐待包括:对老年人施以暴力,打、推、摇、捆、烧、刺伤和体罚,致使老年人产生肉体上的痛苦;有病不给治;接受太多无用的医疗、太少的治疗、不适当的治疗等;长期施加暴力造成痛苦或有害身体的不适当的限制或禁闭。身体虐待后果包括可表明受到虐待的体征标志或明显的心理上表现,如精神困惑、行为方式上的明显改变、外出活动减少等。或让老年人强行使用药物,强行灌食等,造成老年人身体受创伤、疼痛或损害。身体虐待中还包括性虐待,指强迫与老年人发生性接触、实施性骚扰、强迫性暴露或拍摄相关照片或视频等。如果受害者无行为能力、无法正常交流、由于体弱或因其所处环境而无法保护自己时,性虐待便会格外恶劣。

(二) 心理虐待

心理虐待,又称精神虐待,是指通过语言或非语言而强加于老年人身上的情绪或心理伤害。具体而言,经常叫骂和语言恐吓,致使老年人心理承受极其痛苦的压力、折磨,在行动和感情上为难老年人,从言语上进行攻击,从精神和行为上进行孤立;阻碍日常活动,限制老年人行动自由、强迫做违反意愿的事情;给予老年人沉默对待,迫使老年人与社会隔离,如禁止老年人接触儿孙、家人或朋友等。心理虐待行为特点包括:缺乏对老年人隐私和个人物品、人格、价值的尊重、不考虑老年人的自身愿望、剥夺老年人正常接触外界事物和人群的权利、不能满足老年人在健康和社会方面的需要。长时间受心理虐待的老年人可能会感到悲伤、情绪波动,性格孤僻,或感到抑郁引起认知障碍。

(三) 经济虐待

经济虐待是指不合法地剥夺金钱和资源,包括滥用老年人收入或经济资源,剥夺老年人使用及控制个人资金的权利、盗取老年人钱财、胁迫老年人签订契约、更改遗嘱或授权代理人,以及不为老年人提供维持基本健康和生活所需的资金和资源等。老年人由于生理和心理没有抵御暴力的能力而面临遭受经济暴力、丧失经济权利以致带来生活困难等危险,特别是如果他们拥有对自身生活、生存具有重要意义的资产,如养老金收入、房子所有权,他们可能迫于暴力而放弃或被剥夺所有权和使用权。

(四) 忽略

忽略是指被老年人自己或照顾者疏忽照料而影响基本生活,分为两类,自我忽略和疏于照料。

自我忽略特指老年人拒绝生活基本必需品、个人基本为生或基本医疗服务,是绝望、压力、失望、焦虑的反映。精神忧郁、生活邋遢也可能是自我忽略的标志。自我忽略可分为刻意和非刻意,刻意自我忽略表明一种绝望的心理,而非刻意自我忽略多是对于承受生活压力的表现,相对而言,自我忽略程度较严重的是自我虐待。如由于身心残障,自我忽略使自我照料及参加健身活动的能力受到限制的一系列行为。

疏于照料,又称为忽视,是指法律意义上老年人责任照顾者的不作为。照顾者不主动采取行动满足老年人的需要,拒绝提供各类适当的支持、完全忽视老年人。如拒绝或漠视提供必要的辅助器具或药物;长期不理睬、不探望老年人;拒绝或无法向老年人提供适当的居住条件和场所、基本生活开支等;不准老年人与外界接触和交往;不能防止老年人受到身体上的创伤、进行有效和必要的监护等。疏于照料的标志体现在各种能够表明老年人身心状况欠佳的外在症状:脸色苍白、身体无力、嘴唇干裂、口部溃疡、体重减轻、衣着邋遢不整洁、个人卫生差、身体有异味、身上长疮、身体和精神状况处于亚健康或不健康状态,并且有恶化趋势、未能防止老年人受到身体上的伤害;未能进行必要的监护等。

三、老年人受虐待的理论分析

(一) 社会交换理论

该理论指出,人们的互动行为是在衡量付出的成本和得到的报酬后进行的。每个人都拥有自己特有的资源和需求,通过交换和互动,人们彼此获得各自所需来促进自身的发展。在此过程中,人们衡量自己所要付出的时间、金钱、精力、声望等成本,继而衡量自己由此可能获得的时间、金钱、精力、声望,以期通过尽可能小的付出换来尽可能多的收益。按这个理论来解释,那些将自身的财产都交与子女或是本身没有财产及收入的老年人,由于丧失交换价值,子女不能从老年人处获得受益,最终导致老年人受到虐待或是被家庭和社会孤立。

(二) 暴力循环论

该理论认为,暴力是一种可以习得并容易代代相传的行为。所以,在有暴力倾向的家庭,父母之间或是父母对子女经常使用暴力解决矛盾和纠纷,这会对其他家庭成员造成示范影响。当老年人的照料者面对因照料老年人而带来麻烦和冲突时,由于没有习得和平处理方式,导致他们往往习惯性的运用暴力来虐待老年人。

四、老年人受虐待的具体影响因素分析

(一) 老年人因素

1. 性别因素

研究发现,老年女性面临被虐待的风险比同龄男性更大,这可能与女性在社会及家庭中均处于弱势地位,他们情感比较细腻,受到不公平的对待时不敢反抗,所以更容易受到情感上的虐待,同时,在中国传统家庭中,一般都是女性承担着照顾他人的责任,而当他们自己需要照顾时,这种照顾的需求易被其他家庭成员忽视,从而导致疏于照顾现象的发生。

2. 年龄因素

虐待的发生率随年龄的增加而增高,这与随着年龄的增长,老年人健康状况越来越差,生活自理能力也相应下降,因而受到照顾人员虐待的危险性就会增加。

3. 文化程度

文化程度低的老年人相较于文化程度高的老年人更容易受到虐待。文化程度较高的老年人日常生活中注意处理问题的方式,尤其是涉及家庭利益分配的问题,如公平分配家庭财产、不过分干涉子女决策等,尽量避免与照顾者发生矛盾。

4. 婚姻状况

离婚、分居、未婚、丧偶的老年人受到虐待的发生率高于在婚状态的老年人,主要是因为离婚、分居、未婚、丧偶的老年人生活更孤独,情感更脆弱,情绪上更容易出现波动,情绪上存在问题已被证实是虐待的危险因素。

此外,老年人的认知功能是否存在障碍、老年人是否患有抑郁症等精神疾病、老年人的社会关系网络是否较小、老年人生活自理能力高低等因素,也在一定程度上影响老年人是否会受到虐待。

(二)照顾者因素

1. 照护负担

有学者对老年人和照顾者进行调查,结果显示:照护负担可直接影响照顾者的虐待倾向,而虐待倾向是虐待行为的重要预测因素。照顾者自身经济、身体、心理状况、工作倦怠也可影响虐待发生率,如收入水平低,家庭子女多,自身体弱多病,心理压力大,工作倦怠程度高等,均可通过增加照顾者个人负担,间接导致老年人受虐风险增加。

2. 老年人与照顾者的关系

老年人与照顾者之间的关系体现在是何种亲属关系和关系密切程度两个方面。由配偶照顾的老年人,虐待发生率较低,由其他亲属单独照顾时,虐待发生率较高,由养老机构工作人员照顾时,虐待发生率也非常高,因为这些照顾者与老年人的感情积淀不尽相同,有的是心甘情愿照顾老年人,有的是为了应付任务,有的则是为了获取报酬,照顾老年人的目的不同,直接影响了照顾老年人的效果。此外,与老年人相处融洽的照顾者虐待倾向较弱,和谐的关系可减轻照顾者身心负担,且能促进照顾者关心老年人。

(三)社会因素

1. 刻板印象

对老年人的消极态度及刻板印象可能促使社会接受虐待老年人的现象。老年人是社会中的弱势群体,心理需求易被忽略,尤其是丧失自理能力的老年人,对照顾者更为依赖,受虐风险也更高。

2. 社会支持

社会支持指来自社会各个方面给予个体在精神和物质上的帮助,反映了个体与社会联系的密切程度和质量。社会支持水平越高、增加社交网络的嵌入性有助于降低虐待风险;相反,社会支持不足,则会增加受虐风险。

五、评估老年人受虐待的情况

(一) 借助筛查工具

目前关于老年人受虐待的筛查没有统一的标准,在国外针对虐待的筛查工具主要有访问问卷形式的老年人虐待筛查工具主要有:HALF 调查表、老年人虐待评估工作(EAI)、老年虐待的简单筛检(BASE)\冲突策略量表(CTS)、老年人虐待筛查指标(IOA)、针对照顾者的老年人虐待筛查(CASE)和自填问卷式的老年虐待筛查工具主要有:Hwalek-Sengstock 老年人虐待筛查试验、老年人易受虐待筛查量表(VASS)。这些筛查工具主要是评估老年人的状况,由医生、社区人员或专门培训的调查员来完成评估。

(二) 社会工作者常用的评估老年人受虐待的方法

社会工作者需要掌握多维度临床评估技能,了解可能受虐待的老年人的健康状况、日常活动能力、独立生活能力、精神状态、情绪、处境,进而判断其身体、精神或财产受到虐待。评估外在的迹象,可以思考以下一系列的问题:

1. 老年人的居住环境是否有很多废物、杂物,是否有味道?
2. 老年人见到社工是否有惊慌和不安的表现?
3. 老年人的身体、衣服和头发是否整洁?
4. 老年人身上有没有旧的伤痕和新的瘀伤?
5. 老年人是否有伤口而试图解释伤势? 理由是否合理?
6. 老年人是否逃避社工问及伤势的问题?
7. 老年人是否逃避社工视线,或者企图隐藏这些伤势?
8. 老年人是否有服药不足或过量、营养不足或缺水缺粮的情况?
9. 老年人是否有减少外出和减少社交活动?
10. 老年人认知功能的表现如何?
11. 老年人近期在记忆方面的表现有没有出现问题?
12. 老年人在抑郁性情绪方面有没有改变?
13. 照顾者或者其他同住人士有否酗酒或服用过量药物的习惯?
14. 老年人是否说很多贬低自己的负面话语,如"我真是一个没用的人"或"我只会妨碍正常生活"或"我死了就全家解放"又或者"我是家人的包袱"等。

当老年人正遭受来自照顾者的虐待时,他们会感到非常自卑。因为受虐待时,老年人会把施虐者诋毁性的批评内化在心里,因为这些话也许显示了老年人情绪或心理长期受到虐待,又或是老年人有抑郁症的症状。社会工作者要认同他的情绪,增强他面对他的处境的能力。如经常跟进老年人或老年人家庭的个案,发现以上状况日趋变差,则需要了解老年人生理、认知和情感压力上变化的原因。社会工作者有可能因为老年人与其家人已经很熟,因而没有产生疑问。但由于虐待和疏忽照顾老年人的问题性质隐蔽,因此即使对家庭状况是熟悉的,也必须从另一个角度去调查。

根据上述的迹象,若社会工作者怀疑老年人有被虐待的可能,就需在怀疑施虐者不在场的情况下,与老年人单独面谈。若在怀疑虐老者的面前,老年人便可能因为害怕遭到报复而不敢说出真话。在他人面前指控怀疑虐老者可能会令敌对关系升级,对于高度依赖施虐者生活的一些老年人而言,面对失去照顾的可能性是很可怕的。无论有关导致虐待或疏忽照顾的问题是多么敏感,社会工作者都必须很有技巧地和直接地向老年人发问以下问题:

1. 老年人是否曾被打、掌掴、推撞或遭受其他形式的身体虐待?
2. 老年人是否曾被长时间单独留在家中、被捆绑于床上或被锁于房间之内?
3. 照顾者、家人或者其他人是否曾藏起药物、食物或医疗护理用品?
4. 老年人有无在非出于自愿的情况下,被迫签字转让物资或金钱予他人?
5. 老年人的金钱是否曾被抢去?
6. 老年人是否曾受他人的恐吓?
7. 老年人是否保护虐老嫌疑人,说他提供较次等的照顾?
8. 老年人与虐老嫌疑人的关系如何?
9. 虐老嫌疑人是否曾呼喝老年人,或恐吓将老年人与他人隔绝和停止照顾?

要正确地决定老年人是否受虐待或受疏忽照顾,有赖于细心地做出综合性的观察和社会工作者本身对老年人受虐待情况中细微线索的专业直觉。老年人有受到保护,免受他人虐待和疏忽照顾;但同时即使社会工作者的专业直觉如何肯定老年人受虐待,老年人也有权否定这些情况。社会工作者无论通过直接观察伤势或得到老年人亲口承认,总之有充分证据指出老年人受虐待或受疏忽照顾的时候,就必须立即向有关的政府部门提交正式报告。

六、利用社会工作方法介入处理老年人虐待问题

(一) 社会工作介入处理虐待老年人问题的优势

社会工作以服务弱势群体为目标,因其具有专业性,所以有着政府和社区无可比拟的优势。

首先,社会工作以"助人自助"为宗旨。注重从老年人的自身需求出发,真正关心受虐老年人。同时,社会工作者又是一线服务的实施者,凭借专业的方法和技巧,真正帮助受虐老年人走出阴影并恢复正常生活,再者,也可以及时发现相关政策的缺陷,提供一线数据和资料,不断完善政策。

其次,社会工作者具有主动性。社工不像心理咨询师或是相关行政部门,只是坐在办公室等待求助者上门,相比较而言,社工具有更大的主动性。社会工作者主动走进老年人,发现虐老问题、向老年人宣传政府的政策并为其提供服务。

再次,社会工作具有专业性。社工的活动有其严格、科学的监管和评估体系,在帮助受虐老年人时有一套专业的服务和评估方法,各阶段的进程、人员安排、实施效果等都十分完整和科学,出现问题时,也能够做到及时检查和修正。

最后，社会工作的服务对象是弱势群体。老年人本身就在社会中处于相对弱势地位，受虐待的老年人更是如此，社会工作者为所有受虐待的老年人提供服务，没有户籍之分，这也弥补了政府和社区服务的不足。不仅为受到虐待的老年人提供了帮助，同时也可以在更广的层面上满足老年人其他方面的多样化需求，有助于老年人自身能力的发展。

（二）社会工作介入处理虐待老年人问题的方法

1. 社会工作者与老年人建立良好信任关系

社会工作者在介入案例时，要与老年人建立起积极、有效的沟通关系，这就需要社会工作者掌握良好的沟通技能和语言表达技巧。首先，社会工作者要照顾好老年人的情绪，面对年龄较大、心理较脆弱的老年人，要选择更容易被老年人接受的语气和方式。其次，社会工作者在和老年人沟通时，要注意言简意赅、表达内容清晰，面对听力有障碍或是讲话不清的老年人，要适当运用表情和肢体语言使沟通顺利进行。在沟通过程中，社会工作者应表达出对案主的尊重和理解，运用谈心、移情等方式以获得老年人的信任，使老年人产生共鸣，拉近社会工作者与老年人之间的距离，进而使老年人放下戒备、敞开心扉，和老年人之间形成真诚、温暖、信任的关系，促进整个工作的顺利进行。

2. 提供支持性辅导

受虐的老年人需要更多的支持和理解。受虐待或受疏忽照顾的老年人最希望的是安慰与支持。虽然他们一方面对有人得悉自己受虐待而安心，但同时也可能十分担忧自己和虐老者的命运。若他们与照顾者同住，但因为举报而无法继续生活的话，他们会担忧自己如何得到照顾的问题。他们也可能害怕东窗事发后，虐待或受疏忽照顾的情况会变本加厉。社会工作者扮演着一个重要的角色，为老年人提供情绪上的支持。

同时，社会工作者要鼓励老年人，使他们有自信可以继续解决问题，保护自己。协助老年人表达出他们反抗的声音，有助于重新界定与虐老者之间的关系。支持性辅导可协助老年人，使他们明白他们不应为虐待或疏忽照顾的事件而受责难；同时，他们也不应容忍任何人对他们的虐待和攻击。在社交上受孤立的老年人比那些亲人、朋友或邻里维持着良好关系的老年人有着更大的受虐待危机。社会工作者可定期开展上门探访服务，为他们朗读书报或进行一般性的陪伴。社会工作者也要发展老年人的社会支持网络，鼓励老年人参加社区中有益于老年人身心健康的文娱活动等。

3. 改变和调整环境

改变老年人居住环境——增强体弱老年人的自理能力，通过环境改变降低虐待或疏忽照顾的机会，目标在于营造一个让老年人在最安全的情况下尽量独立生活的地方。可以对社区环境、老年人居家环境进行适老化改造，使环境适应老年人生理和心理需求。如在浴室、浴缸加设支持扶手工具，在淋浴的地方加建座椅等，这些帮助设备和设计可以帮助体弱老年人增强自我照顾的能力，变得更加独立，降低照顾者的照顾压力。另外，各地可以完善日间照料中心，老年人早晨去中心，傍晚时候才回家，以减轻照顾者的负担，且也为老年人提供了社交的场所，让他们有机会与其他老年人相处，一起努力去学习心得知识和发展自我照顾的能力。这样，即使老年人因照顾者承受不了照顾的压力而受到虐待，但只要有足够的支持与环境的调整，大部分老年人可以留在原处居住。

4. 链接司法维权服务资源

为了能够对社区老年人受虐行为及时制止，并提高受虐老年人的法律维权意识，社区机构应当建立针对老年人受虐的法律援助部门，专门为受虐老年人提供法律援助。在社区建立法律援助部门，能够提高法律保护受虐老年人的效率，一旦发现老年人受到虐待，便可及时上报并对其进行立案调查，让社会工作者及时介入，减少老年人受到伤害，并能够有效制止虐待老年人的现象的发生。

总之，要是老年人免于受虐待或受疏忽照顾需要老年人自己、照顾者、社会工作者、政府工作人员、志愿者及其他社会成员共同联动，从认识到行动上做出努力，为老年人营造出安全、舒适的生活环境。

课堂练习

一、多选题

1. 孟奶奶早年就失去了老伴，她独自将唯一的儿子抚养成人。儿子在结婚前对她很孝顺，但结婚后却与媳妇住在自建的楼房里，让年过七旬的孟奶奶住在破陋的土房里。不仅如此，儿子和媳妇还逼着她下地干活，一年四季不管刮风下雨，孟奶奶都要下地干活，有几次都晕倒在庄稼地里。上述案例反映了老年人被虐待和被疏于照顾的问题，作为社会工作者，要介入此案可以采取的措施有（　　）。

　A. 维护老年人的合法权益，保护老年人免受经济方面的剥夺
　B. 为不同境况下被虐待和被疏于照顾的老年人提供救助性服务
　C. 直接干预其家庭内部成员的错误做法，让老年人能正常地、幸福地享受晚年生活
　D. 为不同境况下被虐待和被疏于照顾的老年人构建正式和非正式社会支持网络
　E. 做政策方面的倡导和舆论方面的呼吁，改变和调整老年人的生活环境

二、填空题

常见的虐待老年人的类型主要有：_____、_____、_____和忽略等四种类型。

三、简答题

1. 老年人受虐待的具体影响因素有哪些？
2. 常用的老年人虐待筛查工具有哪些？
2. 社会工作如何介入处理老年人受虐待问题？

四、案例分析

社会工作者在一次走访中发现王老先生独自在家。对于社会工作者的到来，他很高兴，交谈中社会工作者了解到，王老先生现与儿子一家同住，儿子和儿媳外出工作时家里只留下他一个人，社会工作者观察发现，王先生的房间杂乱无章，身上衣服泛黄并发出异味，已经多日没有换洗。老年人抱怨，退休金都交给儿媳，身上没有任何零花钱。同时社会工作者还注意到王老先生手臂有多处淤青，问其原因，王老先生沉默不答，表情紧张。

社会工作者向社区居委会进一步了解情况,得知王老先生今年80岁,以前是老伴照顾他的饮食起居,老伴去世后,主要由儿媳照顾,儿媳觉得老年人不做家务,不讲卫生,一起生活碍事,常常为此打骂老人,有时还不让老人吃饱,儿子去外地出差时,儿媳还经常将老人反锁家中。

列举本案例中老人受到虐待和疏于照顾问题的类型及行为表现。

任务二　为临终老年人及其家庭提供社会工作

一、临终关怀概述

(一) 历史背景

临终关怀(Hospice)运动始于英国的圣克里斯多费医院。20世纪50年代,英国护士桑德斯(CicellSaunders)在她长期从事的晚期肿瘤医院中,目睹垂危病人的痛苦,决心改变这一状况。1967年她创办了世界著名的临终关怀机构(ST. Christophers'Hospice),使垂危病人在人生旅途的最后一段过程得到需要的满足和舒适的照顾,"点燃了临终关怀运动的灯塔"。最后,世界上许多国家和地区开展了临终关怀服务实践和理论研究,20世纪70年代后期,临终关怀传入美国,20世纪80年代后期被引入中国。

"临终关怀"一词的正式应用,始于1988年天津医学院临终关怀研究中心的建立。此临终关怀前,许多学者对Hospice和HospiceCare的翻译往往不能很好地表达其内涵和外延。Hospice曾被译为"济病院"或"死亡医院"。HospiceCare则被译为"安息护理"或"终末护理"等。中国香港的学者称之为"善终服务",在台湾地区被称为"安宁照顾"。

1988年,美籍华人黄天中博士与天津医学院合作,共同创建了中国第一个临终关怀研究机构——天津医学院临终关怀研究中心。该中心的建立,标志着中国已跻身于世界临终关怀研究与实践的行列。上海、北京、安徽、西安、宁夏、成都、浙江、广州等城市也相继建立了临终关怀医院、病区或护理院,中国的临终关怀事业得到了快速全面的发展。截至现阶段,中国临终关怀事业的发展大体经历了三个阶段,即理论引进及研究起步阶段、宣传普及和专业培训阶段以及学术研究和临床实践全面发展阶段。

(二) 临终关怀的含义

临终关怀并非是一种治愈疗法,而是一种专注于患者在将要逝世前的几个星期甚至几个月的时间内,减轻其疾病的症状、延缓疾病发展的医疗护理。对于其界定,不同的学者有不同的理解,其中最具代表性的有:

世界卫生组织对临终关怀的定义:临终关怀是一种照护方法,通过运用早期确认、准确评估和完善治疗身体病痛以及心理和精神疾患来干预并缓解患者痛苦,并且以此来提高罹患威胁生命的患者及其家属的生活质量。

中国学者刘鸿义认为,临终关怀是对那些现代医学治疗无望的病人实施缓解其极端痛苦、维护其致死尊严、增强其对临终时的生理、心理状态的适应能力,并帮助临终者及其家属提供立体化社会卫生服务,让临终者安宁地走完生命最后历程。

综合学者们关于临终关怀的相关界定,本教材认为:临终关怀是一种特殊的缓和疗护服务项目,它是指由社会各类人员,包括护士、医生、社会工作者、志愿者以及政府和慈善团体人士等组成的团队向临终患者及家属提供的包括生理、心理和社会等方面的一种全面性支持和照料。增强人们对临终护理、心理状态的适应能力,其目的是使临终病人的生存质量得以提高,能够舒适、无痛苦、有尊严地走完人生的最后旅程,并能同时维护临终病人家属的身心健康。临终关怀的宗旨包括三个方面:以照护为主,尊重病人的权利与尊严,重视患者的生存质量。在临终患者生命的最后阶段,当死亡不可避免时,对病人应着重于减轻痛苦,满足其生理、心理、社会文化及感情等多方面照护的需要。尊重其人格的尊严及价值,根据患者的意愿,提供安全、舒适、适合其生活方式的照护。

从事老年服务的社会工作者更是经常接触老年人疾病、死亡的现实,扮演协助者的角色,服务那些生命接近终点的老年人及其家庭。老年人临终关怀是指满足临终老年人及其家属的生理、心理、人际关系及信念等方面的需要,开展的医疗、护理、心理支持、哀伤辅导、法律咨询等服务。

(三) 临终关怀的内容

日本安宁疗护之父——大阪大学柏木哲夫教授,用 HOSPICE 七个英文字母作字头,引申出七组字,很贴切地表现了安宁疗护的内涵,即 Hospitality(亲切):以亲切的态度面对病人及家属,乃至所有的工作人员。在安宁病房里特别强调要医护人员不慌不忙地坐在病床边,视线尽量与病人同高,亲切的交谈沟通。Organized care(团队照顾):包括医生、护士、社工、宗教师、心理师、药师、营养师、行政人员、义工等人才。Symptom control(症状控制):癌症末期病人最需要照顾的症状包括疼痛、恶心、呕吐、食欲不振、便秘、腹胀、肠闭塞、咳嗽、失眠、排尿障碍、焦虑、沮丧等,这些都需要工作人员全心对待,以减低病人的痛苦为首要,而不是以治愈疾病延长生命为目标。Psychological support(精神支持):病人及家属的沮丧、忧郁、失眠或愤恨、怨怒,都需要团队的协助和支持。而灵性的照顾,及宗教的熏陶,往往更能解决病人及家属的问题,较易度过此困境。Individualized care(个人化照顾):以病人为中心的照顾,不但要减少病人的痛苦,并设法完成病人的心愿。Communication(沟通):医疗人员、工作人员与病人及家属,要经常沟通,交换意见。家属与病人更需要亲密的沟通,交代后事,乃至珍重道别。Education(教育):不但病家及社会人士,甚至医疗人员,都需要教育,让更多的人能够了解、认同与支持安宁疗护的工作。整个社会要能接受安宁疗护,安详往生,及临终时不做无意义的人工复苏急救措施的理念。

全国社会工作者职业水平考试教材编写委员会认为临终关怀服务主要包括:(1)控制疼痛和症状,包括音乐治疗、艺术治疗、宠物治疗、喜剧治疗等。按摩和做运动也常用来缓解临终者及其家庭照顾人身体上承受的压力。(2)协助老年人及其家人解决医疗费用方面的问题。(3)提供丧亲后续服务。后续服务认为尽管照顾濒临死亡的亲人不容易,但是处理亲人离去后的哀伤也需要得到社会支持和专业协助。

本教材采用鄢勇兵等学者关于临终关怀内容的界定,具体包括:(1)临终患者的需要包括生理、社会心理、精神文化等多方面的需求。(2)临终患者的全面照护包括患者的生活护理、心理护理、症状的特别处理,特别是疼痛的控制问题,以及尽量满足病人的各种社会需要,如完成未尽的心愿,解决同事间未了的事宜、事业及家庭上未解决的问题等。(3)临终患者家属的需求包括家属对临终病人的医疗要求、心理需求及提供居丧服务等方面的需求。(4)死亡的教育问题。死亡教育是实施临终护理的一项重要内容,包括对临终患者及其家属的死亡教育问题,其目的在于帮助濒死患者减少对死亡的恐惧,使患者及家属能学会准备死亡、面对死亡、接受死亡,而使患者感到自己的生命活得庄严、死的尊严。对临终患者家属进行死亡教育的目的在于帮助他们适应患者病情最后的变化和死亡,缩短悲剧过程,减轻家属的悲痛程度,认识自身继续生存的价值和意义。

由此可见,临终关怀涉及医疗、伦理、宗教、文化、情感、法律和政策等诸多领域,需要多学科、跨专业的综合性服务,并且包含了治疗、心理、伦理、社会等四方面的目标。首先,治疗方面,通过医疗手段的介入,帮助临终患者满足各种基本生理需要如控制并减轻病痛、缓解症状等。其次,心理方面的目标是帮助患者正确面对死亡,消除对死亡的恐惧与不安,从容平静地度过生命的最后历程。再次,在伦理方面,尊重临终患者的生命、人格和权利,帮助他们保持个人尊严。最后,社会方面的目标是要帮助临终患者与亲人、挚友交流,获得关爱,并且为临终患者的家人提供心理抚慰和居丧服务,支持家人顺利度过居丧期,重建生活。

(四)临终关怀的特点

1. 临终关怀医院或病房收治的主要对象是临终患者,包括晚期痴呆症患者及晚期癌症患者。

2. 实施以患者为中心的整体照护,不以治疗疾病为主而是支持患者、控制病人的症状、减轻病人的痛苦、姑息治疗及对患者进行全面的照护。

3. 临终护理尊重患者的尊严与价值,真正体现了对患者的人道主义关怀,它不以延长患者的生存时间为主,而是提高患者临终阶段的生存质量为宗旨。尽可能地了解及满足患者的各种需要,特别是控制患者的疼痛等症状,尽可能地使患者处于舒适的状态,并能理解患者的各种心理需求,应用相应的心理照护方法,给予患者心理上的支持,使患者正视现实、摆脱死亡的恐惧、认识生命的价值及其弥留之际生存的社会意义,使病人在有限的时光内,安详、舒适地度过人生的最后时光,临终时保持人的尊严与价值。

4. 为患者提供全天候服务。只要患者需要,医护人员都能够及时为之提供服务。临终护理不仅关心患者个体、患者的疾病,同时关心患者的心理及社会需求,充满家庭式的爱抚与关怀。它面向整个家庭,既为患者服务,又为家庭提供服务,有人把临终关怀医院称为"生命之家"。

(五)临终关怀的原则

世界卫生组织关于临终关怀的 6 条原则是:(1)肯定生命、认同死亡是一种自然的过程;(2)并不加速或延长死亡;(3)尽可能减轻痛苦及其他身体的不适症状;(4)支持病人,使他在死亡前有很好的生活质量;(5)结合心理社会及灵性照顾;(6)支持病人家属,使他们在亲人的疾病期间及病人去世后的悲伤期中能做适当调整。

(六)临终关怀的方式

(1)院内照顾:病人长住安宁病房中,在此往生或待症状改善才出院,必要时可以再住院。

(2)日间照顾:病人于日间来安宁病房,接受必要的医疗与关怀,夜间回家。

(3)居家护理:由安宁医院或安宁疗护团队的医院提供护理及志工人员,到病人家中,协助及指导家属、照顾病人。

近年来,也有学者提出了"五全照顾"的临终关怀理念,即(1)全人:把病人看作整体的人来照顾、来关怀;(2)全家:协助家属心理的负担及实际照顾病人的工作的妥善解决;(3)全程:自病发开始,治疗过程中,往生前后,殡葬事宜乃至家属在丧亲后的哀伤辅导,都在安宁照顾之列;(4)全队:这不是一个人所能胜任,而是团队人员全体合作的工作,工作成员必需互相沟通、互相照应;(5)全社区:希望通过安宁居家护理的推动,达到全社区的照顾,带动整个社区,参与这种彼此关怀的医疗及社会照顾。

二、社会工作者在老年人临终关怀中的角色分析

我国目前对临终关怀病人及家属的心理照顾的缺失以及现代医学模式的转变都需要社会工作的介入。社会工作者在临终关怀过程中扮演一系列重要角色,服务提供者、支持者、资源链接者、协调者以及政策倡导者。

(一)服务提供者

这是社会工作者在临终关怀中扮演的最重要角色。作为服务提供者,社会工作者不仅为病人提供心理支持和帮助,还为家属提供情绪疏导和悲伤辅导等服务。缓解对于死亡的恐惧和焦虑心理,获得身体和心灵上的舒适感,温暖地离开人世。对病人家属提供哀伤辅导服务,帮助他们尽早回归正常的社会生活。

(二)支持者

这里所说的支持者既可以是临终患者,也可以是患者家属。社会工作者应该积极的倾听患者及其家属,与他们进行及时的沟通,鼓励他们表达内心的情绪和压力,当前我国的临终关怀主要由医护人员提供,重点集中在病人的身体照顾方面,但是对病人和家人的心理需求照顾甚少,因此社会工作者的介入,能从一定程度上弥补这种不足,缓解病人和家属在心理和情绪上的压力,给予精神和心理上的支持。

(三)资源提供者

所谓资源提供者,是指社会工作者在面对患者及其家庭的困难和需要的同时,可以运

用他们的社会支持网络,整合社区和社会资源,使他们从社会关系网络中获得支持和帮助。

(四) 协调者

社会工作者可以从两方面扮演协调者。首先是临终关怀团队内部的协调者。由于临终关怀团队由不同专业、不同价值取向的人共同为临终患者及其家庭提供的服务。难免会因为不同的分工、价值观念和操作方法等方面产生分歧和矛盾,这时,社会工作者就要承担起协调者的责任,缓和团队成员之间的矛盾,促进成员之间的沟通,更好地提升团队的整体服务能力。其次是扮演患者、患者家属和医院三方之间的协调者。社会工作者介入,可以促进彼此沟通,既可以帮助临终患者及其家庭向医院传达其问题和需求,也可以把有关诊疗和护理的相关信息传递给患者。

(五) 政策倡导者

政策倡导者是社会工作的重要角色之一。临终关怀在中国目前的发展情况,不仅与中国的传统观念和家庭以及个人的情绪有关,更与国家和社会的制度和政策有紧密联系。社会工作者在与病人和家属接触的过程中,了解他们在社会政策和社会环境方面的需求,把相关的情况反映给政策制定者,推动有关临终关怀的社会政策的完善,从而促使一个具有中国特色的临终关怀模式的建立。

三、为临终老年人及其家人提供社会工作服务

(一) 个案工作介入对老年人临终关怀

临终老年人常常会在生理上、心理上、情绪上出现各种问题,个案工作介入老年人临终关怀,主要在于为临终老年人及其家属提供缓解疼痛服务、心理上的辅导和情绪上的支持,以帮助老年人能够正确认识现状,明白死亡对于人生的客观性和必然性,帮助老年人做好面对未来的打算,并做好当下的安排,调整良好的心理和情绪状态。首先,疼痛的控制问题是社会工作者照顾老年人时需要特别关注的,要鼓励老年人积极接受一切舒缓痛楚的服务,提升生命质量。尽管处于临终阶段,但老年人的尊严不应该因生命活力降低而递减,个人权利、隐私和生活方式也不可因身体衰竭而被剥夺。为保持老年人的体面和尊严,社会工作者要鼓励家人或其他照顾者协助老年人保持良好的个人卫生习惯,保持整洁的衣着,让他们多一些自信心和尊严。

其次,社会工作者可以发挥跨专业资源整合的作用,协助其他团队成员对老年人进行全方位的呵护,如医护人员对老年人的治疗和疼痛的减轻,心理学工作者对老年人心理平和、情绪稳定等工作协调和协助。社会工作者应协助临终老年人在理智、情绪和情感上作出调整和适应,逐渐接受死亡的现实。提供安全的环境和宽松接纳的氛围,让老年人有机会表达自己对死亡的看法和感受。

最后,社会工作者可以帮助临终老年人计划其临终生活,帮助老年人进行后事的交代

工作做出葬礼计划,也可以帮助老年人完成一些特殊的心愿。心理学家埃里克森认为人生的最后一个阶段所要面临的问题是"完整和绝望",完整是指当个体回头看自己所经历的人生时会有满足感,这使他们能够有尊严地面对死亡;如果遗憾成为主导,那么个体就会感到绝望。社会工作者要帮助老年人找到生命中有意义的事情以及存在的价值,使老年人回顾自己的人生,并为自己的一生做出总结,了解生命与死亡的意义,并无悔地与他人道别。

个案工作的对象除了老年人,还要为其家属进行服务。在老年人去世后其家属也承受巨大的痛苦和折磨,因此,对临终老年人的家人进行支持和安抚同样是社会工作介入临终关怀的重要内容之一。一方面,社会工作者要帮助临终老年人的家人形成正确的生死观,保持平缓的心态,积极配合对临终老年人的护理。并且社会工作者要对他们进行死亡教育,让大家正视死亡,让大家理解医学的极限,认识到医学并不能使人长生不死,死亡也并非医学的失败,让大家理解生与死是人类生命历程的必然组成部分,从而消除人们对死亡的恐惧、焦虑等心理,坦然面对死亡。通过安抚照顾老年人家属,使家属在对老年人的后事有充分的心理准备,积极主动地配合其他机构,共同完成对老年人的临终关怀,从而能够使老年人善终;另一方面,社会工作者可以通过咨询服务,指导临终老年人的家人学习临终照顾的方法和技巧,帮助其消除无力感和无助感。在家人的照顾下使老年人安安静静地离开人世,也使家属能够平静地度过悲伤期。因此,为家属提供悲伤辅导也成为社会工作者临终关怀工作内容之一。一般来说,丧失亲人的家属都会产生悲伤甚至一些反常的行为,悲伤辅导的目标就是为了帮助家属适应因亲人去世而引发的各种情绪困扰而提出的,使他们及时调整不良状态,从亲人离去的悲痛中释放,尽快回归正常的生活。

(二)小组工作介入老年人临终关怀

小组工作介入老年临终关怀,可以通过建立临终老年小组和临终老年人家属小组两种小组形式,相互提供支持和帮助,从而促进老年人临终关怀事业,提高老年人的生命质量。

首先,建立临终老年人小组。临终老年人群体是属于同质性极高的群体,社会工作者据此把临终老年人组成带有自主性质的小群体,通过引导,促进老年人之间的交流和互动,使老年人相互间获得经验的分享、人生的感悟和精神的支持,从而促使老年人建立良好的精神状态,消除其面对死亡的消极心态。社会工作者可以经常组织一些活动,如唱歌、牵手游戏等,让他们参与有意义的社交活动,为临终老年人提供一个积极的支持平台。

其次,建立临终老年人家属小组。把临终老年人的家属组成一些相似性群体,社会工作者通过开展相关活动,为大家构建相互交流平台,促使家属之间的互动,从而使彼此能够从其他有类似经历的朋辈处获得精神支持和生活鼓励,获得建立相互支持网络。通过社会工作者的引导,临终老年人家属之间获得经验分享,尤其是一些生命和死亡知识、情绪疏解及对病人的情绪照顾技巧等。这种经验的分享有助于对老年人的临终生命质量的提高,也有助于老年人家属早日步入正常的生活轨道。

(三) 社区工作介入老年人临终关怀

社区工作介入老年人临终关怀，主要是通过社会工作者与社区开展有效互动，整合社区所拥有的资源，为临终老年人提供一个良好的社区环境。

社会工作者通过与社区居委会和相关机构建立联系，利用专业技能开发、整合社区内物资、人力等各种资源，为临终老年人营造一个更适合他们晚年生活的舒适、便利的社区环境，为临终老年人享受社区服务，参与社区活动提供可能。另外，还要对社区其他居民进行关于死亡教育和临终关怀的宣教，从人文关怀上为老年人创造和谐的生活环境，不排斥和歧视临终老年人，接纳他们，从而获得更广泛的社会支持。

随着我国临终关怀事业的日益发展，越来越多的人开始关注死亡教育，关注临终关怀，在很多专业的机构已有社会工作者专门负责临终关怀项目，社会工作者介入临终关怀的服务也将更加规范化和专业化。

课堂练习

一、多选题

1. 社会工作者为老年人提供临终关怀服务的主要内容包括（　　）。
   A. 提供情感支持　　　　　　　B. 控制疼痛和症状
   C. 提供丧亲后续服务　　　　　D. 代表老年人及家人争取合理权益
   E. 协助老年人及其家人解决医疗费用方面的问题

2. 社会工作者小孙为社区内老年人提供居家养老服务。刘大爷身体健康，家庭经济状况良好，但无儿女。最近，刘大爷老伴突然去世，他特别伤心，觉得生活无望，情绪低落。针对这一情况，小孙应开展的工作有（　　）。
   A. 为刘大爷提供哀伤辅导　　　B. 帮助刘大爷理性认识死亡
   C. 为刘大爷提供临终关怀服务　D. 帮助刘大爷申请生活救助
   E. 协助刘大爷适应丧偶后的生活

二、填空题

1. 临终关怀的方式包括＿＿＿＿、＿＿＿＿和＿＿＿＿。
2. 社会工作者在老年人临终关怀中扮演的角色有服务提供者、支持者、＿＿＿＿、＿＿＿＿和＿＿＿＿。

三、名词解释

临终关怀

四、简答题

1. 临终关怀的特点包含哪些方面？
2. 如何运用老年小组工作介入老年人临终关怀？

任务三 为空巢老年人提供社会工作

一、相关界定

（一）空巢老年人

空巢老年人一般是指不与子女居住在一起的老年人，具体指没有子女照顾，单居或夫妻双居的老年人，包括三种类型：一是无子女、无配偶，如单身老年人、终生未生育的夫妇、失独老年人和丧偶老年人；二是有子女但子女大部分时间不在父母身边；三是子女虽然在父母身边但不履行赡养义务，弃老年人于不顾。

（二）空巢综合征

随着社会老龄化程度的加深，空巢老年人越来越多。而随着子女外出求学、异地成家立业，数量可观的中年人也开始步入"空巢"期，"空巢综合征"成为"空巢"人群，特别是老年人心理健康的一大杀手。"空巢综合征"主要是父母因孩子离开后进行空巢生活而产生的一种不良感受或情感压力，表现为焦虑、失落、抑郁、恐惧、失眠、头痛、食欲不良等，易出现愁容不展，长吁短叹，甚至流泪哭泣，常常会有自责倾向，也会有责备子女的倾向。

（三）主要理论基础

1. 马斯洛需求层次理论

马斯洛需求层次理论是由美国心理学家马斯洛1943年在《人类激励理论》一文中首次提出的。他将人类的不同需求按照从低到高的顺序依次排列为：生理需求、安全需求、社交需求、尊重需求和自我实现需求。对于空巢老年人来讲，他们首先要满足的是生理需求、安全需求等偏低层次的需求，在这些需求得到满足后，才会追求更高层次的社交、尊重和自我实现的需求。

随着我国经济生活水平的不断提升，人民生活质量不断提高，空巢老年人的温饱问题已基本解决，他们需要的是对更高层次需求的满足。比如社交的需求，由于他们的特殊性，基本很少会走出去和别人聊天，生活上过得比较单调枯燥，精神生活匮乏。这就需要社会工作者能够通过专业的方法介入空巢老年人群体，制定合适的计划，满足老年人的较高层次的需求。

2. 社会支持理论

社会支持网络由不同支持点汇合构成，通过搭建人与人之间沟通的桥梁，形成清晰的、有层次的保护网络体系。它是一组个人之间的接触，通过这些接触个人得以维持社会身份并且获得物质、精神及社会层面的援助。美国社会学家林南认为，社会支持是多样化资源的总和，可以是通过表达情感提供的心理支持和慰藉，维护自尊和给予认可，也可以是从提供物质、设施等出发直接帮助促使问题解决。社会支持有两种途径：正式的社会支持和非正式的社会支持。正式的社会支持来自政府、社区居委会、社工机构、养老机构等；非正式的社会支持则来自子女孙辈、邻里、志愿者、朋友、亲属等。社会工作者在介入空巢老年人服务时就是要动员相关人员积极参与，帮助空巢老年人搭建一个良性的社会支持网络系统，使其能安享晚年生活。

（四）空巢老年人面临的问题

1. 经济来源单一，生活保障稳定性低

老年人由于年事已高，不再能从事劳动生产，无法再像年轻时那样能直接创造经济价值。对于生活在城市的空巢老年人而言，退休金是他们最基本的经济来源，这也是他们的生活保障，他们拥有较大的经济支配权来提高生活质量。但少部分城市空巢老年人以及大部分来自农村的空巢老年人，由于没有正式工作，导致他们是没有退休金的。这些老年人则需要依赖子女的支持或政府的低保或养老金以及高龄津贴，他们的经济来源可以维持基本的生存需要，但如果要想满足更多的需求，则是非常困难的。在一定程度上，老年人是否拥有充足的积蓄，子女的自身经济状况以及子女是否愿意尽最大能力赡养老年人，直接影响着老年人的生活质量。而对于无子女的空巢老年人来讲，他们的收入来源更为单一，依靠政府保障其衣食无忧，满足其最基本的生存需要。

2. 疾病与医疗问题

衰老是人类生命过程中不可避免的自然现象，在这一过程中，随着人的整个肌体在形态、结构与功能等方面的退行性变化，身体的某些部位或器官很容易发生功能性的障碍，这些障碍如果得不到及时的排除或缓解，各种疾病就会随之而来。老年期容易出现的疾病称为老年病。常见的老年病有老年痴呆症、动脉硬化、老年性耳聋等。据相关数据显示，我国老年人平均寿命延长，但总体健康状况欠佳，老年人慢性病患病率逐年升高，且多种病种并存，老年人带病存活期延长，慢性病也是引起早死、早残和生活质量下降的主要原因。

近年来，随着我国城乡居民基本医疗保险制度的确立和实施，已经有很多人享受到了我国医疗改革的红利，医疗报销制度更加便捷化和人性化，看病贵的问题在一定程度上得到了缓解。但由于空巢老年人长期独自生活，当他们身体出现状况时，由于子女不在身边，自己行动不便，不愿意麻烦人，或觉得医院排队等待时间较长，或他们自己不会操作智慧化看病程序等，往往会采取等一等、拖一拖的方法而不及时就医，导致小病拖成大病，甚至有时会危及生命。

3. 照料服务不足问题

民政部发布《社区老年人日间照料中心建设标准》，要求每个社区都应建有社区老年人日间照料中心，用以满足老年人的基本需求。然而各地由于经济水平和重视程度不同，日间照料中心的设备功能、服务水平、服务形式等都有较大的差异。这就导致空巢老年人不能从日间照料中心获得高质量的服务。此外，现在很多公共场所在进行设计规划时，也忽略了老年人群体，比如没有设置无障碍通道；老旧小区的楼梯也限制了行动不便的老年人出行；生活中无处不在的数字化、智能化也给老年人带来了不小的挑战等。这些都为老

年人,尤其是无依无靠的空巢老年人的出行和社交造成了障碍。

4. 精神生活质量降低

在现实生活中,相当数量的老年人因为生理疾病的困扰而影响到他们的心理健康,心理问题已成为不少老年人的通病。空巢老年人普遍都会产生一种孤独感,这种孤独感里增添了思念、自怜和无助等多种复杂的情感体验,他们大多心情抑郁,惆怅孤寂。空巢老年人无法享受大家庭的天伦之乐,而且与邻里的交往能力也在减弱,部分老年人若没有兴趣爱好,则更容易产生孤独感。经常独处、很少与人交流的老年人由于缺乏生活方向,生活意义不明确,往往容易造成精神空虚、孤独感,生活满意度低。

(五) 空巢老年人的需求分析

1. 经济保障的需求

有的空巢老年人有退休金,经济上比较充裕,过着衣食无忧的生活;而有些无固定经济收入的空巢老年人没有积蓄,完全依赖子女或政府救助,他们往往心里缺乏安全感,生活上能省则省,生病了也不去看,能不花钱尽量不花钱,他们对于经济的渴求尤为强烈,他们也希望能够过上有保障、高质量的晚年生活。

2. 生活照料的需求

生活照料包括空巢老年人对衣食住行的基本需要,对于他们来讲,生存才是最主要的内容,占据了他们生命的主要追求。随着老年人的年长体衰,买菜、烧饭、进食渐渐成为一些力不从心的事,再多的金钱和娱乐休闲也比不过三餐饱腹来的重要。此外,老年人还需要其他方面的服务,如生活家政服务,包括家电维修、水电维修、室内清洁以及日常护理,包括理发、刮胡须、洗澡、洗头、剪指甲等。

3. 参与社会交往的需求

空巢老年人由于退休后,或不再从事劳动生产后,他们原本规律的生活状态突然间发生了变化,加之子女又不在身边,他们心中的郁闷得不到释放,有的空巢老年人因常年不与身边的人交流而提前出现脑退化症。他们非常渴望有机会能参加一些社会文化娱乐活动,如老年大学、小区组织开展的老年人兴趣小组、老年志愿者组织等,如果老年人自身条件允许,还可以倡导低龄老年人照顾高龄老年人,激发他们的兴趣爱好,满足其生理、心理需求,做到老有所乐,老有所用,体现其社会价值。

4. 医疗保健的需求

随着年事的增高,大多数老年人的健康状况呈下降趋势,但由于空巢老年人子女不在身边,为了不让子女担心,他们会更加注重自己的身体状况,从而减轻子女的负担。因此,他们对于自己的健康问题尤为关心。他们中大部分有各种各样的慢性病,希望社区能提供在小区内或上门量血压、测血糖、视力检查等常规检查,也希望可以开展健康知识讲座、送药打针、疾病应急等服务。对于空巢老年人看病难的问题,也希望有的医院可以增设老年病科或老年人绿色通道,缓解老年人看病难的困境。

5. 精神慰藉的需求

根据马斯洛需求层次理论,当老年人在最基本物质生活得到满足的情况下,便会在其他方面有更高的需求。空巢老年人对于精神慰藉方面就存在极大的需求，主要来自两个方面：一是来自子女孙辈；二是来自政府、邻里、朋友等。国家要倡导"尊老、敬老、孝老"的社会文化，营造良好的为老服务氛围，倡导鼓励子女常回家看看，修订后的《中华人民共和国老年人权益保障法》第十八条规定："家庭成员应当关心老年人的精神需求，不得忽视、冷落老年人。与老年人分开居住的家庭成员，应当经常看望或者问候老年人。"这也是国家也是应老年人之需而制定。此外，我们也要在小区内提供便于老年人活动的健身休闲场所，完善日间照料中心的功能，为老年人提供开展打牌、唱歌、聊天、健身等场所，可以增进他们之间的交流，让他们在同伴之间获得情感上的支持。

（六）社会工作介入空巢老年人服务的方法

1. 个案工作介入空巢老年人服务

个案工作作为一种直接服务的工作方法，能够有针对性地帮助案主减轻因子女不在身边而产生的孤独感、无助感，帮助老年人正确认识空巢，改善与子女的关系，调试其对外在环境的适应，激发个人的潜能，改善其精神生活质量，最终实现"助人自助"。

首先是接案，要了解老年人的背景资料，具体包括：(1) 基本资料：性别、年龄、文化程度、原工作单位、现收入来源及状况、婚姻状态、子女数量、子女是否与老年人共同生活等方面信息；(2) 生理方面：健康状态，是否患有疾病，是否服药等；(3) 心理方面：自我意识、情绪认知，也可借助心理测量工具进行专业测量等；(4) 社会方面：人际交往状况、社会支持系统等。

其次是预估，要分析老年人目前面临的问题，可从个人层面、家庭层面、社会融入层面等维度介入，空巢老年人往往由于子女不在身边，而导致情绪比较悲观、敏感，交往圈子狭窄，社会融入困难等问题。社会工作者要运用个别化原则，运用个案工作会谈技巧，分析不同空巢老年人所面临的具体问题及其影响因素。

第三要合理制定个案服务工作目标计划。往往空巢老年人所面临的问题有很多，既有明显的生理性问题，也会有隐藏较深的心理问题，每一个问题都需要时间去解决。面对此种情况复杂，问题多样的空巢老年人，社会工作者要与其共同分析问题，并将老年人所遇到的问题按危机程度及解决的难易程度进行合理排序，帮助其逐个解决。

常见的空巢老年人的服务目标计划有：(1) 帮助老年人缓解孤独无助、焦虑不安等不适当的情绪反应；(2) 帮助老年人改变一无是处、糟糕至极等不良的非理性信念；(3) 帮助老年人与子女沟通，改善其与家人的关系；(4) 帮助老年人多参与社区活动，协助其扩充社会支持体系。

第四要选择适当的个案社会工作方法进行介入实施。针对老年人所面临的问题不同，可以有针对性地选择心理社会治疗模式、人本治疗模式、认知行为治疗模式、理性情绪治疗模式、危机介入模式、家庭结构治疗模式、缅怀疗法、个案管理等理论模式开展个案服务。这就要求个案工作者要熟悉掌握不同的理论模式及应用方法，并能精准选择合适的方法技巧帮助老年人。

最后要做好结案和评估。当社会工作服务目标基本达成时，可以做结案处理。这时，社会工作者要对照前期制定的服务目标进行评估,检查目标是否达成,并做好相关档案记录。

在针对空巢老年人采用个案社会工作时,要注意以下三点:一是要与老年人建立良好的专业关系,这将决定双方能否顺利开展个案服务;二是要重视案主自决,虽然空巢老年人由于年龄、社会交往等问题会影响其思考和行动,但社会工作者在提供服务的时候要避免越俎代庖,而是要激发老年人潜能,增强其解决问题能力,帮助学习新技巧新方法,为其赋能;三是要充分运用个案会谈技巧,合理运用沟通技巧、支持性技巧、引领性技巧和影响性技巧。

2. 小组工作介入空巢老年人服务

小组工作是经过社会工作者的策划与指导,以开展小组活动的方式增进组员之间的互动和分享,帮助小组组员解决困境,促进其转变信念和不断成长,以达到解决社会问题的目标。根据空巢老年人的需求分析,发现他们在某些方面有较大的相似性,结合小组工作的特点,可以把针对他们的小组活动目标确定为是满足老年人的精神慰藉和社会交往需求,把具有相同经历和需求的空巢老年人聚在一起,以小组互助的形式帮助他们改善因年龄增长所导致的社交能力减退、生活空虚乏味的问题,更好地让他们安度晚年。

首先,社会工作者要与小组中的空巢老年人建立专业的服务关系,然后获得老年人的信任,之后说服他们按照计划参加小组活动,按时完成任务,并利用老年人自身、社区、社会工作机构等支持网络增加小组的有效性。

其次,针对空巢老年人可设计不同主题的小组活动,如手工活动小组,园艺活动小组,健康知识教育活动小组等,为空巢老年人提供一个相互交往的平台,让他们相互协作,相互分享自己的感受,减轻其"空巢感"。让参与的老年人扩大其社交领域,使他们的生活更加充实,从而提高往年生活质量。

最后,社会工作者要事先做好充分的准备,包括场地、设备、物料等,为老年人开展小组工作提供一个舒适、放松的活动场景。在实施开展小组活动的时候,社会工作者要充分调动老年人的积极性,让每一位老年人都能参与活动,并注意观察老年人的反映和需求,给予及时解决。

小组活动往往要通过多次开展活动才能达到较好效果,需要一个过程,小组成员由彼此不认识,到互相熟悉,相互信任;从最初的拘束,参与热情不高,到后来的积极踊跃,最后产生较强的归属感,老年人感觉自己不再孤单,生活也增添了许多乐趣,帮助其建立了社交支持网络,在活动中实现了自我价值。

3. 社区工作介入空巢老年人服务

空巢老年人的主要活动场所就是其所生活的社区,我们要充分挖掘社区资源,为其提供服务。社会工作者可以在社区中向居民进行宣传动员,成立社区为老志愿服务队伍和社会组织,并呼吁更多的居民参与到社区为老服务中。通过加强对社区志愿者培训,提升志愿者对参与社区事务意义的认识,加强社区中的互助合作氛围,并带领志愿者定期走访、倾听空巢老年人的需求,与他们建立良好的互动关系。

社会工作者可针对空巢老年人开展一系列工作,如入户探访、社区老年人日间照料、老年人文娱活动组织,等等。通过活动开展,让老年人充分得到生活照料和精神慰藉,获得对社区的归属感和认同感。同时还要与当地社区取得联系,为空巢老年人争取更多的社会福利资源、医疗资源等。

课堂练习

一、单选题

社会工作者小吴计划运用"非正式照顾"的策略为社会支持不足的独居老年人提供服务,小吴适宜的做法是( )。

A. 联系家政公司每周上门为老年人打扫卫生

B. 联系社区居委会定期上门探访慰问老年人

C. 联系日间照料中心每天中午为老年人送餐

D. 联系老年人亲戚朋友每周给其打一次电话

二、多选题

1. 70岁的姚爷爷患糖尿病二十多年,一直都是姚奶奶悉心照顾,独生子姚先生时常出差外地,儿媳要照顾年幼的孙女。半年前姚奶奶病逝,独居的姚爷爷变得很少与人说话,情绪越发低落,常常忘记吃饭,和儿子通话时会突然变得激动起来。最近姚先生发现父亲的血糖指标有些异常,劝其住院观察一段时间,老年人不同意,干脆把自己关在屋内几天不见人。姚爷爷目前面临的主要问题有( )。

A. 精神慰藉　　　B. 生活照料　　　C. 医疗救助

D. 安全保护　　　E. 健康管理

2. 社会工作者小高希望在自己工作的社区,为独居老年人建立社会支持网络。为此,小高适宜采取的做法有( )。

A. 基于正式关系选择网络成员

B. 尽量维持网络成员的同质性

C. 发掘和组织社区志愿者参与

D. 增进网络成员间的信任关系

E. 组建独居老年人自主互助小组

三、简答题

1. 空巢老年人面临的问题有哪些?
2. 空巢老年人的社会需求有哪些?

四、案例分析

社会工作者小罗在对李爷爷家进行评估时发现:李爷爷家房屋老旧,物品摆放杂乱,室内照明不足;李爷爷和老伴王奶奶以前经常参加社区活动,李爷爷的儿子每周会来探望一次,李爷爷二人的退休金可以满足日常开销;前段时间李爷爷因不慎跌倒导致骨折,生活暂时不能自理,全靠王奶奶照顾;李爷爷担心不能康复情绪十分低落。

针对评估中发现的问题,小罗采取了一系列行动:动员志愿者骨干定期探望李爷爷;

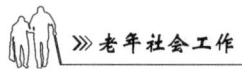

邀请医护人员一同进行深入评估,制订上门照顾和康复训练计划;介绍王奶奶加入照顾互助小组;协调有关部门对李爷爷家进行居家安全改造。此外,为更好地回应此类服务对象的需要,小罗总结服务经验,对机构的服务流程提供了改正建议。

请问小罗对李爷爷家进行了哪些基础性评估?并运用了哪些介入策略?

 延伸阅读

爱的鼓励:社工抚慰老年丧偶之痛

一、基本资料
(一)姓名:裴少芬(化名)
(二)年龄:69 岁
(三)性别:女
(四)婚姻状况:丧偶

二、背景资料
(一)家庭背景

案主与丈夫共育有一儿一女,儿女很孝顺,家庭关系很和睦。目前儿女已各自成家,且居住在离案主较近的小区,其子女工作一般,经济压力较大。

自从子女成家以后,案主一直和老伴共同生活,老两口年轻时经人介绍结婚,感情一直很好,两年前老伴患上了白血病,主要由案主负责照顾,但于一个月前不幸离世,案主因此郁郁寡欢,一直无法接受这个事实,并对一个人的生活产生了恐惧。

(二)身体状况

案主身体状况差,主要患有高血压、关节炎、腰椎疼痛,每天都伴有不同的疼痛,还导致背有些佝偻,另外案主还患有肾病及老年性阴道炎,小便频繁,舌头也有一定程度的麻木,食之无味,并且不能吃冰冷及烫嘴的食物。

(三)日常生活

案主一般是与亲戚朋友、邻居聊天,但在老伴去世后社会参与明显减少,为了避免与人交谈时无意聊起去世的老伴,案主则减少外出,经常一个人待在家中,逐渐封闭了自己。

三、主要问题

案主的整个心理健康状态比较差,虽然老伴的病逝是预料之中,但是老伴去世之后,案主认知上不能完全接受老伴去世的现实,一直处于丧偶的悲伤情绪中,对生活的信心也降低。

四、问题分析
(一)丧夫经历

案主在一个月前经历丈夫去世之痛,还处于其丈夫去世的伤心痛苦之中。

案主与丈夫生活几十年之久,感情深厚,悲叹丈夫不能陪自己一起安享晚年,留下其独自一人,因此案主一直不能接受丈夫去世的事实,不能正确看待亲人的生死。社工在个案介入中应该帮助案主走出丧夫的阴影,引导其形成积极的生活态度。

(二)人际沟通,情感支持

案主本与其丈夫居住在一起,子女都成家在外,案主与子女间的关系比较融洽,子女节假日也会到案主家中看望案主或打电话关心案主。

丈夫去世后案主独自一人,也不愿意到子女家中居住,并且社会参与明显减少,为了避免与人交谈时无意聊起去世的老伴案主则减少外出,经常一个人待在家中,逐渐封闭了自己,孤独感强烈。

社工在介入时,需要为案主梳理自己的人际关系,增加案主的社会参与,转移其注意力,帮助其融入社区,拓宽社交网络。

五、理论指导

社工在个案介入中可以结合优势视角理论及生态系统理论。社工在本次个案服务中,全面了解案主的各种信息,包括案主的身体、心理、家庭及人际关系。

案主居住的社区有比较完善的政策及社区服务,社工在介入过程中可以利用已有的优势条件,结合生态系统理论关注案主的生活环境,为案主创造有利条件,协助其增强生活能力和信心,与亲人邻居进行交流,加强社会支持,解决案主目前所面临的问题和"自闭"状态。

六、服务计划

(一)鼓励案主倾诉目前的心理生理状况,收集其基本信息,与案主建立良好的关系;

(二)运用悲伤治疗理论,引导案主适当宣泄自己的悲伤情绪,开放自我,并用现实疗法,帮助案主接受配偶死亡的现实;

(三)邀请案主适当参与合适其的社区活动,增加社会参与,转移案主的注意力,帮助其融入社区,拓宽社交网络;

(四)引导案主制定今后的生活计划,并鼓励其采取具体化的行动,重建生活信心。

七、服务过程

(一)收集资料,建立服务关系

社工通过社区工作人员的介绍接触到案主,向案主详细介绍自己,让案主放下对社工的戒备之心。收集案主的资料(个人资料、身体情况等),对案主的情况进行了解,评估案主的需求。

(二)建立信任,制定个案服务计划

社工到案主家中家访,鼓励案主倾诉目前的心理生理状况,收集其基本信息,与案主建立良好的关系。同时在会谈过程中再次向案主介绍了个案服务并与案主结合之前评估的需求讨论个案服务计划,询问其对个案服务的意见,最后社工引导案主,尊重案主自决的原则,与案主一同制定了个案服务计划及目标。

(三)丧亲关怀,情绪疏导

案主的丈夫一个月前去世,案主还没有走出丧失的悲痛中。在几次的交谈过程中,案主谈到去世的丈夫总会忍不住流泪,社工根据这一情况运用悲伤治疗理论,长期约访案主耐心倾听案主分享、倾诉在此过程中引导案主适当宣泄自己的悲伤情绪,开放自我,并用现实疗法,引导案主向社工讲述自己与丈夫自己的故事,分享自己的丧亲经历,强化案主对丧亲的感受,帮助案主接受配偶死亡的现实。

（四）丰富社会参与渠道,促进沟通

案主丈夫去世后案主独自一人,也不愿意到子女家中居住,并且社会参与明显减少,为了避免与人交谈时无意聊起去世的老伴案主则减少外出,经常一个人待在家中,逐渐封闭了自己,孤独感强烈。

社工根据这一情况,决定帮助案主拓宽社交渠道,增加案主与亲人、邻居的交流,让案主试着多走出家门,减轻孤独感。社工首先是邀请案主参与各类社区活动,让案主在活动中既能体验到不同的乐趣。同时还能为其提供与邻居朋友交流的机会,增加案主与其他居民的沟通,提高案主参与活动兴趣和积极性,从而便于引导案主不断参与活动拓宽社交网络。其次社工还指导案主使用手机微信,学会视频微信聊天,方便其在有需要的时候联系子女亲人。

（五）回顾个案服务过程,强化服务效果并结案

社工首先引导案主分享了自己在个案中的感受,然后社工结合案主的感受对其在个案中的表现做了总结评估,认可了其的"成长变化"。然后社工引导案主制定了今后的生活计划,并鼓励其采取具体化的行动,重建生活信心。最后向案主再次说明了结案的目的,并表示仍会继续跟进,定期看望其。

八、服务评估

社工经社区工作人员的介绍接触到案主,了解到案主丈夫因病去世不久现在案主处以极度悲伤的情绪中,严重影响了生活。

社工在一开始的服务中首先是运用悲伤治疗理论,引导案主适当宣泄自己的悲伤情绪,并用现实疗法,帮助案主接受配偶死亡的现实,在此期间社工与案主也逐步建立起信任关系,并且在个案服务结束时,案主已经能与社工、邻居淡然地谈论自己丈夫去世这一事件。

其次社工邀请案主适当参与合适其的社区活动,增加社会参与,转移案主的注意力,帮助其融入社区,拓宽社交网络。一直到结案,案主参与活动都较为积极,活动中也乐意与其他人聊天分享。

最后社工引导案主制定今后的生活计划,并鼓励其采取具体化的行动,重建生活信心。经过一系列的个案服务与案主的自我调节,案主的悲伤情绪有明显的改变,从一开始的伤心哭泣到后来正面的谈话明显看出案主比服务前要坚强得多。

另外在参与活动的时候,也乐意分享,与其他参与者相处融洽,其间还主动告诉社工自己会好好生活,案主生活信心的重建无疑是最好最大的改变。

九、个案反思

（一）社工需要掌握更多具体的工作方法

在本次个案服务中,案主面临的是丧偶之痛、生死观念的问题,社工对于这一领域的知识比较生疏,在介入时,只是比较表面的帮助案主面对了丧偶的现实,缓解了其悲痛的心情,对针对生死观念的认识并没有介入其中。

社工在该领域还需要通过学习具体的丧亲关怀方法,提高具体服务的知识水平,结合案主本身的特点为其进行合适的个案服务。

(二)在个案结束后,社工仍然需要定期探访案主,观察期在个案结束后的生活状态,社工也要利用后期的跟进服务巩固其已经发生的积极改变,避免因为个案服务的结束而出现反复现象。

(资料来源:微信公众号"社工客",作者:高含枫,工作单位:重庆市暖洋洋社会工作服务中心)

附 录

《中华人民共和国老年人权益保障法》

《中华人民共和国老年人权益保障法》是为了保障老年人合法权益,发展老龄事业,弘扬中华民族敬老、养老、助老的美德,根据宪法而制定的。1996年8月29日第八届全国人民代表大会常务委员会第21次会议通过;2012年12月28日第十一届全国人民代表大会常务委员会第30次会议第二次修订;2018年12月29日第十三届全国人民代表大会常务委员会第七次会议第三次修正。

最新老年人权益保障法全文包括总则、家庭赡养与扶养、社会保障、社会服务、社会优待、宜居环境、参与社会发展、法律责任、附则共九章八十五条。

第一章 总则

第一条 为了保障老年人合法权益,发展老龄事业,弘扬中华民族敬老、养老、助老的美德,根据宪法,制定本法。

第二条 本法所称老年人是指六十周岁以上的公民。

第三条 国家保障老年人依法享有的权益。老年人有从国家和社会获得物质帮助的权利,有享受社会服务和社会优待的权利,有参与社会发展和共享发展成果的权利。禁止歧视、侮辱、虐待或者遗弃老年人。

第四条 积极应对人口老龄化是国家的一项长期战略任务。国家和社会应当采取措施,健全保障老年人权益的各项制度,逐步改善保障老年人生活、健康、安全以及参与社会发展的条件,实现老有所养、老有所医、老有所为、老有所学、老有所乐。

第五条 国家建立多层次的社会保障体系,逐步提高对老年人的保障水平。国家建立和完善以居家为基础、社区为依托、机构为支撑的社会养老服务体系。倡导全社会优待老年人。

第六条 各级人民政府应当将老龄事业纳入国民经济和社会发展规划,将老龄事业经费列入财政预算,建立稳定的经费保障机制,并鼓励社会各方面投入,使老龄事业与经济、社会协调发展。国务院制定国家老龄事业发展规划。县级以上地方人民政府根据国家老龄事业发展规划,制定本行政区域的老龄事业发展规划和年度计划。县级以上人民政府负责老龄工作的机构,负责组织、协调、指导、督促有关部门做好老年人权益保障工作。

第七条 保障老年人合法权益是全社会的共同责任。国家机关、社会团体、企业事业单位和其他组织应当按照各自职责,做好老年人权益保障工作。基层群众性自治组织和依法设立的老年人组织应当反映老年人的要求,维护老年人合法权益,为老年人服务。提倡、鼓励义务为老年人服务。

第八条 国家进行人口老龄化国情教育,增强全社会积极应对人口老龄化意识。全社会应当广泛开展敬老、养老、助老宣传教育活动,树立尊重、关心、帮助老年人的社会风尚。青少年组织、学校和幼儿园应当对青少年和儿童进行敬老、养老、助老的道德教育和维护老年人合法权益的法制教育。广播、电影、电视、报刊、网络等应当反映老年人的生活,开展维护老年人合法权益的宣传,为老年人服务。

第九条 国家支持老龄科学研究,建立老年人状况统计调查和发布制度。

第十条 各级人民政府和有关部门对维护老年人合法权益和敬老、养老、助老成绩显著的组织、家庭或者个人,对参与社会发展做出突出贡献的老年人,按照国家有关规定给予表彰或者奖励。

第十一条 老年人应当遵纪守法,履行法律规定的义务。

第十二条 每年农历九月初九为老年节。

第二章 家庭赡养与扶养

第十三条 老年人养老以居家为基础,家庭成员应当尊重、关心和照料老年人。

第十四条 赡养人应当履行对老年人经济上供养、生活上照料和精神上慰藉的义务,照顾老年人的特殊需要。赡养人是指老年人的子女以及其他依法负有赡养义务的人。赡养人的配偶应当协助赡养人履行赡养义务。

第十五条 赡养人应当使患病的老年人及时得到治疗和护理;对经济困难的老年人,应当提供医疗费用。对生活不能自理的老年人,赡养人应当承担照料责任;不能亲自照料的,可以按照老年人的意愿委托他人或者养老机构等照料。

第十六条 赡养人应当妥善安排老年人的住房,不得强迫老年人居住或者迁居条件低劣的房屋。老年人自有的或者承租的住房,子女或者其他亲属不得侵占,不得擅自改变产权关系或者租赁关系。老年人自有的住房,赡养人有维修的义务。

第十七条 赡养人有义务耕种或者委托他人耕种老年人承包的田地,照管或者委托他人照管老年人的林木和牲畜等,收益归老年人所有。

第十八条 家庭成员应当关心老年人的精神需求,不得忽视、冷落老年人。与老年人分开居住的家庭成员,应当经常看望或者问候老年人。用人单位应当按照国家有关规定保障赡养人探亲休假的权利。

第十九条 赡养人不得以放弃继承权或者其他理由,拒绝履行赡养义务。赡养人不履行赡养义务,老年人有要求赡养人付给赡养费等权利。赡养人不得要求老年人承担力不能及的劳动。

第二十条 经老年人同意,赡养人之间可以就履行赡养义务签订协议。赡养协议的内容不得违反法律的规定和老年人的意愿。基层群众性自治组织、老年人组织或者赡养人所在单位监督协议的履行。

第二十一条　老年人的婚姻自由受法律保护。子女或者其他亲属不得干涉老年人离婚、再婚及婚后的生活。赡养人的赡养义务不因老年人的婚姻关系变化而消除。

第二十二条　老年人对个人的财产,依法享有占有、使用、收益和处分的权利,子女或者其他亲属不得干涉,不得以窃取、骗取、强行索取等方式侵犯老年人的财产权益。老年人有依法继承父母、配偶、子女或者其他亲属遗产的权利,有接受赠与的权利。子女或者其他亲属不得侵占、抢夺、转移、隐匿或者损毁应当由老年人继承或者接受赠与的财产。老年人以遗嘱处分财产,应当依法为老年配偶保留必要的份额。

第二十三条　老年人与配偶有相互扶养的义务。由兄、姐扶养的弟、妹成年后,有负担能力的,对年老无赡养人的兄、姐有扶养的义务。

第二十四条　赡养人、扶养人不履行赡养、扶养义务的,基层群众性自治组织、老年人组织或者赡养人、扶养人所在单位应当督促其履行。

第二十五条　禁止对老年人实施家庭暴力。

第二十六条　具备完全民事行为能力的老年人,可以在近亲属或者其他与自己关系密切、愿意承担监护责任的个人、组织中协商确定自己的监护人。监护人在老年人丧失或者部分丧失民事行为能力时,依法承担监护责任。老年人未事先确定监护人的,其丧失或者部分丧失民事行为能力时,依照有关法律的规定确定监护人。

第二十七条　国家建立健全家庭养老支持政策,鼓励家庭成员与老年人共同生活或者就近居住,为老年人随配偶或者赡养人迁徙提供条件,为家庭成员照料老年人提供帮助。

第三章　社会保障

第二十八条　国家通过基本养老保险制度,保障老年人的基本生活。

第二十九条　国家通过基本医疗保险制度,保障老年人的基本医疗需要。享受最低生活保障的老年人和符合条件的低收入家庭中的老年人参加新型农村合作医疗和城镇居民基本医疗保险所需个人缴费部分,由政府给予补贴。有关部门制定医疗保险办法,应当对老年人给予照顾。

第三十条　国家逐步开展长期护理保障工作,保障老年人的护理需求。对生活长期不能自理、经济困难的老年人,地方各级人民政府应当根据其失能程度等情况给予护理补贴。

第三十一条　国家对经济困难的老年人给予基本生活、医疗、居住或者其他救助。老年人无劳动能力、无生活来源、无赡养人和扶养人,或者其赡养人和扶养人确无赡养能力或者扶养能力的,由地方各级人民政府依照有关规定给予供养或者救助。对流浪乞讨、遭受遗弃等生活无着的老年人,由地方各级人民政府依照有关规定给予救助。

第三十二条　地方各级人民政府在实施廉租住房、公共租赁住房等住房保障制度或者进行危旧房屋改造时,应当优先照顾符合条件的老年人。

第三十三条　国家建立和完善老年人福利制度,根据经济社会发展水平和老年人的实际需要,增加老年人的社会福利。国家鼓励地方建立八十周岁以上低收入老年人高龄津贴制度。国家建立和完善计划生育家庭老年人扶助制度。农村可以将未承包的集体所有的部分土地、山林、水面、滩涂等作为养老基地,收益供老年人养老。

第三十四条 老年人依法享有的养老金、医疗待遇和其他待遇应当得到保障,有关机构必须按时足额支付,不得克扣、拖欠或者挪用。国家根据经济发展以及职工平均工资增长、物价上涨等情况,适时提高养老保障水平。

第三十五条 国家鼓励慈善组织以及其他组织和个人为老年人提供物质帮助。

第三十六条 老年人可以与集体经济组织、基层群众性自治组织、养老机构等组织或者个人签订遗赠扶养协议或者其他扶助协议。负有扶养义务的组织或者个人按照遗赠扶养协议,承担该老年人生养死葬的义务,享有受遗赠的权利。

第四章 社会服务

第三十七条 地方各级人民政府和有关部门应当采取措施,发展城乡社区养老服务,鼓励、扶持专业服务机构及其他组织和个人,为居家的老年人提供生活照料、紧急救援、医疗护理、精神慰藉、心理咨询等多种形式的服务。对经济困难的老年人,地方各级人民政府应当逐步给予养老服务补贴。

第三十八条 地方各级人民政府和有关部门、基层群众性自治组织,应当将养老服务设施纳入城乡社区配套设施建设规划,建立适应老年人需要的生活服务、文化体育活动、日间照料、疾病护理与康复等服务设施和网点,就近为老年人提供服务。发扬邻里互助的传统,提倡邻里间关心、帮助有困难的老年人。鼓励慈善组织、志愿者为老年人服务。倡导老年人互助服务。

第三十九条 各级人民政府应当根据经济发展水平和老年人服务需求,逐步增加对养老服务的投入。各级人民政府和有关部门在财政、税费、土地、融资等方面采取措施,鼓励、扶持企业事业单位、社会组织或者个人兴办、运营养老、老年人日间照料、老年文化体育活动等设施。

第四十条 地方各级人民政府和有关部门应当按照老年人口比例及分布情况,将养老服务设施建设纳入城乡规划和土地利用总体规划,统筹安排养老服务设施建设用地及所需物资。公益性养老服务设施用地,可以依法使用国有划拨土地或者农民集体所有的土地。养老服务设施用地,非经法定程序不得改变用途。

第四十一条 政府投资兴办的养老机构,应当优先保障经济困难的孤寡、失能、高龄等老年人的服务需求。

第四十二条 国务院有关部门制定养老服务设施建设、养老服务质量和养老服务职业等标准,建立健全养老机构分类管理和养老服务评估制度。各级人民政府应当规范养老服务收费项目和标准,加强监督和管理。

第四十三条 设立公益性养老机构,应当依法办理相应的登记。设立经营性养老机构,应当在市场监督管理部门办理登记。养老机构登记后即可开展服务活动,并向县级以上人民政府民政部门备案。

第四十四条 地方各级人民政府加强对本行政区域养老机构管理工作的领导,建立养老机构综合监管制度。县级以上人民政府民政部门负责养老机构的指导、监督和管理,其他有关部门依照职责分工对养老机构实施监督。

第四十五条　县级以上人民政府民政部门依法履行监督检查职责,可以采取下列措施:(一)向养老机构和个人了解情况;(二)进入涉嫌违法的养老机构进行现场检查;(三)查阅或者复制有关合同、票据、账簿及其他有关资料;(四)发现养老机构存在可能危及人身健康和生命财产安全风险的,责令限期改正,逾期不改正的,责令停业整顿。县级以上人民政府民政部门调查养老机构涉嫌违法的行为,应当遵守《中华人民共和国行政强制法》和其他有关法律、行政法规的规定。

第四十六条　养老机构变更或者终止的,应当妥善安置收住的老年人,并依照规定到有关部门办理手续。有关部门应当为养老机构妥善安置老年人提供帮助。

第四十七条　国家建立健全养老服务人才培养、使用、评价和激励制度,依法规范用工,促进从业人员劳动报酬合理增长,发展专职、兼职和志愿者相结合的养老服务队伍。国家鼓励高等学校、中等职业学校和职业培训机构设置相关专业或者培训项目,培养养老服务专业人才。

第四十八条　养老机构应当与接受服务的老年人或者其代理人签订服务协议,明确双方的权利、义务。养老机构及其工作人员不得以任何方式侵害老年人的权益。

第四十九条　国家鼓励养老机构投保责任保险,鼓励保险公司承保责任保险。

第五十条　各级人民政府和有关部门应当将老年医疗卫生服务纳入城乡医疗卫生服务规划,将老年人健康管理和常见病预防等纳入国家基本公共卫生服务项目。鼓励为老年人提供保健、护理、临终关怀等服务。国家鼓励医疗机构开设针对老年病的专科或者门诊。医疗卫生机构应当开展老年人的健康服务和疾病防治工作。

第五十一条　国家采取措施,加强老年医学的研究和人才培养,提高老年病的预防、治疗、科研水平,促进老年病的早期发现、诊断和治疗。国家和社会采取措施,开展各种形式的健康教育,普及老年保健知识,增强老年人自我保健意识。

第五十二条　国家采取措施,发展老龄产业,将老龄产业列入国家扶持行业目录。扶持和引导企业开发、生产、经营适应老年人需要的用品和提供相关的服务。

第五章　社会优待

第五十三条　县级以上人民政府及其有关部门根据经济社会发展情况和老年人的特殊需要,制定优待老年人的办法,逐步提高优待水平。对常住在本行政区域内的外埠老年人给予同等优待。

第五十四条　各级人民政府和有关部门应当为老年人及时、便利地领取养老金、结算医疗费和享受其他物质帮助提供条件。

第五十五条　各级人民政府和有关部门办理房屋权属关系变更、户口迁移等涉及老年人权益的重大事项时,应当就办理事项是否为老年人的真实意思表示进行询问,并依法优先办理。

第五十六条　老年人因其合法权益受侵害提起诉讼交纳诉讼费确有困难的,可以缓交、减交或者免交;需要获得律师帮助,但无力支付律师费用的,可以获得法律援助。鼓励律师事务所、公证处、基层法律服务所和其他法律服务机构为经济困难的老年人提供免费或者优惠服务。

第五十七条　医疗机构应当为老年人就医提供方便,对老年人就医予以优先。有条件的地方,可以为老年人设立家庭病床,开展巡回医疗、护理、康复、免费体检等服务。提倡为老年人义诊。

第五十八条　提倡与老年人日常生活密切相关的服务行业为老年人提供优先、优惠服务。城市公共交通、公路、铁路、水路和航空客运,应当为老年人提供优待和照顾。

第五十九条　博物馆、美术馆、科技馆、纪念馆、公共图书馆、文化馆、影剧院、体育场馆、公园、旅游景点等场所,应当对老年人免费或者优惠开放。

第六十条　农村老年人不承担兴办公益事业的筹劳义务。

第六章　宜居环境

第六十一条　国家采取措施,推进宜居环境建设,为老年人提供安全、便利和舒适的环境。

第六十二条　各级人民政府在制定城乡规划时,应当根据人口老龄化发展趋势、老年人口分布和老年人的特点,统筹考虑适合老年人的公共基础设施、生活服务设施、医疗卫生设施和文化体育设施建设。

第六十三条　国家制定和完善涉及老年人的工程建设标准体系,在规划、设计、施工、监理、验收、运行、维护、管理等环节加强相关标准的实施与监督。

第六十四条　国家制定无障碍设施工程建设标准。新建、改建和扩建道路、公共交通设施、建筑物、居住区等,应当符合国家无障碍设施工程建设标准。各级人民政府和有关部门应当按照国家无障碍设施工程建设标准,优先推进与老年人日常生活密切相关的公共服务设施的改造。无障碍设施的所有人和管理人应当保障无障碍设施正常使用。

第六十五条　国家推动老年宜居社区建设,引导、支持老年宜居住宅的开发,推动和扶持老年人家庭无障碍设施的改造,为老年人创造无障碍居住环境。

第七章　参与社会发展

第六十六条　国家和社会应当重视、珍惜老年人的知识、技能、经验和优良品德,发挥老年人的专长和作用,保障老年人参与经济、政治、文化和社会生活。

第六十七条　老年人可以通过老年人组织,开展有益身心健康的活动。

第六十八条　制定法律、法规、规章和公共政策,涉及老年人权益重大问题的,应当听取老年人和老年人组织的意见。老年人和老年人组织有权向国家机关提出老年人权益保障、老龄事业发展等方面的意见和建议。

第六十九条　国家为老年人参与社会发展创造条件。根据社会需要和可能,鼓励老年人在自愿和量力的情况下,从事下列活动:(一)对青少年和儿童进行社会主义、爱国主义、集体主义和艰苦奋斗等优良传统教育;(二)传授文化和科技知识;(三)提供咨询服务;(四)依法参与科技开发和应用;(五)依法从事经营和生产活动;(六)参加志愿服务、兴办社会公益事业;(七)参与维护社会治安、协助调解民间纠纷;(八)参加其他社会活动。

第七十条　老年人参加劳动的合法收入受法律保护。任何单位和个人不得安排老年

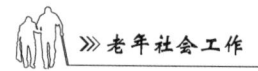

人从事危害其身心健康的劳动或者危险作业。

第七十一条 老年人有继续受教育的权利。国家发展老年教育,把老年教育纳入终身教育体系,鼓励社会办好各类老年学校。各级人民政府对老年教育应当加强领导,统一规划,加大投入。

第七十二条 国家和社会采取措施,开展适合老年人的群众性文化、体育、娱乐活动,丰富老年人的精神文化生活。

第八章 法律责任

第七十三条 老年人合法权益受到侵害的,被侵害人或者其代理人有权要求有关部门处理,或者依法向人民法院提起诉讼。人民法院和有关部门,对侵犯老年人合法权益的申诉、控告和检举,应当依法及时受理,不得推诿、拖延。

第七十四条 不履行保护老年人合法权益职责的部门或者组织,其上级主管部门应当给予批评教育,责令改正。国家工作人员违法失职,致使老年人合法权益受到损害的,由其所在单位或者上级机关责令改正,或者依法给予处分;构成犯罪的,依法追究刑事责任。

第七十五条 老年人与家庭成员因赡养、扶养或者住房、财产等发生纠纷,可以申请人民调解委员会或者其他有关组织进行调解,也可以直接向人民法院提起诉讼。人民调解委员会或者其他有关组织调解前款纠纷时,应当通过说服、疏导等方式化解矛盾和纠纷;对有过错的家庭成员,应当给予批评教育。人民法院对老年人追索赡养费或者扶养费的申请,可以依法裁定先予执行。

第七十六条 干涉老年人婚姻自由,对老年人负有赡养义务、扶养义务而拒绝赡养、扶养,虐待老年人或者对老年人实施家庭暴力的,由有关单位给予批评教育;构成违反治安管理行为的,依法给予治安管理处罚;构成犯罪的,依法追究刑事责任。

第七十七条 家庭成员盗窃、诈骗、抢夺、侵占、勒索、故意损毁老年人财物,构成违反治安管理行为的,依法给予治安管理处罚;构成犯罪的,依法追究刑事责任。

第七十八条 侮辱、诽谤老年人,构成违反治安管理行为的,依法给予治安管理处罚;构成犯罪的,依法追究刑事责任。

第七十九条 养老机构及其工作人员侵害老年人人身和财产权益,或者未按照约定提供服务的,依法承担民事责任;有关主管部门依法给予行政处罚;构成犯罪的,依法追究刑事责任。

第八十条 对养老机构负有管理和监督职责的部门及其工作人员滥用职权、玩忽职守、徇私舞弊的,对直接负责的主管人员和其他直接责任人员依法给予处分;构成犯罪的,依法追究刑事责任。

第八十一条 不按规定履行优待老年人义务的,由有关主管部门责令改正。

第八十二条 涉及老年人的工程不符合国家规定的标准或者无障碍设施所有人、管理人未尽到维护和管理职责的,由有关主管部门责令改正;造成损害的,依法承担民事责任;对有关单位、个人依法给予行政处罚;构成犯罪的,依法追究刑事责任。

第九章 附则

第八十三条 民族自治地方的人民代表大会,可以根据本法的原则,结合当地民族风俗习惯的具体情况,依照法定程序制定变通的或者补充的规定。

第八十四条　本法施行前设立的养老机构不符合本法规定条件的,应当限期整改。具体办法由国务院民政部门制定。

第八十五条　本法自 2013 年 7 月 1 日起施行。

参考文献

1. 凯瑟琳·麦金尼斯-迪特里克.《老年社会工作(生理、心理及社会方面的评估和干预)》.中国人民大学出版社,2008.
2. 梅陈玉婵等.《老年社会工作从理论到实践(第二版)》.格致出版社,2017.
3. 王燕等.《老年社会工作》.中国财富出版社,2020.
4. 方青,赵怀娟等.《老年社会工作》.安徽师范大学出版社,2012.
5. 吴忠观.《人口科学辞典吴忠观》.西南财经大学出版社,1997.
6. 吴华等.《老年社会工作》.北京大学出版社,2011.
7. 卞国凤,陈宇鹏.《老年社会工作方法与实务》.北京师范大学出版社,2011.
8. 仝利民.《老年社会工作》.华东理工大学出版社,2006.
9. 何洁云,谢万恒.《社会工作实践——小组工作》.香港理工大学应用科学系,2002.
10. 刘梦.《小组工作》.高等教育出版社,2005.
11. 全国社会工作者职业水平考试教材编写组.《社会工作综合能力》.中国社会出版社,2016.
12. 赵学慧.《老年社会工作理论与实务》.北京大学出版社,2013.
13. 程艳彬.《医养结合机构老年人的精神需求及社会工作介入》.养老与服务,2020.